MONI DAOYOU SHIXUN JIAOCHENG

模拟导游实训教程

主　编：马运彩
副主编：杨韵杰
参　编：马　敏
韩　爽
马　龙

河南大学出版社
HENAN UNIVERSITY PRESS
·郑州·

图书在版编目(CIP)数据

模拟导游实训教程 / 马运彩主编. —郑州:河南大学出版社,2019.9
ISBN 978-7-5649-3825-3

Ⅰ.①模… Ⅱ.①马… Ⅲ.①导游—教材 Ⅳ.① F590.633

中国版本图书馆 CIP 数据核字(2019)第 198078 号

责任编辑 柳 涛 李 慧
责任校对 阮林要
技术校对 朱春华
封面设计 吉宏飞

出版 河南大学出版社
地址:郑州市郑东新区商务外环中华大厦 2401 号 邮编:450046
电话:0371-86059701(营销部) 网址:www.hupress.com
排版 郑州和尔文化传播有限公司
印刷 北京虎彩文化传播有限公司
版次 2019 年 9 月第 1 版 **印次** 2019 年 9 月第 1 次印刷
开本 787mm × 1092mm 1/16 **印张** 15.5
字数 349 千字 **定价** 42.00 元

(本书如有印装质量问题,请与河南大学出版社营销部联系调换)

前　言

模拟导游是中职旅游服务专业的一门核心专业技能课，是培养适应社会需要的合格的旅游从业人员的必修课程。为了更好地促进中职旅游服务专业的学生掌握这门课程，编者结合开封市文化旅游学校旅游服务专业学生的特点，根据当下旅游从业人员必学的知识体系，在广泛进行行业调查及向用人单位征求意见的基础上，着手编写校本教材《模拟导游实训教程》。

本教材依据编写者入选2015年度国家旅游局“万名旅游英才计划”项目立项的基础上进行编写，得到学校领导、旅游专业组教师同人的大力支持，同时得到开封市青年国际旅行社副总经理、全国“导游大师”杨韵杰等旅游企业专家对本教材开发提出的宝贵意见，确保了本教材结构的合理性、知识的科学性和实操中的实用性。

由于传统教学模式中的教材往往侧重于理论知识点，往往忽视学生的实践实训，而在教学环节中，教师也每每侧重于理论知识的传授，造成学生的专业知识与就业的实际相脱节。针对这种现状，编者以全新的角度，以中职学生认识导游工作的过程和导游实际工作的程序为线索，以从事导游服务工作必备的专业技能要求和考取全国导游人员资格证考试为任务点，基于情景化教学、项目教学、任务驱动的有机结合进行编写，力争使学生从感性到理性、从理论到实践、从模拟到实操等环节进行训练，依照“做中学、学中做”的原则理念，有条不紊地实现“学与做一体化”，从而帮助学生实现自己的导游梦：成为“指点江山”“风景这边独好”美的发现者、个性化旅游服务的提供者、文明素养的传播者。

本教材的编写体现以下特点：

1.符合学生的认知特点。教材站在学生的角度，走进导游服务这一职业岗位，展开设置导游人员必须具备的知识、技能、素养、服务意识等。

2.体现知识技能与实践实训的有机结合。教材的体例依据项目教学、任务驱动、情景化教学为架构，以学生对导游工作的认知过程和导游服务接待程序的有机结合为线索，分项目、分任务进行有序排列，由浅入深，便于学生直观学习和基本技能掌握。

3.教材内容及训练项目环节与参加全国导游资格考试的现场导游考试有机结合。编写教材紧密结合全国一年一度导游资格考试中现场导游考试的知识技能的要求，紧密结合考试环节进行专门训练,以帮助学生熟练掌握考试的基本要求和环节要点。

4.教材的内容安排、实训要求与导游工作的接待程序有机结合。导游服务是旅游服务工作中的核心所在,本教材主要依据开封地接旅游服务的特点进行设计安排,把人才培养与地方经济发展紧密联系在一起,从接团到途中讲解、入住酒店、参观游览、景点讲解、特殊问题的处理及送团服务等环节,通过实训,学生能掌握必备的专业技能和职业素养。

总之,《模拟导游实训教程》的开发,力争为中职起点的旅游服务(导游)专业学生提供一个良好的学习载体,并通过本教材的学习、实践训练,掌握旅游服务专业从业人员必备的职业素养、专业技能、服务程序,尤其是语言讲解能力,从而满足海内外旅游者的游览需求,从而实现毕业后与旅行社企业零距离就业的目标。

编者

2015.10

目　录

项目一　认知导游及职业

一、项目学习目标

1. 了解导游及其职业；

2. 认知导游职业的工作要求；

3. 认知导游群体；

4. 认知导游人员的职业素养。

二、项目实训安排

1. 在认知基础上，开展相应的模拟实训，旨在提升学生对专业、职业的认知；

2. 通过“学—做”结合的方式，巩固专业知识，旨在对学生进行导游职业的入门、考证、学习、修养等方面的强化关注。

任务一　世界那么美，我想当导游

【实训目标】

1. 激励学生树立自信心。

2. 熟悉并掌握导游相关知识。

【导学提示】

人因梦想而伟大，因实现梦想而更加伟大。面对祖国壮美的山河想出去走走看看，是不少人的梦想。如果把这个梦想变成现实可以有几个途径：可以自己花钱出去走走；可以不需要自己花钱，又可以经常出去走走。前者是游客，后者是作为一个职业的“导游”。因此，作为中职导游专业的学生就应该是属于后者，经过学习相应的专业知识，积累丰富的经验，通过学习、训练到参加全国导游人员资格证考试，获取导游员资格证，然后按照要求取得上岗的证件——导游证，那么，你就可以实现“世界那么美，我想去看看”的梦想，成为令人羡慕的“民间大使”和旅行家，徜徉在祖国风景秀丽山水之间，从而让自己的生活变得丰富多彩。“心动不如行动”，自信就是成功的一半！让我们一切从头开始吧！

【情景设置】

李想是一名刚刚参加过中考考试的初中毕业生，平时学习成绩中等，由于没有考到自己理想的高中，又不愿意让家长花高价为他选择一所高中上学，于是在中招录取结束后，从小就非常喜欢旅游、喜欢了解祖国的地理历史、风土人情等知识的他，决定报考开封市文化旅游学校。由于他平时在学校是一个性格外向的学生，所以他很自豪地说：世界那么美，我想当导游。开学报到后，第一课就是专业课，老师对他说：李想，正如你的名字一样，你是一个有理想的学生，相信你一定会心想事成。但是，你了解导游吗？

一、认识导游的概念

在《导游人员管理条例》中对导游人员的概念解释是："导游人员是指依照《导游人员管理条例》的规定取得导游证、接受旅行社的委派，为旅游者提供向导、讲解及相关旅游的人员。"

在这个概念中，对导游人员的界定包括三个方面的内涵：

（1）"依据《导游人员管理条例》的规定取得导游证"，即按照《导游人员管理条例》的要求，在符合报名条件的情况下，参加全国统一的导游人员资格考试（包括笔试和面试），成绩合格，从而取得导游资格证，进而按照《导游人员管理条例》的规定办理导游证。这是从事导游服务工作必备条件之一。

（2）依据《导游人员管理条例》的规定，在获取导游证之后，必须"接受旅行社的委派"，从事的导游服务才是合法的。这也是从事导游服务的必备条件之一。

（3）依据《导游人员管理条例》的规定，"为旅游者提供向导、讲解及相关旅游服务"是导游人员的工作职责及内容。这也是从事导游服务的条件之一。

案例分析

李想是初中学习时，曾经和同班同学一起组织参加了春游活动，那时李想曾经为班级同学在参观开封铁塔公园时进行过讲解，而且在讲解中获得了全体同学的好评，于是，李想就觉得自己就是一名导游了。

思考讨论：李想的想法对吗？为什么？

二、如何成为一名导游

（一）报名参加全国导游人员资格考试

《导游人员管理条例》规定"国家实行导游人员资格考试制度"。依据《导游人员管理条例》规定，具备下列四个条件的人员可以参加导游资格考试。

（1）必须是中华人民共和国公民，即在我们国家，凡是按照《中华人民共和国国籍法》的规定取得中国国籍的自然人，都是中国公民，都可以参加考试。

（2）必须具有高级中学、中等专业学校或者以上学历。学历是衡量一个从业人员的知识结构和文化程度的客观标准，也是从事某一职业对从业人员的基本要求。对于导游行业的基本要求中，如果没有一定的文化素养，就难以满足旅游者的需要。

（3）必须身体健康。因为健康的身体是满足导游"踏遍青山人未老"的基本条件。

（4）必须具有适应导游需要的基本知识和语言表达能力。这是导游从业人员必不可少的基本条件，俗话说：“自国山河美不美，全凭导游一张嘴。”语言表达能力是从事导游工作最基本的专业技能之一。

思考讨论

结合自己目前的实际，我们是否符合报名考取导游证的条件？我们目前具备哪些条件？

（二）考试及考试内容

2016 年国家旅游局考试委员会公布的考试安排为：

全国导游人员资格考试科目包括：科目一“政策与法律法规”、科目二“导游业务”、科目三“全国导游基础知识”、科目四“地方导游基础知识”、科目五“导游服务能力”。

2016 年是在前期各省自主考试的基础上又一次在国家旅游局的统一安排下进行考试的。仿造各地当下开展的驾驶证考试（机考）的形式进行，其中的考试科目实际上就是目前导游服务专业开设的五门专业课程：“全国导游基础”“政策与法律法规”“导游业务”“河南导游基础”“模拟导游”等五门课程，这是成为一名导游必须学习掌握的导游知识。

思考讨论

结合自己实际，说说我们目前开设的课程有哪些？你现在是否已经掌握这些知识？如果没有，该怎么办呢？

（三）考试合格后领取的导游证书的条件

1. 资格证书

依据《导游人员管理条例》规定，“经考试合格的，由国务院旅游行政部门或国务院旅游行政部门委托省自治区、直辖市人民政府旅游行政部门颁发导游人员资格证书”，凡是符合报名条件，而后通过参加全国统一的资格考试，笔试和面试的成绩均符合当年划定的分数线，即可以领取导游人员资格证书。这是领取导游证的必备条件。

2. 导游证

在满足领取导游资格证书的前提下，可以申请领取导游证书。如何办理导游证呢？根据《导游人员管理条例》规定，领取导游证需要具备下列条件之一即可。

(1) 取得导游人员资格证书后，与旅行社签订劳动合同，而后持劳动合同向省自治区、直辖市人民政府旅游行政部门申请领取导游证。这种情况主要是针对旅行社的正式员工。旅游服务专业的学生毕业后在旅行社就业的，可以按照这种情况处理。

(2) 取得导游人员资格证书，在导游服务公司登记并持登记材料向省自治区、直辖市人民政府旅游行政部门申请领取导游证。这主要是兼职导游人员，也可以是非兼职导游人员，即不是某一旅行社的正式员工，属于“自由职业者”。

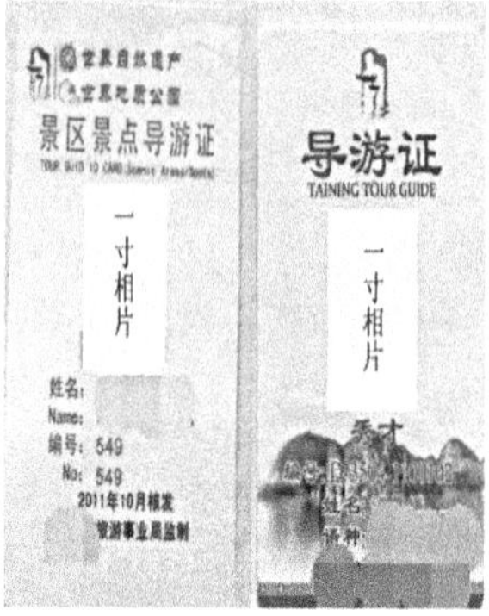

导游证

导游员资格证书

案例分析

小张是一名中专毕业生,2015年参加河南省导游人员资格考试,笔试和面试成绩均为合格,小张非常高兴,马上就要到五一黄金周了,依据所学知识,如果你是小张,你该怎么办才可以领取导游证呢?

小组讨论,而后进行小组交流。

(四)不得颁发导游证情况有哪些

参加导游人员资格考试笔试、面试成绩均合格,是不是就可以领取导游证呢?依据《导游人员管理条例》的规定,有四种情况不得颁发导游证:

(1)无民事行为能力或者限制民事行为能力的。也就是说,无民事行为能力或限制行为能力的人,不能担任导游员。

(2)患有传染性疾病的。所谓的传染性疾病是指有病原体侵入生物体,使生物体产生病理反应而引起的疾病,如肺结核、麻风病、伤寒、病毒性肝炎等。如果导游人员患有上述传染性疾病,就有可能在为旅游者提供向导讲解及相关旅游服务中传染给旅游者,造成交叉感染。

(3)受过刑事处罚的(过失犯罪的除外)。受过刑事处罚的人是指行为人因其行为触犯了国家刑法而受到刑法制裁的人。“过失犯罪”是指行为人因为疏忽大意而没有预见自己的行为可能发生危害社会的结果,或者已经预见而轻信能够避免,以致发生这种结果的犯罪。犯罪分为故意犯罪和过失犯罪两种。过失犯罪没有主观故意,所以尽管受到刑事处罚,但仍然可以申请领取导游证。

(4)被吊销导游证的。这一规定是指有人曾经取得过导游证,但因为违反了导游管理制度,被旅游行政管理部门处以吊销导游证的处罚。虽然这些人在吊销导游证后再次参加全国导游人员资格考试并合格,但是由于其在以往的导游执业过程中有过不良记录,受到被吊销导游证的处罚,表明其已经不适合继续从事导游工作。所以,《导游人员管理条例》规定,这类人员不得颁发导游证。

以上四种情况的出现,就是国家法律的强制性要求,分别从不同的方面对导游人员提出了标准,这是对导游服务工作的严格要求,否则就无法完成旅游服务的各项任务。

这也是导游服务专业的学生必须树立的法律概念。

案例分析

小高是一名高中毕业生，2015 年报名参加河南省导游人员资格考试，笔试成绩 85 分，面试（现场模拟导游）成绩 85，可是，在他高兴之余，和同学几个人一起喝酒，结果由于借着酒兴，和别人发生口角，并动手误伤了同学，造成了严重伤害，被判一年有期徒刑……

请思考：小高考试成绩合格，是否可以领取导游证？为什么？

实训程序

第一步：结合学习知识，开展小组讨论，如何才可以成为一名导游人员？

第二步：每四人一组，根据学习内容要求，每一个小组内逐个进行发言，而后，每组推荐一名上讲台进行讲解表述，时间限 3 分钟。

实训效果评价表

<table>
<tr><td rowspan="2">评价项目内容</td><td colspan="2">实训过程评价</td><td>结果评定</td></tr>
<tr><td>自我评定</td><td>小组评定</td><td>教师评定</td></tr>
<tr><td>导游相关知识</td><td></td><td>A○ B○ C○ D○</td><td>A○ B○ C○ D○</td></tr>
<tr><td>学习态度</td><td></td><td>A○ B○ C○ D○</td><td>A○ B○ C○ D○</td></tr>
<tr><td>团队合作</td><td></td><td>A○ B○ C○ D○</td><td>A○ B○ C○ D○</td></tr>
<tr><td>语言表述</td><td></td><td>A○ B○ C○ D○</td><td>A○ B○ C○ D○</td></tr>
<tr><td>礼节礼貌</td><td></td><td>A○ B○ C○ D○</td><td>A○ B○ C○ D○</td></tr>
<tr><td colspan="4">评定标准：A.准备充分，参与积极。认真实训，效果良好。
B.准备较充分，参与较积极。实训较认真，效果较好。
C.准备不充分，参与不够积极。实训不够认真，效果一般。
D.没有按照要求准备，实训效果不好。</td></tr>
<tr><td colspan="2">改进建议：</td><td colspan="2">综合评定：
A○ B○ C○ D○</td></tr>
</table>

任务二　走近导游职业

【实训目标】

1. 熟悉导游的分类情况；

2. 掌握导游的职业要求。

【导学提示】

导游是旅游服务链条上一个重要的环节，是旅游服务业的灵魂。人们每一次外出旅行都会有或多或少的收获，而旅游后留下印象最深的，往往是承担接待任务的导游人员的形象和接待水平，如果导游人员讲解到位、服务到位，人们就会把旅游后的美好感受分享给更多的人，产生二次消费的欲望。通过口碑相传的方式，把一个城市、一个景点、一个名胜古迹宣传出去，产生“桂林山水甲天下，阳朔山水甲桂林”“五岳归来不看山，黄山归来不看岳”等的评价，正是旅游者与导游的讲解相融入的体现。所以，正确地认识导游职业，对中职导游职业学生树立正确的职业观具有积极作用。优秀的导游队伍就是一座城市的精美名片。

【情景设置】

李想走进旅游学校后，通过学习了解了获得导游证的有关条件，从中明白，考取导游证不是随随便便就可以的，不仅有学历要求，而且有身体的要求，以及年龄、专业知识、语言表达能力等方面的要求。结合自己的实际情况，他感觉信心满满的，凭着自己的兴趣爱好和自身条件，一定会在旅游学校通过三年的学习，顺利地考取导游证，成为一名“潇洒看世界”的人。但是，还有一些问题不了解，到底从事导游工作需要的证件具体内容是什么？国家对导游这一职业有什么要求呢？带着这样的问题，小李又开始了新的学习和训练。

【知识准备】

考取导游证只是走进旅游服务行业的第一步，因此，在《导游人员管理条例》中规定，导游人员进行导游活动，必须佩戴导游证。“持证上岗”是国家旅游局对导游人员的强制要求。但是，为什么在实际工作中，看到的导游人员在胸前佩戴的导游证的颜色、格式等是不一样的，原来导游人员证件有着不同的含义。

一、导游人员证件的分类

依据《导游人员管理条例》的规定，导游证可以分为“正式导游证”和了“临时导游证”两种。

（一）正式导游证

正式导游证就是我们常说的“导游证”，是指符合报名条件参加考试并合格，取得导游人员资格证书的人员，按照《导游人员管理条例》规定，经与旅行社签订劳动合同或者在导游服务公司登记，向省、自治区、直辖市人民政府旅游行政管理部门申请领取的导游证。有效期一般为三年。

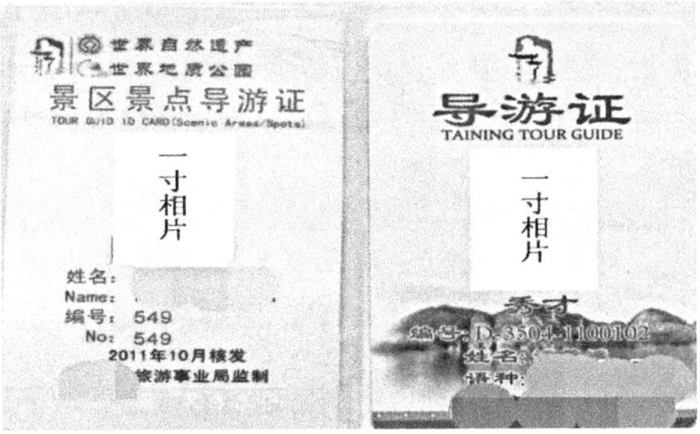

导游证

(二)临时导游证

临时导游证是指具有特定语种语言能力的人员，虽然未取得导游人员资格证书，但因为旅行社业务发展的需要，聘请其临时担任导游工作从事导游活动，由旅行社向省、自治区、直辖市人民政府旅游管理部门申请领取的导游证。有效期一般为三个月。

二、导游人员的分类

导游是旅游接待服务的核心，由于导游人员所处的接待服务的位置不同，所扮演的角色就会不一样，所从事的业务范围和内容也不同。因此，世界各国对导游人员种类的划分也不一致，很难用一个统一的标准对导游人员进行界定分类。在我们国家，目前主要从以下几个方面和不同的角度对导游人员进行分类。

(一)按照职业性质分类

导游人员按职业性质可以分为两类：专职导游和兼职导游。其中，专职导游是目前我国导游队伍的主体；兼职导游又可以分为两类，一类是依据《导游人员管理条例》的规定考取了导游证从事兼职导游的人员，另一类是具有特定的语种语言被旅行社临时聘用、办理临时导游证从事导游服务的人员。

导游

(二)按照业务范围分类

导游人员按照业务范围划分为四类：全程陪同导游人员(简称“全陪”)、地方陪同导游人员(简称“地陪”)、景点景区导游人员和海外领队等。

(1)“全陪”是指接受旅行社委派、作为组团社代表在领队和“地陪”的配合下实施接待计划、为旅游团队提供全程陪同服务的人员。譬如，开封旅行社组织“北京五日游”中，委派某人担任导游人员，此人就是“全陪”。

讲解员

(2)“地陪”是指接受旅行社委派，代表接待社实施接待计划，为旅游团(者)提供向导、讲解及相关旅游服务的人员。譬如，北京人到开封三日游中，由开封市的某一旅行社派某人去接待，为旅游团提供向导、讲解及相关旅游服务，此人就是“地陪”。

(3)“景点景区导游人员”又可以称为讲解员，是指在某一旅游景点景区内诸如纪念馆、博物馆、自然保护区等为旅游团(者)进行讲解服务的人员。譬如，在开封市清明上河园中的“导游服务站”里面，按照景区要求着宋装进行讲解的工作人员，就是这类人员。

(4)“海外领队”，顾名思义是指经过国家旅游行政管理部门批准允许经营出境旅游业务的旅行社委派、全权代表旅行社带领旅游团在境外进行旅游活动的人员。

思考讨论

学习完上面的知识后，与你最初对导游的认知一样吗？说一说你的感受。

(三)按照语种语言分类

根据导游服务时使用的语种语言方面讲，导游人员可以分为：中文导游员和外语导游员。

中文导游员是指使用普通话、地方话或者少数民族语言进行导游服务活动的人。其中普通话导游是全国各个省份导游人员资格证考试中都采用的一种。中国有八大方言区，只有普遍推广普通话才可以让更多的人了解中国的文化；地方话是带有浓郁地方色彩的语言，如粤语、闽南话，对一般人讲如同一门外语；少数民族语言则是更加有民族特色的语言，如藏语、蒙语等。

外语导游员则是指能够运用外语进行导游活动的人员。

(四)按照技术等级分类

依据《导游人员管理条例》规定，导游人员可以划分为四个等级：初级导游员、中级导游员、高级导游员、特级导游员。这是属于技术方面的划分，实际上从中可以看出，导游人员应被列入国家专业技术人员的序列，为导游人员的后续发展提供平台。(有关知识在旅游法规中还要继续学习，在此不再赘述)

案例分析

游客谢某与某一家旅行社签订了一份某地四日游的旅游合同，按照合同的规定：游客住的是三星级宾馆，导游员全程陪同服务等。可是到了旅游目的地后，迎接旅游团队是一位年轻漂亮的女孩，她在向游客致欢迎辞的时候讲的是本地话，游客要求她用普通话，可她的普通话非常地“普通”，游客听了半天却不知所云。接着，游客让她出示导游证，在一番解释后，才掏出一张由旅行社开具的证明，证明她是去年考取导游证合格的，只是导游证还没有办出来。到了三星级宾馆后，大家在服务台并没有看到“三颗星”。在以后的游览中，这个女孩不是“放羊”就是“哑巴”，害得游客只能跟随着其他旅行团的导游东一榔头西一棒地听讲解，搞得似雾里看花。于是，游客们觉得不满意，就委托谢某起草一份投诉信，集体签字后寄给了当地旅游质监部门，要求赔偿宾馆和导游服务的损失费……

请思考：

1. 游客的诉求能否得到当地旅游质监部门的认可和支持?为什么?

2. 旅行社的证明能代替导游证吗?

3. 考取导游资格证合格就是导游员吗?

三、导游人员的工作职责要求

依据社会主义核心价值观“富强、民主、文明、和谐、自由、公正、法制、爱国、敬业、诚信、友善”的要求，导游人员首先是践行落实社会主义核心价值观的实践者、社会精神文明的传播者、国际交往与文化交流的参与者、社会正能量的引发者。每一次接待服务，对导游人员来说都是一次人生的体验，正如 20 世纪 60 年代周恩来总理向翻译导游人员提出的“五大员”，即“宣传员、调研员、服务员、安全员与翻译员”的概念。可见，导游工作是旅游服务工作中一项极其重要的工作。

因而，1987 年国家旅游局经国务院批准发布了《导游人员管理暂行规定》中的第五条规定了导游人员的基本职责，这也是当前我国旅游业发展中继续对导游人员提出的基本要求，具体内容是指：

(1) 根据旅行社与游客签订的合同或约定，按照接待计划安排和组织游客参观、游览；

(2) 负责为游客导游、讲解，介绍中国(地方)文化和旅游资源；

(3) 配合和督促有关单位安排游客的交通、食宿等，保护游客的人身和财物安全；

(4) 耐心解答游客的问询，协助处理旅途中遇到的问题；

(5) 反映游客的意见和要求，协助安排游客会见、会谈活动。

【情景设置】

某旅行社接到某旅游团开封一日游赏菊活动，安排小李担任导游员负责接待，担任地陪导游服务活动，由于是获取导游证后的第一次独立接待，试想：你就是小李，你该怎样完成任务?

【物质准备】

1. 学习笔记、导游人员管理条例、实训评价表、多媒体课件；

2. 教室，或者是模拟导游实训室。

实训程序

第一步：检查学生掌握本任务的要求，认识导游职业知识。

第二步：根据本项目学习的内容，走进导游职业，围绕认知“导游的分类”“导游的职业要求”进行小组讨论，而后结合小组讨论的情况，进行全班学生的公开展示。

第三步：根据学生人数，4～6 人一组，结合情景提示，模拟情景设置的任务，担任旅行社经理、导游、游客，进行交流，体验每个角色的感受。

第四步：根据各组完成情况，推荐一组同学公开展示模拟场景。

实训效果评价表

<table>
<tr><td rowspan="2">评价项目内容</td><td colspan="2">实训过程评价</td><td>结果评定</td></tr>
<tr><td>自我评定</td><td>小组评定</td><td>教师评定</td></tr>
<tr><td>导游的分类</td><td></td><td>A○ B○ C○ D○</td><td>A○ B○ C○ D○</td></tr>
<tr><td>导游的职业要求</td><td></td><td>A○ B○ C○ D○</td><td>A○ B○ C○ D○</td></tr>
<tr><td>学习态度</td><td></td><td>A○ B○ C○ D○</td><td>A○ B○ C○ D○</td></tr>
<tr><td>团队合作</td><td></td><td>A○ B○ C○ D○</td><td>A○ B○ C○ D○</td></tr>
<tr><td>语言表述</td><td></td><td>A○ B○ C○ D○</td><td>A○ B○ C○ D○</td></tr>
<tr><td>礼节礼貌</td><td></td><td>A○ B○ C○ D○</td><td>A○ B○ C○ D○</td></tr>
<tr><td colspan="4">评定标准:A.准备充分,参与积极。认真实训,效果良好。
B.准备较充分,参与较积极。实训较认真,效果较好。
C.准备不充分,参与不够积极。实训不够认真,效果一般。
D.没有按照要求准备,实训效果不好。</td></tr>
<tr><td colspan="2">改进建议:</td><td colspan="2">综合评定:
A○ B○ C○ D○</td></tr>
</table>

任务三 走进导游群体

【实训目标】

1. 熟悉导游的角色定位。
2. 熟悉导游的工作环境。
3. 掌握导游面对的人际关系。

【导学提示】

旅游行业的发展离不开从事服务的主体人群,旅行社及相关的服务人员,要完成每一次的旅游接待任务都必须是旅游服务群体的每一个人的辛勤付出,通力配合,才可以保证接待任务的顺利完成。作为中职导游服务专业的学生,不仅仅要能够独立地完成提供向导、讲解服务,还要学会与人建立良好的关系,恰当地待人接物,礼尚往来,相互帮助,共同提升。因此,认识、了解导游全体,才可以有利于今后的接待服务工作的顺利开展。

【情景设置】

李想通过在旅游学校的不断学习,对从事导游工作有了诸多的了解,但是,对于真正从事导游工作还不是很清楚。比如，导游的工作地点、工作环境、各种人际关系等环节还需要在参加顶岗实习时进行具体的体验。怀着对自己导游梦的憧憬，李想继续开始新的一周学习。

【知识准备】

在一般人眼里，导游人员是一个头戴遮阳帽、太阳镜、下穿牛仔裤、脚蹬旅游鞋、肩背时尚旅行包的阳光形象。其实，走进导游群体，才会有“不识庐山真面目，只缘身在此山中”的感觉，要成为一名优秀的导游人员，应有着与众不同的角色定位，根据这一要求，从事导游工作就要从多方面来要求自己，不断提升自己的业务素养。

一、导游的角色定位

（一）导游是“国家（地区）的形象代言人”

旅游者是一个广大的群体，不仅指入境游的国外旅游者，也包括港澳台同胞、国内游的内地旅游者，而且包括我们自己也都是一个旅游者。从这个角度上讲，导游就是“国家的形象代言人”，如果导游接待的是国外旅游者，负责接待的地陪导游员就是中国的形象代表，一言一行都关乎我们中国的形象，维护国家的尊严就首当其冲地成为工作的职责之一，同时，又是中国文化的传播者、中国文明的宣讲者；如果接待的是国内旅游者，那么，导游人员就成为导游所在城市的形象代言人，接待服务水平的高低也直接影响着这个城市的旅游形象。导游人员饱满的热情，为来自国内其他城市的旅游者提供优质的服务，让他们满意而归，不仅会赢得社会效益，也会赢得经济效益，更会产生良性循环，吸引更多的国内旅游者来此观光、度假、休闲。

（二）导游是“游人之师”

“师者，传道授业解惑也。”这是对学校老师的评价。在旅游活动中，作为旅游活动灵魂的导游人员，同样具有“老师”之角色，面对着祖国丰富的自然风光和文化资源，如山川田园、古建园林、古墓陵园、风土民情等内容，游客对此不了解或者了解甚少，此时导游人员画龙点睛的景点讲解就起到了“传道”“解惑”的作用，在此，导游人员就是名副其实的老师角色。面对着日益丰富的旅游市场和日渐成熟的旅游者，导游人员必须不断地提升自身素质，积累丰富的导游知识、提升讲解技巧就成为重要的业务修养内容。

（三）导游人员是“游人之友”

《礼记》中讲：“同门为朋，同志为友。”其意思是说，“同门”是指在同一个老师门下学习的人，所以那时的“朋”就是我们现在所说的同学；“同志”是志趣相投的友人。所以“友”才是我们现在所说的“朋友”。作为导游人员，每一次的旅游接待任务都是一次缘分的体现，从接团到送团的时间内，导游人员和每一位旅游者从陌生到熟悉的过程中，无不体现着导游人员的业务素质，“让旅游者满意”是导游职业对导游人员的基本要求。

(四) 导游人员是“指挥家”形象

当旅行社把一个旅游团交到导游人员手中的时候，如同战争年代，指挥千军万马的将军一样，按照预定的作战意图，借助交通工具把几十名旅游者转运到既定的旅游景点进行参观游览，从此整个旅游团的吃、住、行、游、购、娱等活动都要有导游人员进行周密的计划安排和实施。所以，导游人员必须具有敏锐的判断力、思考力以及组织能力、协调能力，具有军事指挥家的指挥能力，才可以顺利地完成旅游接待服务。

(五) 导游人员是一名“上知天文、下知地理”的“博士”“杂家”

所谓的“博士”“杂家”是从旅游服务的职业素养角度来讲的。旅游者在参观旅游活动中，对旅游目的地的人文历史、风物特产、山川草木、俊峰幽谷、泉瀑潭湖、宗教建筑等自然旅游资源、人文旅游资源都需要了解，并通过恰到好处的语言表达、风趣幽默的语言技巧展示给每一位旅游者，此时此刻，可以说，导游就是一个“百事通”，从而满足来自四面八方的海内外来宾精神上和物质上的需求，此时的导游人员就是一位“博士”“杂家”。因此，导游人员每一次成功的旅游服务就是一次人生阅历的升华。

(六) 导游人员有时身兼“母亲”的角色

导游人员在一个旅游团中，从安排旅游者生活服务的角度上讲，就是一个“母亲”角色的体现，主要体现在为旅游者(团)安排吃、住、行等方面的生活服务中，按照旅游合同为旅游者安排好吃、住、行等方面，烦琐的服务都要细心地计划、逐个地落实等，从而满足旅游者(团)的需要，这一系列的工作安排，导游人员的付出是很多的，因此，具有“母亲”的角色就显而易见了。

二、导游人员的工作环境

导游人员的工作环境是一个富于挑战性的环境。根据导游人员工作性质的不同，不断地发生着变化。

(一) 地接导游人员的工作环境

对于地接导游人员来讲，其工作环境的特点是具有“流动性”：蓝天白云做敞房，绿水青山伴身旁，鸟语花香空气爽，旅途不断在变换，快乐困倦常相忘。每一次的接待服务，都会结识不同文化层次的旅游者(团)，遇到不同的问题，收获不同的感受，得到不同的成长。

少林寺

“有朋自远方来，不亦乐乎！”面对着不同文化层次的旅游者(团)，作为导游人员，务必做好各方面的准备，熟悉接待计划，尤其是做好心理准备，才可以在导游服务中做到“胸有成竹”，面对着秀美的自然美景，“指点江山，激扬文字”用画龙点睛的导游语言给旅游者(团)带来不一样的旅游感受，获得旅游者(团)的认可。

(二)全陪导游人员的工作环境

对于全程陪同导游人员来讲,他们的工作环境与地接导游人员的工作环境有相似之处,只是工作的方式有所变化而已:虽是旅游者(团)的旅游活动的见证者,却无法体验地接导游服务的愉悦感,这是由于他们的工作职责所致,但他们是整个旅游活动是否按照旅游接待计划落实的监督者、协调者,其在工作环境中与之交往的旅游者(团)、旅行社、地接导游等人员构成了整个人际交往的人际圈。

"协作共事"是每一次旅游活动中必有的工作内容,因此,不断提升个人修养、完善个人人格、升华组织协调能力是每一次旅游活动时必需的功课之一。

(三)景区导游人员的工作环境

景区导游人员的工作环境,相对于地接导游人员和全程陪同导游人员来讲,其工作环境具有明显稳定性的特点,往往是指在一个较为固定的景区(点)内从事某一景点的专门讲解,所面对的是单纯的来此景区(点)进行参观游览的客人。例如,开封清明上河园的景区导游人员,其工作的地点往往是固定的,讲解的内容也是固定程式,只是服务的对象不同而已。

从工作的辛苦程度上说,往往没有地接导游服务和全陪导游服务的多样性、新奇性,具有单一性、重复性的特色。

三、导游人员面临的人际关系

芸芸众生中,彼此相处就要面临不同的人际关系。从事旅游服务的导游人员,无论处在哪个岗位上,都要认真面对,灵活地处理好不同环境下的人际关系。

尤其是新导游们,经历过学校的学习训练、复习迎考等环节,拿到了导游证,怀着喜悦兴奋的心情走进旅游行业的大家庭,开始圆"导游梦"。但是,走进旅游行业的大家庭,开始从事导游工作时,却要正确处理好各种人际关系。

(一)与旅行社办公室人员的关系

旅行社是现代旅游行业的三大支柱之一,处于核心地位,是联系旅游饭店和旅游交通的纽带。在这个核心位置中,其人员的构成不仅有导游人员,还包括旅行社的办公室人员,具体有计调、外联、财务人员及各部门经理,以上各个职位人员根据旅行社的大小,其工作范围有所不同,有的常常是身兼数职。

一般讲,外联主要负责为旅行社联系客户,协调各个兄弟单位的业务。它是旅行社发展中一个重要的岗位。导游人员要处理好与"外联"的相互关系:

(1)弄清楚外联人员的姓名;

(2)见面时使用合适的称谓打招呼;

(3)做好沟通交流;

(4)提供力所能及的帮助。

计调分为管导游、管车和管酒店等不同职责范围,也有同时管多项的。计调人员是一家旅行社中的核心成员，很多旅游业务接待或者外出任务都会由计调进行安排，如同行军打仗的前线指挥官，因此和导游人员的关系最重要。如何与计调处理好关系？

（1）让计调人员接纳你，认可你，不烦你。

（2）做到有礼貌，如拿到接待计划要表示感谢。

（3）认可计调人员的权威。比如让他们感觉到你对他（她）的尊敬，心里会对你有所好感。

（4）要谨言慎行，不要在计调面前说大话，以免“祸从口出”。

（5）报账时要客观描述情况，不要带个人主观色彩。向计调人员提供参考意见，请记住：是参考意见，不是发号施令，不要好心办成坏事。

（6）乐意接受计调人员安排的工作。

（7）学会感恩。如自己所带的团的效益不错的时候，想着带点小礼品，如饮料或者办公用品与大家分享，这对和同事们搞好关系非常重要。

旅行社中的经理级人物是一家旅行社管理人员，是导游人员的领导。作为一名新入职的导游不可能一下子和经理们搞好关系。但一个基本原则是：尊重领导，尊敬人格。记住经理们对于导游人员只会通过你完成的每一次接待任务来观察你，所以，导游人员每一次成功或者失败的接待都会给经理们留下深刻的印记。

（二）与司机师傅的关系

一次愉快的旅行活动，司机师傅是完成任务的重要保证。因此，导游人员必须和司机师傅处理好关系，尤其是新入职的导游人员，千万不要以为司机只会开车，其他的什么都不会，司机和导游都是平起平坐的。如何与司机师傅搞好关系呢？

（1）尊重司机师傅，及时表明自己的新导游身份，不要不懂装懂。

（2）多征求司机师傅意见，坦诚地表达希望司机师傅向自己多提意见，多帮助。

（3）力所能及地帮助司机师傅安全行驶，比如，天气不好的时候，帮助司机师傅擦拭玻璃；提醒司机师傅路况、路线等。

（4）多体谅司机师傅的难处，如客人提出要去行程外的地方，不要只顾自己卖人情，擅自答应，一定要先和司机师傅商量，征得他们同意；如要收取油费要与客人说明，如司机师傅愿意免费帮忙，不要忘了引领客人为司机师傅鼓掌，表示感谢。

总之，走进导游职业圈，才会明白，很多事情是需要新入职的导游人员多学习、多了解，不仅要掌握书本上的理论知识，更应该学习领会实际工作中的经验常识。

（三）与旅游者（团）的关系

没有旅游者（团），就没有旅游。因此旅游者（团）是导游人员完成接待任务的主体。但是，在具体的旅游接待服务过程中，导游人员的每一次接待任务接待的人群都不是固定的，每一次的服务过程都是新的，体现出了导游工作的流动性、接触的短暂性、服务的主动性等特点。鉴于此，导游人员处理与旅游者（团）的关系坚持体现以下原则即可。

1. 游客至上原则

游客至上原则，即要求导游人员有工作的责任感和使命感，在服务过程中要明辨是非，坚守职业道德，处处为游客着想。

2. 履行合同原则

导游人员接待服务是以旅游行程计划为基础的，是否履行合同约定的内容是评价导游人员是否履行职责的依据。

3. 等距离交往原则

尊重人是人际交往中处理人际关系的基本原则。无论旅游者(团)是来自境内还是境外，是经济发达国家还是经济落后国家，也不管游客的肤色、宗教信仰、消费水平如何，导游人员都应该一视同仁地尊重他们，不应该对一些游客表现出特别的偏爱。因为，导游人员片面的行为可能会造成旅游者(团)内部关系的紧张，为旅游接待服务的顺利完成造成阻碍。正确的做法是尽全力把接待服务工作完成得人人满意、皆大欢喜，除非是在特殊情况下，导游人员应该采取的态度是与每一位游客都要友好、礼貌和殷勤。

(四) 与景点、饭店等场所的工作人员的关系

旅行社的每一次旅游服务接待工作都是一个相互合作的链条，导游除了和旅行社的内部人员建立良好的人际关系外，还要和酒店、景区、购物场所等人员有联系，这些人员统称为外部人员。按照"吃、住、行、游、购、娱"旅游六要素的环节，旅行社内处理了"行"(即交通)、"游"(即导游服务)，还应根据接待计划的安排，对于"一日游"以上的游客安排酒店住宿、就餐、进入景区参观，与景区的票务人员，购物场所、娱乐场所的工作人员等都会有千丝万缕的联系，而且这些人员将会是导游人员入职后长期合作的客户。所以，建立彼此友好的合作关系极其重要，其基本原则是：诚信、友善、信守约定、尊重合作。其实一个优秀的导游员，应该是一个八面玲珑、应对自如的人。当练就"金刚不坏"之身，"百毒不侵"了，一个成功的导游员便诞生了。他如沐春风，笑容满面，语言得体，用真诚赢得伙伴的支持，将为今后成为名副其实的优秀导游创造条件。

案例分析

2015 年 4 月份，开封某旅行社到市某高校招聘导游人员，当时参加应聘的学生很多，这时有一位身材高挑的男生向招聘的经理咨询："经理，如果我们去旅行社工作，有没有自己的办公室呀?"经理回答道："有!"男生又问道："您好经理，再问一个问题，如果我们到您的旅行社工作，能不能配车呀?"某旅行社的经理非常惊讶，没有及时回答，看了看那位男生，反问道："请问，你想到我们单位应聘什么岗位?"男生答道："导游呀!"经理有点纳闷，继续反问："应聘导游，怎么问有没有配车呀?"男生很自豪地说："因为我大学阶段学的是旅游管理专业呀……"

请思考：

(1) 你觉得经理会接受这个男生的应聘吗？为什么？

(2) 如果是你应聘，你会怎样向经理咨询？

【情景模拟】

某旅行社经理安排一个刚取得导游证的实习生小赵，接待一个来自洛阳的中学生

夏令营旅游团，要到开封翰园碑林参观游览，由于是第一次接团，小赵非常紧张。如果你是小赵，你该怎样完成任务？

【物质准备】

1. 学习笔记、导游人员管理条例、评价表、多媒体课件。
2. 模拟导游室场地。

实训程序

第一步：根据实训目标要求，熟悉掌握以下知识。

(1) 结合学习陈述导游人员的角色定位；

(2) 结合学习交流导游人员的工作环境；

(3) 小组交流理解导游人员所面对的各种人际关系。

第二步：以小组为单位(4～6人)，模拟旅行社的架构，分别扮演经理、计调、地接导游人员、游客等角色，体验各岗位的工作场景，分组上台模拟演练。

第三步：老师巡视，及时指导各个小组成员完成任务。

第四步：根据各个小组的模拟训练情况，推荐一组同学进行公开展示模拟场景活动，老师点评，及时填写模拟实训评价表。

实训效果评价表

评价项目内容	实训过程评价		结果评定
	自我评定	小组评定	教师评定
导游的角色定位		A○ B○ C○ D○	A○ B○ C○ D○
导游的工作环境		A○ B○ C○ D○	A○ B○ C○ D○
导游所面对人际关系		A○ B○ C○ D○	A○ B○ C○ D○
学习态度		A○ B○ C○ D○	A○ B○ C○ D○
团队合作		A○ B○ C○ D○	A○ B○ C○ D○
语言表述		A○ B○ C○ D○	A○ B○ C○ D○
礼节礼貌		A○ B○ C○ D○	A○ B○ C○ D○
评定标准：A.准备充分，参与积极。认真实训，效果良好。 B.准备较充分，参与较积极。实训较认真，效果较好。 C.准备不充分，参与不够积极。实训不够认真，效果一般。 D.没有按照要求准备，实训效果不好。			
改进建议：		综合评定： A○ B○ C○ D○	

任务四　认知导游人员的职业素质

【实训目标】

1.熟练掌握导游人员的职业素质。

2.认知导游人员必备职业素养。

【导学提示】

旅游服务业属于窗口行业,而作为旅游服务的主体导游,其服务质量的高低和自身的业务素养有着密切的关系。为此,作为中职导游专业的学生必须熟练掌握导游人员的职业素质,养成良好的职业习惯,才可以在具体的服务过程中,根据旅游者的需求,提供优质的服务,否则就会发生经常被媒体曝光的一些败坏导游队伍形象的事件,从而导致人们对导游人员职业的不良认知。

【情景设置】

经过一段时间的学习,李想同学对导游的职业认知又进一步加深了,不仅明白了导游人员角色的定位、将来走进旅行社要面对的各种人际关系,而且通过实训,逐步清楚了导游人员的工作环境。至于如何通过学习提高自己的业务素质,还需要不断的学习、认识和了解。那么,旅游行业对导游从业人员的职业素质方面又有哪些要求呢?带着这个问题,李想又开始了新的学习任务。

【知识准备】

"德才兼备"是我们国家所有行业对自己员工的统一要求。对于这一标准,你的认知可以形象地概括为:有德有才是精品,无德无才是废品,有德无才是庸品,无德有才是危险品。其中的"德"是衡量一个人在某一个单位存在价值的基本要求。对于导游人员来说,同样如此。

导游人员有"民间大使""游人之师"等美誉。这些美誉更是一个国家、一个城市、一个旅游企业及旅游者(团)对导游形象的要求和期盼。因此,导游人员职业素质的高低决定了其是否为一名优秀导游人员的评价依据。导游人员的职业素质应该包括什么呢?

一、良好的思想品德

"爱国、敬业、诚信、友善",集中体现了社会主义核心价值观在个人层面的基本规范和要求,是社会对个人道德的基本要求,是一个人思想道德品质的基本体现,也是当今旅游行业导游人员的思想道德品质的要求。具体来讲,我国导游人员的思想品德方面的素质可以概括为以下几个方面。

(一)热爱祖国,热爱社会主义

热爱祖国、热爱社会主义是一名合格的中国旅游行业导游服务人员的首要条件。

这是因为：

(1)作为“民间大使”，旅游服务业的导游人员面对的旅游者(团)不仅仅是国内游客，而且会有国外的旅游者来中国观光旅游，这些人群到中国关注的是中国社会制度、风土民情、历史文化等，但他们不一定是对中国社会制度的认同者、支持者。导游人员作为“民间大使”的接待服务就是要通过自己的旅游服务尤其是景点讲解等内容让这些外国人了解中国、认识中国，此时此刻，导游人员首先应是一个爱国者，才能够以自己热情的导游服务感染外国人、影响外国人正确地认识中国，从而成为我们的朋友。

(2)热爱祖国，不仅仅是我国强调，世界其他国家也同样重视。世界各国都强调，外籍人员不允许担任导游人员。在我国报考导游人员资格证时强调“必须是中国公民”就是这一含义的体现。

(3)导游人员是“游人之师”，因此导游人员的言谈举止都与国家的形象息息相关。所以热爱祖国、热爱社会主义是导游人员上岗的必备职业素质。

(4)热爱祖国是人们对祖国的一种深厚的依恋、爱护以及与此相应的实际行动。热爱祖国是每个公民应当遵循的最基本的价值观念和道德准则，也是中华民族的光荣传统。几千年来，中华儿女一直高举爱国旗帜，涌现出无数爱国英雄、仁人志士，传诵着数不清的爱国诗篇，爱国主义精神早已融入亿万人民的心里。作为中华民族精神的核心——爱国主义精神始终是各民族、各阶层团结一致的强大动力，支撑着中华民族团结奋斗、发展繁荣的伟大实践。

(5)热爱祖国最重要的就是要热爱中国特色社会主义。是社会主义救了中国，是中国特色社会主义发展了中国。如今，我们的祖国面貌日新月异，经济发展，政治稳定，文化繁荣，社会和谐，人民生活显著改善，“神舟”九天揽月，“蛟龙”五洋捉鳖，一个“国家富强、民族振兴、人民幸福”的中国梦正在加快实现。我们的祖国从来没有像今天这样强大，这样可爱。生活在这样一个国家里，作为一个中国人，我们能不欢欣鼓舞，能不感到骄傲自豪吗？能不以更大的决心和干劲报效祖国吗？作为导游人员，如果没有了这些，导游工作就成了无源之水、无本之木。

案例分析

1999年5月，某旅行社组织了一个旅游团赴某地旅游。该团导游人员李某在讲解时说道“蒋介石也是一个伟人，他对结束军阀混战，统一中国有历史功绩”等等。旅游团客人对此说法十分反感，认为导游这种说法有损于民族尊严，歪曲了历史真相，故与之发生争辩，旅游结束后向旅游行政管理部门投诉。经核查，情况属实。据此旅游行政管理部门对其进行了处罚，并对其所在的旅行社也给予了处罚。

请你运用所学法律知识，回答下列问题：

(1)对该导游人员的处罚有无依据？是何依据？请你简述依据。

答：有依据(2分)，即《导游人员管理条例》对此有明确规定(2分)，导游人员进行导游活动时，有损害国家利益和民族尊严言行的，由旅游行政管理部门给予处罚(2分)。

(2)对旅行社进行处罚有无依据？有何依据？请你简述依据。

答：有依据(2 分)，即《导游人员管理条例》规定，导游人员有上述言行的，对导游人员所在的旅行社，由旅游行政管理部门给予处罚(2 分)。

(二)良好的道德品质

“德行天下”，良好的道德品质是一个人立足社会的重要条件。作为导游人员，成为旅游服务业的一员，在接待来自国内外的旅游者(团)过程中，只有具备良好的道德品质，才可以和旅行社的其他员工团结一致，合作共事，建立起和谐集体。作为集体中的一员，处处从这个大集体的利益出发，全心全意地为旅游者服务，关心集体的生存和发展，做到“宾客至上”，让旅游者感到“宾至如归”。

(三)高尚的情操

高尚的情操是导游人员必须具备的修养之一。导游人员在日新月异的社会发展中，会时时面对各种经济诱惑、屈辱、是非等，只有不断地坚持学习，提高思想觉悟，学会明辨是非，识别诱惑，分清荣辱，自觉抵制各种形形色色的精神污染，形成“不以物喜、不以己悲”的情怀。

(四)遵规守纪守法

遵规守纪守法是每一个中国公民的义务。导游人员更应该是遵守国家法律、法规的典范，因为每一次的旅游接待活动，导游人员的服务就是一次践行社会主义核心价值观的最好的实践活动。在工作中，严格执行《旅游法》、导游服务质量标准，严守国家机密和商业秘密，以国家集体利益为上，自觉抵制有损国家形象、有损旅行社声誉、有损旅游业名声的不良行为。

(五)良好的职业道德

我国旅游行业的从业人员在长期的实践中，形成了富有特色的职业道德规范，可以概括为 72 个字：爱国爱企，自尊自强；遵纪守法，敬业爱岗；公私分明，诚实善良；克勤克俭，宾客至上；热情大度，清洁端庄；一视同仁，不卑不亢；耐心细致，文明礼貌；团结服从，大局不忘；优质服务，好学向上。这其中每一条、每一字都是对导游人员必须遵循的职业道德规范，从不同的方面对旅游从业人员进行要求、督促和要求。导游人员应热爱本职工作，刻苦钻研业务，全身心地投入工作，热情地为旅游者(团)服务，吃苦耐劳，不怕困难，适应各种复杂的、繁重的、艰苦的、严格的服务工作，因为导游服务工作实际上是一件集脑力劳动、体力劳动于一体的工作；同时又要顾全大局、相互协作，遵循宾客至上、顾客第一的原则，努力维护旅游者(团)的合法权益，提供规范化和个性化的服务。

案例分析

2015 年 10 月，某旅游景点向旅游局投诉某旅行社导游谢某，说他贪图蝇头小利，败坏了旅行社的名声，事情是这样的，K 市有 20 多万名中小学生，每年春秋两季学校都要组织他们进行郊外旅游，为了加强管理和确保安全，有关教育部门特别指定几家旅行社专门负责接待安排。而个别旅行社委派的导游人员经常在门口虚报人数，或者是想方设法“逃票”，有的还带着自己的亲朋好友冒充老师混进旅游景点（有许多景点规定带队的老师可以免票），在与景点检票人员发生争执时，又往往表现出态度恶劣、蛮不讲理，谢导游就是这样的人，我们景点不欢迎他……

请思考：

(1) 旅游景点为什么要投诉谢导游？

(2) 案例中的谢导游有什么行为不合法？

(3) 如果是你，你该怎么办？

案例启示：俗话说：“有得必有失，有失才有得。”个别导游及旅行社或许会得到眼前的利益、暂时的一些实惠，但失去的却是自己的名声和诚信。到头来最吃亏的还是自己，相反，那些忠诚旅游事业、遵守职业道德的导游员及旅行社，在诚信尽责、提供优质服务、保障旅游者（团）利益的过程中，或许会受到损失，但他们那种敬业爱岗、讲求公德的精神却给人们留下深刻的印象，从而赢得社会的赞誉和敬仰。另外，我们也应该清醒地看到目前旅游行业的从业人员素质参差不齐，旅游法规建设的滞后，一些旅游行业的顽症屡禁不止，因此我们要树立以建设诚信旅游市场为目标，扎扎实实做好诚信服务，为旅游业做出新的贡献。

二、较高的知识水平

俗话说：“上知天文地理，下知鸡毛蒜皮。”这是人们对导游人员提出的基本要求。实际上说，具备一定的知识能力是成为一名合格的导游人员最起码的条件，从实际工作的角度讲，导游人员的知识水平中包括三个方面的知识结构：专业知识、相关知识、法律法规知识。

（一）专业知识

“术业有专攻”，从事导游服务工作，其专业知识涉及导游业务知识、语言知识、历史地理文化知识、旅游资源、宗教建筑、园林艺术、风土民情等方面的知识，这是参与旅游活动的旅游者应关注的主体，也是为旅游者（团）带来生活体验的依据。

（二）相关知识

“专业知识懂一切，相关知识懂一点。”导游人员应具备的相关知识是与旅游服务的专业知识相辅相成的，包括具有欣赏能力的美学知识、与人交往的心理学知识以及与社会发展变化相连的经济、文化知识等。

（三）法律法规知识

作为一名合格导游人员必须是一名法律法规知识的践行者，从接待服务开始到服务结束，涵盖旅游六要素中的“行、游、购、食、住、娱”等方面都有明确的法律法规的要求，这就是旅游政策法规，比如《旅游法》《导游人员管理条例》《文物保护法》《合同法》《旅行社管理制度》等，这些法律法规的颁布实施不仅仅是对导游人员自身的保护，也是对旅游者（团）合法权益的保护，更是对我国旅游业的保护。

三、较强的专业技能水平

导游人员不仅要有渊博的知识水平，还应具有旅游服务技能水平，具体来讲包括以下方面的内容。

（一）带团服务技能

带团服务技能是指导游人员同领队人员协同共事，与旅游者成为伙伴，从而营造和谐的氛围，使旅途生活愉快的服务技能。

（二）组织参观游览技能

组织参观游览技能，具体讲就是作为地方接待导游人员依据旅游接待计划和实际情况，组织实施接待计划、巧妙合理地安排旅游者（团）参观游览的技能。

（三）导游讲解技能

导游讲解技能是导游人员工作的主要技能之一，是指导游人员根据旅游景点的实际和旅游者（团）的实际，触景生情、随机应变地进行生动形象的导游讲解的技能。

（四）答疑解惑的技能

答疑解惑技能，即导游人员能够根据旅游者（团）的问询、疑惑，进行及时准确的应答，帮助旅游者（团）了解旅游目的地、生活食宿等情况的技能。

（五）应急技能

应急技能，即在旅游活动中面对突发事件或者交通事故、旅游事故等问题，具有沉着、冷静、果断处理的技能。

（六）应诉技能

应诉技能，即导游人员遇到旅游者（团）向旅行社或者导游人员提出的投诉，能够合情、合理、合法地解决的技能。

四、身心健康

没有导游就没有旅游，没有健康的身体难以胜任导游工作，因为导游工作是一项体力劳动和脑力劳动高度结合的工作。往往在旅游旺季，导游人员忙得不亦乐乎，体力消耗量较大，每天都在结识新的旅游者（团），面对新形势下的各种诱惑，胜任导游工作的，必须是一个身心健康的人。所谓的身心健康可以从身体健康、心理健康、思想健康和头脑冷静、仪容仪表端庄礼貌等方面进行理解。

（1）身体健康是指导游人员身体各个器官都达到正常的生理水平的要求，能够胜任全程陪同导游、地方陪同导游以及旅游团领队陪同旅游者（团）到国内各个旅游景点旅游观光，适应不同地域的饮食要求，不间断地进行工作等，每天都能够阳光地对待自己的旅游服务工作。

（2）心理健康是指导游人员在精神上始终保持愉快、饱满的状态，热情地为旅游者

(团)提供优质的旅游服务,让旅游者体验到“服务周到、宾至如归”的感觉。

(3)思想健康是指导游人员永远保持乐观的心态,保持高尚的道德情操,自觉抵制社会上形形色色的精神诱惑、物质诱惑,自觉抵制各种不良思想的腐蚀。

(4)头脑冷静是指导游人员在旅游接待服务的过程中始终保持处事沉着冷静、头脑清醒,遇事处理灵活机智,与人相处友善和谐,应对旅游者的投诉时合情合理合法,始终保持“处乱不惊”的状态。

(5)仪容仪表端庄礼貌是指作为“民间大使”的导游人员不仅仅代表旅行社,更是中国旅游形象的代表,因此,无论是在旅游者(团)面前还是旅游者同行面前都应该注意自己的言谈举止,做到礼貌待人,礼仪至上;着装得体大方,不应该引起旅游者的反感,说话得体,声音抑扬顿挫入耳,给旅游者(团)一个舒适的感觉。

五、较强的独立工作能力和创新进取的精神

导游人员不仅要有与人和谐相处的能力,更要有较强的独立工作能力以及创新进取的精神,这是由导游人员的工作群体和工作性质决定的。导游人员的独立工作能力体现在:在接到旅游接待计划之后,除了与相关部门做好协调以外,更多的是要按照接待计划独立完成组织旅游者的参观游览任务,独立地做出判断和决定,独立处理旅游活动中出现的各种问题,以切实保证整个旅游接待任务顺利完成。但是,在完成接待任务的过程中,由于每一次接待任务的不同,旅游者(团)的素质高低不一样,导游人员就要保持灵活应对,具有创新精神,不墨守成规,充分发挥个人的自主性和创造性,不断进取,探索旅游接待服务的方法和经验,从而形成自己独具特色的接待服务风格,成为合格的乃至优秀的导游人员。

总之,做一名合格的导游人员,不仅要有良好的思想道德品质、丰富渊博的知识、精湛的导游服务技能、健康的心理,还要有独立完成工作的各种能力,从而构筑了导游人员的职业素养。这也是一个刚刚入门的中职旅游专业学生必须知道的知识信息。

【模拟情景】

情景设置:2009年×月×日,天津某旅行社接待了一个来自山西的旅游团,在游览天津蓟县的过程中,导游小张告诉游客山上的很多野果可以食用,如果游客们愿意,可以随便地摘着吃。游客们兴致很高,但是,有一位游客在摘着吃了一种野果后,便觉得很不舒服,在回酒店途中便发高烧,后经医生诊断为轻度中毒,和他在一起的其他游客却安然无恙,后来该游客投诉了接待社,并要求赔偿。后来经过交涉,该接待社赔偿了此游客三千元医疗费。如果你是导游小张,你该怎么办?

【物质准备】

1. 学习笔记、导游人员管理条例、旅行社管理条例、实习实训评价表、多媒体课件。
2. 模拟导游实训室。

实训程序

第一步:检查学生掌握本任务的要求,认知导游人员的职业素养有哪些?

第二步：根据本项目学习的内容进行小组讨论，而后结合小组讨论的情况，进行全班学生的公开展示。

第三步：根据学生人数，4～6人一组，结合情景提示，模拟情景设置的任务，担任旅行社经理、导游、游客，进行交流，体验每个角色的感受。

第四步：依据每人的体验情况，以小组长为核心，逐一进行评定，并推选出一组最好的角色扮演者进行全班展示。而后教师点评，并将评定的结果填写进实训效果评价表中。

实训效果评价表

评价项目内容	实训过程评价		结果评定
	自我评定	小组评定	教师评定
导游的职业素养		A○ B○ C○ D○	A○ B○ C○ D○
良好的思想品德		A○ B○ C○ D○	A○ B○ C○ D○
较高的知识水平		A○ B○ C○ D○	A○ B○ C○ D○
心理健康		A○ B○ C○ D○	A○ B○ C○ D○
独立工作能力		A○ B○ C○ D○	A○ B○ C○ D○
较强的专业技能水平		A○ B○ C○ D○	A○ B○ C○ D○
较强的独立工作能力和创新进取的精神		A○ B○ C○ D○	A○ B○ C○ D○
学习态度		A○ B○ C○ D○	A○ B○ C○ D○
团队合作		A○ B○ C○ D○	A○ B○ C○ D○
语言表述		A○ B○ C○ D○	A○ B○ C○ D○
礼节礼貌		A○ B○ C○ D○	A○ B○ C○ D○
评定标准：A.准备充分，参与积极。认真实训，效果良好。 B.准备较充分，参与较积极。实训较认真，效果较好。 C.准备不充分，参与不够积极。实训不够认真，效果一般。 D.没有按照要求准备，实训效果不好。			
改进建议：		综合评定： A○ B○ C○ D○	

项目二　提升语言表达能力的实训

一、项目学习目标

1. 认知导游语言的特点；

2. 掌握导游语言的口语特色；

3. 熟悉并掌握导游语言的语音、语调特色，进行正确的讲解；

4. 掌握导游语言语速、节奏特点，提高讲解效果；

5. 熟练运用体态语言。

二、项目实训准备

1. 根据项目内容及技能要点，着手分角色模拟训练；

2. 按照学习理解—模拟演练—分组展示—集中分享的程序进行实训。

任务一　认知导游语言模拟实训

【实训目标】

1. 在认知导游语言定义、分类、原则的基础上，确立语言能力训练的思想；

2. 重视导游语言的训练，确立职业发展目标。

【导学提示】

“祖国山河美不美，全凭导游一张嘴”是时下人们对导游语言的很好概括。现代语言学家认为，语言是传递信息的符号，是传播知识、交流思想、沟通感情的工具。在旅游接待服务中，旅游者和导游人员就是通过语言的媒介而建立联系。在交流交往中，诸如途中讲解、景点讲解中，导游人员及时让旅游者(团)了解到旅游目的地的风光特色、风土民情等，从而实现旅游观光、愉悦性情、陶冶情操等目的。由此可见，导游语言是导游人员必须具备的基本条件之一，是从事导游接待服务工作的重要手段和工具之一。每一名从事导游工作的人员要想获得从业资格，必须参加现场导游考试，其重要手段就是利用模拟导游的方式进行考试。

【情景设置】

李想同学通过一段时间的学习，了解了导游工作的特点，以及从事导游接待服务工作必须具备的条件，在认知的基础上，对旅游服务接待工作有了大致的了解，便向老师咨询：“老师，要想实现我的导游梦，除了认真学习开设的旅游服务专业课之外，还需要做哪些准备工作呢？”老师告诉他：“有目标，更要有行动，在学习必需的导游知识的基础上，更重要的是对自己进行语言能力的训练，掌握导游语言的特点，帮助自己向目标靠近！只要坚持，就一定会梦想成真的！”在老师的激励下，李想又开始跟着老师进行新的学习内容……

【知识准备】

俗话说：“师傅领进门，修行在个人。”从事导游工作的第一步是取得导游人员从业资格证书。获取导游人员资格证书的关键是，必须参加现场导游（即面试）考试，考试的重点是从事导游工作的途中讲解和景点讲解两部分。考官们评判考生是否过关的依据就是考场上考生的语言表达能力。

一、导游语言的定义

对导游语言的定义可以分为广义的定义和狭义的定义两种。狭义的定义讲，导游语言是指导游服务接待工作中，导游人员与旅游者交流思想感情、引导游览、现场讲解、传播文化时使用的一种具有丰富感染力、生动形象的口头语言。而广义的定义为：导游语言是指从事旅游接待服务工作的导游人员，在导游服务工作中必须熟练掌握和使用的所有具有一定意义并能够引起彼此互动的一种符号，不仅仅包括书面语言，还包括面对面的口头语言（诸如少数民族语言、方言、外语）、体态语等。这里的“一种符号”是指导游服务过程中的一种有意义的媒介物，即语言和非语言。如导游员引领游客站在开封黄河大堤之上说：“开封地上悬河景观是世界上独一无二的自然奇观！”游客们看着眼前的景观，听着导游员的讲解，脸上露出啧啧赞许的神态……上句话中，导游对开封悬河奇观评价是一种有声语言，而后面游客赞许的神态就是一种“无声的语言”。

二、导游语言的分类

根据导游员使用语言的实际情况，按照语言表达的形式可以分为书面语言、口头语言和体态语言。

（一）书面语言

书面语言是指用言简意赅的文字，把事物的形状、性质、特征、成因、功用等解说清楚的一种语体，实际上是一种文字符号的形式。如旅游景区为方便旅游者（团）认识了解景点的“景点文字说明”、“旅游指南”、商品介绍等。

（二）口头语言

口头语言是指以说和听为主要形式的语言，也是从事旅游服务接待工作的导游人员主要使用的语言之一，可以分为两种形式：其一是指导游人员的讲解和游客倾听的语言传递形式，如首次接团进行的途中讲解、欢迎辞等；其二是导游人员与游客之间进行交流、应答、商讨等语言形式。口头语言是从事导游服务工作最常用的语言形式之一，它突出的特点是通俗易懂，易于理解，便于沟通等。

（三）体态语言

体态语言是指以人的动作（手势、身姿等）、表情、眼神、服饰等来传递信息的一种无声伴随的语言。其主要包括五个方面，即表情语、姿态语、身势语、服饰语、界域语等。在日常的导游服务工作中，体态语言的使用非常广泛，正确使用，便于与游客沟通、交流，更有利于整个旅游氛围的形成。

三、导游语言的原则

导游语言最常用的是口头语言，具有“快、急、难、杂”的特点，因此，在实际交往过程中，导游人员往往没有时间进行字斟句酌的推敲，而是根据事情发生的情况进行随机应变，具有一定的难度。但是，多年从事旅游接待服务的优秀的导游人员却往往能够以准确高雅的语言生动形象地进行导游讲解，其内容往往趣味无穷、引人入胜，语速适中，语调富于抑扬顿挫、高低和谐、起承转合、水到渠成，这样的导游讲解往往让游客对景点景区流连忘返、难以忘怀。其成功的原因在于这些导游人员的语言遵循导游语言的基本要求——四原则：准确、生动、清楚、灵活。

（一）准确

准确是指导游语言的规范性要求，是导游人员在旅游接待服务过程中进行导游讲解时必须遵守的基本原则。面对着祖国秀美的山河美景、宁静的湖光山色、丰厚的人文资源时，导游人员无形中承担着传播中华文明、传递着审美信息等的职责。因此，在这些活动中，“准确性”起着举足轻重的作用，因此，导游人员切忌信口开河、张冠李戴、自我演绎杜撰等，在回答游客的询问时更要“知之为知之，不知为不知”，切莫胡编乱造。导游语言的准确性表现在以下三个方面：

(1)导游语言的语音、语调、用词、语法、造句正确；

(2)导游讲解的内容必须有根有据、正确无误，切忌胡编乱造、张冠李戴，即使是一些神话传说也要有依据，并且与景点景区有紧密联系。

(3)准确使用敬语、谦词，尊重游客的风俗习惯和语言习惯，也要适合自己的身份等；引用名人名言、谚语、格言要恰到好处，不可牵强附会、画蛇添足等。

案例分析

在2016年全国导游资格考试现场导游考试(面试)中，当考官向一名考生提问：“请简要介绍一下张择端及其《清明上河图》。”考生根据考官的要求，进行了介绍：“择端，字正道，号文有，山东诸城人，生于北宋，卒于南宋。少年游学京师，练习绘画，尤其喜欢画舟船、桥梁和街市。《清明上河图》是其代表作，在这幅长525厘米、宽25厘米的巨幅画卷上，再现了北宋东京汴梁以及汴河两岸的繁华景象和自然风光……”考官听了考生的讲解，并没有十分满意。

请问：考官为什么不满意呢？考生的介绍存在什么问题？

（二）清楚

“清楚”是导游语言科学性的另外一种体现，是对导游人员语言表达的最基本的要求。具体体现在以下几个方面。

(1)语言表达要求口齿清晰，简洁明了；措辞得当，层次分明；组合相依，逻辑性强。

(2)在景点讲解时做到对文物古迹、园林建筑的历史价值、艺术价值和对自然景观的成因、特征等必须交代清楚、明白。

(3)导游词的创作与讲解必须做到通俗易懂，忌生搬硬套，望文生义；多运用口头语言，避免空洞的套话、不伦不类的比喻；使用专用术语时要恰当地进行解释。

由此可知，导游人员在导游讲解时切忌使用模棱两可、含糊其辞的语言，减少使用“大概、也许、差不多、可能”等词汇。

(三)生动

“生动”是指对导游语言美感的要求，是导游语言的艺术性和趣味性的具体体现，生动的内涵是指“生动形象、幽默诙谐”，这是对导游语言的基本要求。试想，如果导游语言表达得单调乏味，甚至是生硬艰涩，势必会引起旅游者(团)的反感，乃至产生逆反心理，最终影响到旅游活动的顺利进行。反之，如果导游语言生动形象、风趣幽默，势必会引起旅游者(团)的兴趣，产生积极的信息反馈，为旅游接待服务工作的顺利进行带来方便，给旅游者留下深刻的印象。

因此，导游语言的“生动”促使导游人员在进行旅游服务接待工作时做到：

(1)用形象化的语言，创造美的意境。

(2)用流畅的语言，创设和谐的服务环境。

(3)用趣味性的语言，营造情景交融的氛围，激发旅游者(团)的兴趣。

(4)用恰当的比喻，创造易于游客理解的亲切感。

(5)增加幽默感，创造活跃、轻松的交流氛围，及时弥补工作中的缺陷。

(6)把表情语与动作有机结合，协助完成导游讲解工作。

总之，导游语言的“生动性”是导游人员完成旅游接待任务的重要素质，也是对导游人员工作上的基本要求。

(四)灵活

“灵活”是指导游人员根据不同的旅游者(团)和具体的时空条件随机应变地进行导游讲解。但是，灵活不等于随便讲，不等于盲目地不加选择地讲，更不是放弃，随便放弃每一个景点景区的导游讲解的完整性，而是指导游人员因地制宜、因人而异、因景而异进行讲解。我们常说，一个景点的导游讲解可以有一百种讲法，比如面对的旅游者如果是老人和小学生，就不应该用同一种讲解方法；同样如果面对的是外国游客和国内游客，同样的景点也会有所不同，这就是因人而异。

总之，导游语言要使旅游者倾听时感觉到舒心，而不能产生丧气之感。譬如，在与旅游者交流中，不谈旅游者的不足与弱点，多谈游客的优点和亮点；不说有违旅游者民族习惯上忌讳的事，多说吉利的话，多说旅游者感兴趣的与自己有共同语言的话。但是做到这些确实不易，要达到这个目的，就要求导游人员有较高的语言修养，通过不断的积累训练，在不断学习的基础上，增加自身业务素质，及时借鉴国内优秀导游人员的成功经验，从而做一个优秀的导游人员。

四、导游语言的基本要求

(一)讲一口流利标准的普通话

讲一口流利、标准的普通话是导游语言的基本要求。在导游接待服务中,游客来自五湖四海,带着不同的方音,唯有普通话才能及时地消除交流中的障碍。因此,要求导游人员使用普通话,从字音、汉语词汇、语言表达方式上力求标准,才可以达到和谐交流沟通的目的,切莫出现"家乡味"的普通话。

(二)表达力求大方灵活、幽默风趣

导游语言是导游人员与旅游者(团)进行交流的主要手段,从导游人员一接触旅游者(团)开始,就需要立即进入状态,简短的问候之后,便要主动地提出话题,使游客的情绪及时地调动起来,对景点景区的游兴瞬间而生,切忌"沉默是金",别人发问才被动应答。在接团后的首次途中讲解中,就是导游人员展示个人语言魅力的开始,季节、天气、风土民情、花鸟虫鱼、风味小吃等等,皆可以触景生情,升华开去,引起旅游者的好奇心和兴奋点,为整个旅游活动营造和谐氛围。

(三)表达要准确

正如前面所讲,准确是导游语言的最基本的要求。在导游服务的过程中,导游人员对旅游目的地的人名、地名、物名、朝代、日子、尺寸、方位、历程等知识表述必须准确,切忌错位,对于一些风土民情、民族习惯、历史典故、成语故事等情况也需要据实客观讲解,不可编造。

总之,导游语言是导游人员从事旅游接待工作的"第二道风景",要想使之变得异彩纷呈,必须苦练内功,用心多读书、多观察、多询问、多实训,练就一张"金口",通过自己的导游语言弘扬中华民族文化的精髓,架起一道旅游者(团)与风景名胜之间的桥梁。

【情景模拟】

开封是中国优秀旅游城市,每年都吸引大批国内外宾朋来旅游观光。有一次,一个来自北京的游客高先生和开封某旅行社的导游张某进行了交流。"导游,你说开封是中国的古都,可是看看你们的很多景点都是重新建的,真是名不副实!对吗?"导游小张听后不假思索地回答:"其实,我觉得也是,除了开封的一个铁塔,还算得上古,其他的像龙亭、清明上河园、包公祠都是后来修建的……"你觉得导游小张的话对吗?如果是你,该如何回答游客的提问呢?

【物质准备】

1. 资料准备:评分表、多媒体课件;

2. 场地准备:模拟导游室。

实训程序

第一步:检查学生掌握项目学习目标要点。

(1)导游语言的定义、分类;

(2)导游语言的原则和要求。

第二步:在小组交流的基础上,根据情景设置的要求,通过扮演导游和游客,轮流进行体验。并推荐一组学生进行全班公开展示汇报。

第三步:在小组进行学习体验、汇报展示的基础上,老师进行点评,并将评价意见填写在实训效果表中。

实训效果评价表

评价项目内容	实训过程评价		结果评定
	自我评定	小组评定	教师评定
导游语言的定义		A○ B○ C○ D○	A○ B○ C○ D○
导游语言的分类		A○ B○ C○ D○	A○ B○ C○ D○
导游语言的原则		A○ B○ C○ D○	A○ B○ C○ D○
导游语言的要求		A○ B○ C○ D○	A○ B○ C○ D○
学习态度		A○ B○ C○ D○	A○ B○ C○ D○
团队合作		A○ B○ C○ D○	A○ B○ C○ D○
语言表述		A○ B○ C○ D○	A○ B○ C○ D○
礼节礼貌		A○ B○ C○ D○	A○ B○ C○ D○
评定标准:A.准备充分,参与积极。认真实训,效果良好。 B.准备较充分,参与较积极。实训较认真,效果较好。 C.准备不充分,参与不够积极。实训不够认真,效果一般。 D.没有按照要求准备,实训效果不好。			
改进建议:		综合评定: A○ B○ C○ D○	

任务二　认知导游口语的特点模拟实训

【实训目标】

1. 掌握导游语言的特点；

2. 结合学习认知，进行针对性训练。

【情景设置】

“学而时习之，不亦说乎！”李想同学牢记着古人的话，同时更明白了当一名好导游不是单单形象好，而且更重在一副好口才，但无论怎样做都要按照成长的规律走，不可拔苗助长。经过在班级中的几次公开展示，李想信心满满的，现在他在训练中发现，班级内有的同学上台讲话吞吞吐吐的，有的同学则时间太短，好在自己能够在众人面前进行两分钟的发言，可总觉得还不尽人意，该怎么办呢？该怎样提升自己的语言能力呢？

【导学提示】

导游语言是一门艺术，是展示导游人员职业素养和专业技能水平的重要环节。在旅游接待服务过程中，导游人员合理而熟练地根据旅游者(团)的身份、职业、性别、环境等诸多不同的情况，进行合理的、随机应变的展示，往往会让旅游者(团)得到更多的信息，取得不同的精神愉悦和心理感受，从而给接待任务的完成带来保障。

【知识准备】

这里所说的导游语言主要是指在旅游接待服务过程中常用的口语语言，根据实际工作中使用情况，尤其是国内外优秀导游人员的成功经验，经过分析归纳，导游口语的特点主要表现趣味性、知识性、口语化、现场感等特点。

一、趣味性

导游人员口语的趣味性是指导游人员的口头语言讲解能让旅游者(团)感觉到愉悦轻松、趣味横生、引人入胜的状态。这是旅游服务接待过程中确保导游服务质量的重要环节之一。这种特点的形成除了导游人员自身职业素养之外，更多的是依据一定的语法、修辞、逻辑等知识为基础，以语言技巧的巧妙运用为手段，以幽默风趣为基本目的综合而成的。导游人员具备了这些知识技巧，才可以使导游口语的趣味性具有真正的意义，从而产生奇妙的吸引力和感染力，而不至于沦为一般性的滑稽诙谐，不至于让人觉得有油腔滑调之感。

(一)巧用修辞润色

修辞就是调整和修饰语言，使说的话或写的文章更正确、明白、生动、有力的方法。如果说语法是研究语言表达得对不对的问题，修饰则是研究语言表达得好不好的问题。导游口语使用的修辞技巧主要是指巧妙地使用口语词语、词汇，口语的句式，以及双关、别解、顶真、回文、夸张等方式，依次使用，增强导游讲解的趣味性。

【示例】黄帝一生有三大功绩。一、黄帝是中华民族的缔造者。5000 年前，皇帝征战天下，统一万国民族部落，陶天下为一家，开创了中华民族历史上第一次大融合，组成了中华民族这个大家庭。二、黄帝是中国的奠基者，国学大师钱穆在《皇帝的故事》中说："传说中的黄帝，是中国历史上第一个伟人，是奠定中国文明的第一座基石。"黄帝时代，中华大地上有万国氏族部落，为了争夺土地、财物和人口等，他们经常发生摩擦，甚至战争，制约着生产力的发展和社会的进步，黄帝通过融合炎帝战蚩尤，一统天下，在中国历史上首次建立起大统一的帝国，奠定了中国的基本版图。三、黄帝是中华文明的肇启者：①黄帝肇造物质文明，黄帝时代发明犁耕，凿井灌溉，种桑养蚕等，在农业生产工具和生产方式等方面有很大的改善，解决了族民的吃饭问题；发明丝绸、冠冕、衣裳，解决了穿衣问题；发明舟车、指南针，解决了交通问题；发明灶具、甑盘、熟食，解决了做饭用具问题等，黄帝时代的这些发明创造，虽经数千年的历史变迁，时至今日我们仍在享用。②黄帝肇造政治文明，包括黄帝哲学思想、社会理想、建立国家的体制、治国方略和构建大同和谐社会等等。③黄帝肇造精神文明，主要有文字、历数、天文、阴阳五行、十二生肖、甲子纪年、音乐、绘画、诗歌、医药、姓氏、铸鼎等。黄帝无论是肇造物质文明、政治文明或精神文明，其最终目标是在我国建立了一个和谐的大同社会，所以，后人尊崇轩辕黄帝为中华人文始祖。

（王玉宝主编《河南旅游精品景点·黄帝故里》，中国旅游出版社，2011 年）

在上面的《黄帝故里》导游词中，导游人员对黄帝功绩进行了综合评定，在语言表达方面从三个方面进行评定，用了诸如"摩擦""享用""和谐"等现代词汇以及用了"……解决了……解决了……解决了……"等排比的修辞盛赞了黄帝功绩，使旅游者（团）对黄帝作为人文始祖的认可，从而使导游讲解富于生动性和趣味性。

（二）表达艺术增色

导游员口语表达艺术是指在语言表达方面使用问句形式，包括设问、反问、自问自答等技巧，通过设身处地、巧设悬念、引导旅游者参与等手段设法缩短与旅游者（团）的心理距离，借此升华概括、巧妙剖析，以强调突出等方法，增强口语表达的趣味性。

【示例】大殿后面悬塑的是《海岛观音壁塑图》。中间这位是海岛观音，又称渡海观音，她手持净瓶，据说瓶中的水永远倒不完，意思是让老百姓永远脱离苦海，观音两边是她的得力弟子，"小龙女"和"散财童子"。据说，"散财童子"出生时就有许多金银珠宝出现，可是他却一心向佛，视金银为粪土，便在菩萨指点下，拜了五十三位师父。后边的就是他所拜五十三参，参参见佛的情景，最后取得正果，跟随海岛观音四处行善。大家猜猜海岛观音脚下踩的这只动物是什么？对了，它叫"鳌鱼"，传说它是海里非常凶猛的动物，一翻身就会天崩地裂，海岛观音为了世界和平，就踩到了"鳌鱼"头上，让它永世不得翻身，有句成语"独占鳌头"即源于此。

（工玉宝主编《河南旅游精品景点·相国寺》，中国旅游出版社，2011 年）

二、知识性

所谓导游口语的知识性是指导游人员讲解时能够给旅游者(团)提供与游览的客体有关的诸多知识信息,以帮助旅游者(团)对游览参观的客体有更多的认知和了解,在获得精神愉悦的同时,也得到了相应的知识信息。

俗话讲,好的导游人员就应该做到"上知天文地理,下知鸡毛蒜皮",是一个"杂家""博士"。因此,在导游讲解时,优秀的导游人员不仅能让旅游者(团)得到美的享受,激发他们参与的兴趣,而且还常常巧妙地传达知识信息,山川草木、湖光山色、花鸟虫鱼、园林古墓等,无不在五光十色的外衣下隐含着诸多的未知信息。面对这些旅游客体的自身特点,导游人员就要把握讲解的"度",不能够照本宣科,否则容易让人产生单调枯燥之感;利用游客的好奇心理,及时进行调整,用有趣的话题吸引旅游者(团)的注意力,从而增加口语表达的趣味性,同时又富含知识性。

(一)旅游本体解释

所谓旅游本体解释就是对旅游游览的客体本身所蕴含的知识进行必要的、合理而得体的解释。这是导游人员在进行景点、景区的导游讲解中常用的方式之一。在旅游接待服务过程中,作为旅游客体的本身就具有知识性,要讲解这个旅游客体,就不得不进行知识信息的传递,最突出的就是人文资源,诸如寺院、古陵墓、古建筑、园林、碑刻、会馆、人文纪念地等,往往需要导游人员进行恰到好处的讲解,才可以满足旅游者(团)的好奇心。

【示例】相国寺的名称是从唐朝开始的。这里原是魏公子无忌信陵君的故宅。南北朝时,北齐文宣帝天保元年(公元550年)始建寺院,名叫建国寺,后毁于兵火;到了唐朝,这里成为歙州司马郑景的宅院。唐朝武则天时期长安元年(公元701年),著名僧人慧云来到汴州,他夜观天象,见城中有灵瑞之气,天明后,又在郑景宅内池中看见殿台楼阁和弥勒佛局兜率宫的景象,于是他便募购此宅建造寺院,在破土动工时,恰从地下挖出北齐建国寺的旧碑,于是便把寺院命名为建国寺,并把一尊高一丈八尺的弥勒佛像供奉在寺内。到唐延和元年(公元712年),唐睿宗李旦为其由相王登上皇位,下诏把建国寺改名为相国寺,并亲笔写下"大相国寺"的匾额。唐宋两代是相国寺的鼎盛时期,尤其是北宋时期,大相国寺是全国最大的佛教寺院,占地540亩,是现在规模的18倍,内分64个禅院,每个院都设住持,并赐予封号,僧众达万余人,寺内建筑巍峨,雕梁画栋,巧夺天工,有"金碧辉煌、云霞失容"之称,逢国家大事,如皇帝祝寿祈祷、巡亲以及进士题名,多在此举行,所以相国寺被称为皇家寺院。

(王玉宝主编《河南旅游精品景点·相国寺》,中国旅游出版社,2011年)

这段导游词中,把相国寺的历史沿革及相关的人文趣事、寺院的规模等知识较为准确地讲述出来,让游客了解到相国寺的历史,从中得到相应的文化传承。

(二)相关知识的印证

所谓相关知识的印证是指在旅游接待服务的过程中,面对旅游客体的讲解中,为了增加知识的可信度，需要引用相关的史料、典故、诗文等，以及各种相关的材料，从而能够使导游讲解的语言更加丰富多彩，内容更加充实，更具有吸引力。

【示例】据史书记载："塔初成，望其不正，而势倾西北，人怪而问之。"皓曰："京师地平无山，多西北风，吹之不过百年当正也。"由此可见他的用意精细，谋筹深远，此塔极为瑰丽，在京师诸塔中最高，且制度甚精。"其土木之宏伟，金碧之炳耀，自佛法入中国，未之有也。"被誉为"一时之盛观""天下之冠"，巨细精巧，近代所无。喻皓也因此被誉为"造塔鲁班"，后人对建造开宝寺木塔的喻皓和郭忠恕多有赞叹曰："郭家画本千秋重，喻皓神功一代殊。"开宝寺木塔因建造在开宝寺的福胜院内，故初名"福胜塔"，宋真宗大中祥符六年(公元 1013 年)，有余光(即塔顶铜宝珠放光)，车驾临幸，舍利乃现，故赐名"灵感塔"，可惜喻皓设计建造的这座华美绝伦的灵感塔仅存 56 年，就在宋仁宗庆历四年(公元 1044 年)六月遭雷击而焚毁了。到了皇祐元年(公元 1049 年)，宋仁宗下诏在距此不远的夷山上，仍照木塔的原样和结构，改用琉璃砖，建造了我们所看到的这座铁色琉璃砖塔，留存至今。

(王玉宝主编《河南旅游精品景点·铁塔》，中国旅游出版社，2011 年)

这段"开封铁塔"的导游词中，通过引用古代典籍、诗文、史料等知识，较为全面地介绍了为什么铁塔有这样的造型和千年不倒的原因，让游客在欣赏铁塔美景的同时，感悟到古代劳动人民的发明创造能力，并感受到历史文化的熏染。

三、口语化

所谓导游语言的口语化是指导游人员的景点景区讲解具有通俗易懂、自然亲切的口语风格色彩。具有便于说、便于听、便于理解的特点，在诸如语音、语调、语法、修辞等各个方面都围绕着口头表达的需要。

(一)语音的要求

导游口语的语音要求是指导游人员的口语表达应该做到朗朗上口且又易于入耳。要达到这一要求，就要善于利用重音、语调以及音节的巧妙搭配和音步的灵活调整等。

【示例】大家请看，峡底内藏锦绣，历来以"三奇"著称于世。其一，奇在小中见大。红石峡南北长 2000 米，深 68 米，东西宽 30 来米不等，而在这紧凑空间内却集泉、瀑、溪、潭、俊峰、怪石等景观于一涧，融雄、险、秀、奇、幽、奥于一峡，巧妙地将大自然的阳刚之气和阴柔之美融为一体，将山川精华荟萃于方寸之中，不可谓不奇。其二，奇在深藏在地下。其山，为山下之山；其水，乃水下之水；千般美景和万种风情皆深藏在地面之下。其三，奇在四季如春。这里群山环抱，峪内空气不能与外界空气进行充分的交流，于是形成了独特的小气候。盛夏时节，峪外酷热难耐，峪内则凉爽宜人；隆冬时节，峪外天寒地冻，峪内则花红草绿，温润如春，冬暖夏凉，温度适中，人称"常春谷"，故名"温盘峪"。

(王玉宝主编《河南旅游精品景点·云台山》，中国旅游出版社，2011 年)

此段导游词中，用"……融为一涧"和"……融为一体"等形成了音节的对仗美；用"盛夏时节……"和"隆冬时节……"等音节对仗美、节奏美；以及"花红草绿，温润如春，冬暖夏凉，温度适中"等句式的整齐美等。使讲解导游词显得抑扬顿挫、节奏清晰，给游客带来美感。

（二）词语的要求

所谓词语的要求是指在导游接待服务过程中，导游人员的讲解应该大量使用浅显易懂的基本词汇、常用词汇、口语词汇以及一些人们喜闻乐见的成语、歇后语、谚语、警句、名言，同时杜绝使用一些生僻难懂的词语。这是由导游口语的自身特点决定的，因为在实际工作中，口语本身没有文字材料可以借鉴，游客也主要是靠听觉来接收导游人员的讲解。

（三）语法方面的要求

所谓语法方面的要求是指导游讲解的口语表达时往往具有极大的灵活性和变通性，其语法格式不拘一格，灵活多变。

四、现场感

所谓导游口语的现场感，指导游通过使用一些具有现场感的词语，借助景点景区的讲解增加旅游者（团）心理感觉的语言效果，这是导游讲解的突出特点，也是从事导游工作参加全国导游资格考试现场考试中考核的一项指标。常用具有现场感的方法有以下三个：具有鲜明的现场感的词语、具有鲜明现场感的引导语、面对面设问等。

（一）使用具有鲜明现场感的词语

字词是语言的物质外壳，使用具有鲜明现场感的词语，是通过语音的显示，凸显交流的提示效果，主要有讲解中使用的现场时间名词、时间副词以及指示代词。如表示时间的名词有："现在""今天"等；表示时间的副词有"刚才""立刻""马上""将要"等，以及指示代词如"这""这里""此处""这会儿""这样"……这些词汇的应用使游客有身临其境之感，以缩短与游客的距离。

（二）使用具有鲜明现场感的引导语

所谓使用具有鲜明现场感的引导语，是指导游人员在进行景点讲解或者导游服务的过程中，对旅游者（团）进行引导或者提示的词语。如讲解中，导游人员看到极为突出的景点时说"各位朋友，请往我手指的地方看，那就是"……这就是使用的具有现场感引导语的作用，在导游人员的引导下，一定会产生"众望所归"的感觉 。这类词语形式还有如"现在我们所站的位置是……""映入我们眼帘的就是著名……"等。

（三）使用面对面设问的词语

所谓使用面对面设问的词语，是指导游人员在旅游接待服务的过程中出现的根据旅游者的思路引发的设问和直接提问旅游者的设问形式，其主要的表达方式是"讲到这里，大家一定会问……""刚刚有位朋友问……""这位朋友问……"等设问句式。

总之，以上的介绍说明就是如何通过一些常见的词语来增加游客的现场感，尤其是在参加全国导游资格考试现场导游考试中，由于采用的是现场模拟考试，考生面对的是评委，但要模拟的是一名导游人员的工作场景，因此，能够掌握这些词语的使用，就会做到胸有成竹，通过恰到好处的词语组合，为现场考试评委留下好印象，同时在今后的工作中，恰当使用这些词语，同样会为自己的旅游接待服务增色。

【物质准备】

1. 资料准备：评分表、多媒体课件。

2. 场地准备：模拟导游室，或者教室。

【情景设置】

小张 2014 年通过参加全国导游资格考试后，成绩合格并获得导游证。参加工作后，第一次接到旅行社安排的旅游接待服务——“开封一日游”，主要参观的景点是“清明上河园、开封府、宋都御街”，小张很努力地把学校学的知识技能都用上了，可是在接待任务结束后，游客却对小张说：“导游是不是第一次接团呀，我们以前参加旅游时，那些导游讲得很好，而你就像在背书一样……”小张感到很委屈，那么，请结合本任务的学习，说一说问题出现在哪里？

实训程序

第一步：以前后桌四人一小组为单位，先根据任务安排，明确项目学习目标要点。

(1) 导游口语语言的特点和内涵；

(2) 如何理解并掌握导游口语的趣味性和现场感。

第二步：在小组交流的基础上，根据情景设置的要求，扮演导游和游客，轮流进行体验。并推荐一名学生进行全班公开展示汇报。

第三步：在小组进行学习体验、汇报展示的基础上，老师进行点评，并将评价意见填写在实训效果评价表中。

实训效果评价表

评价项目内容	实训过程评价		结果评定
	自我评定	小组评定	教师评定
导游口语的特点		A○ B○ C○ D○	A○ B○ C○ D○
导游口语的现场感		A○ B○ C○ D○	A○ B○ C○ D○
导游口语的趣味性		A○ B○ C○ D○	A○ B○ C○ D○
学习态度		A○ B○ C○ D○	A○ B○ C○ D○
团队合作		A○ B○ C○ D○	A○ B○ C○ D○
语言表述		A○ B○ C○ D○	A○ B○ C○ D○

续表

<table>
<tr><td rowspan="2">评价项目内容</td><td colspan="2">实训过程评价</td><td>结果评定</td></tr>
<tr><td>自我评定</td><td>小组评定</td><td>教师评定</td></tr>
<tr><td>礼节礼貌</td><td></td><td>A○ B○ C○ D○</td><td>A○ B○ C○ D○</td></tr>
<tr><td colspan="4">评定标准:A.准备充分,参与积极。认真实训,效果良好。
B.准备较充分,参与较积极。实训较认真,效果较好。
C.准备不充分,参与不够积极。实训不够认真,效果一般。
D.没有按照要求准备,实训效果不好。</td></tr>
<tr><td colspan="2">改进建议:</td><td colspan="2">综合评定:
A○ B○ C○ D○</td></tr>
</table>

任务三　认知导游语言语音、语调模拟实训

【实训目标】

1. 熟练掌握导游语言的语音要求;
2. 熟练掌握导游语言的语调特点。

【情景设置】

李想同学参与了新的内容学习,自我感觉良好,认为导游语言只要平时爱说话就可以练好,关键是要多说多练,可是在实际运用中发现,有时候同样的素材,不同的人进行交流就会有不同的效果,这是为什么呢?老师告诉他:说话是一门学问,更是一门艺术,导游专业的学生将来从事旅游接待服务工作,与游客进行交流的第一环节就是从说话——欢迎词开始的,不仅仅是背书,更要注意讲究语言的艺术表达,比如语音、语调、节奏等,都会有所不同,否则就会出现不同的问题,因为语音错误影响交流,因为语调不对让别人产生误解,因为断句不对、节奏不当,让人听不清楚……李想听了老师的话,似乎明白了不少。于是,他静下心来认真地参与到课堂中去,继续领悟"师傅领进门"的含义……导游语言的训练从语音、语调开始!

【导学提示】

导游语言最主要的是一种口头语言,是最直接的交流方式。在工作中的具体使用,需要导游人员根据情况的变化做到随机应变,因此说,导游语言又是一门艺术,需要导游人员不断地提升自己的专业技能水平,在掌握一定规律的基础上,不断积累,稳步提高。最基本的要求是:语音要准确,语调要标准,节奏清晰分明。从而保证游客能够听清、听懂、听明白,最后才会在真正的交流中完成旅游参观的目的。

德国学者哈拉尔德·巴特尔曾经说过"讲话的艺术在于适中"。由此可见,导游语言

尤其是导游口语语言在运用时也必须掌握“适中”的原则，以此指导实际的工作。

【知识准备】

2016年全国导游考试中文类现场导游考试评分表中对考生的语言表达的测试内容为：①语音标准，语法正确，音量适中，语速得当，吐字清晰；②感情真挚自然，富有亲和力；③语调自然，节奏得当。结合导游考试的具体要求，做好导游工作，就要进行有针对性的训练才对。

一、导游语言的语音

从语言学上讲，所谓语音就是指语言的声音，即语言的物质外壳，是语言符号系统的载体。它由人的发音器官发出，负载着一定的语言意义。语言是音义结合的符号系统，语言的声音和语言的意义是紧密联系着的，因此，语言虽是一种声音，但又与一般的声音有着本质的区别。

导游语言的声音就是导游人员在旅游接待服务过程中，由导游人员的发声器官发出的声音。这些不同的语音组合成为一连串的语言符号，通过声音的传播传到旅游者耳中，根据不同语音所蕴含的语音的意义，从而达到交流的目的。因此说，导游语言的语音是导游接待服务中最直接的媒介，没有语言声音的发出、传播、接收、反馈等环节的工作，就无法完成交流的目的。

从语言训练的角度讲，语音的物理基础主要有音高、音强、音长、音色，这也是构成语音的四要素。

（一）音高

所谓音高是指各种不同高低的声音，即声音的高度，是语音的基本特征的一种。而音的高低是由发音体（人的发声器官）的振动频率决定的，两者成正比关系：频率振动次数多则音“高”，反之则“低”。正如我们欣赏歌唱家唱歌一样，男高音显得高亢雄浑，男低音显得婉转低沉，男中音显得浑厚有力。而汉语里所指的音高又有区别词语意义的作用。如“妈”“麻”“马”“骂”四个字的声调不同，即音高的不同。因此，如果想真正把握语音高低的特点，就要从练好普通话的四声开始。

语言声调的训练方法主要有：

(1)手势助读训练方法。根据声调发音的情况，用手势表示四声，如读阴平词语“春天”两字，用手势沿着从左到右沿着平行线在空中划直线。读“熟人”二字时没用手势表示声调的从低到高的变化。读上声词语“理想”是属于上声先降后升的手势。读去声词语“运动”用手势从高到低的手势等。

(2)发音口诀方法。

阴平：起音高平莫低昂，气势平均不紧张。

阳平：从中起音向上扬，用气弱起逐渐扬。

上声：上声先降转上扬，降是气稳扬时强。

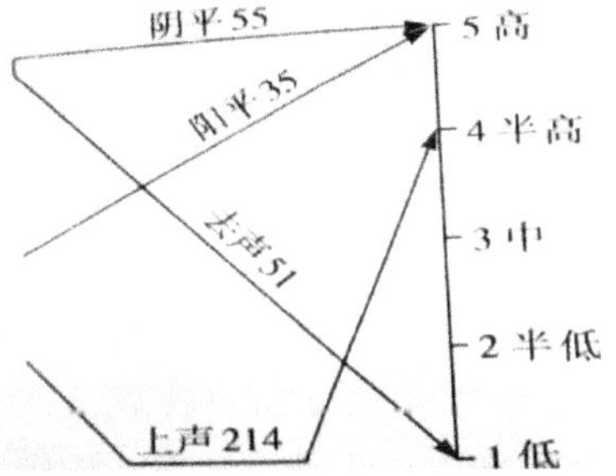

发音口诀表

去声：高起直降向低唱，强起到弱气通畅。

(3)读出下面的词语，体验四声的语音特点。

新闻联播　山清水秀　深谋远虑　光明磊落　心直口快

花红柳绿　西湖景致　非常美丽　风调雨顺　身强力壮

(二)音强

所谓音强又称音量，即语音的强弱(响亮)程度，是语音的基本特性的一种。音的强弱是发音时由发音体振动幅度(简称振幅)的大小决定的，两者成正比关系，振幅越大则音越"强"，反之则越"弱"。声音的强度是一个客观的物理量，其常用单位为"分贝(db)"。

导游语言的音强是指导游人员在进行旅游接待服务的过程中，尤其是进行导游讲解时根据人数的多少，使用语音时就要随时应变，往往借助于扬声器的帮助，以此提高声音，把景点景区的相关信息传递到旅游者(团)的耳中，从而达到交流的目的。

讲解中音量高低的基本要求表现在：

其一，要恰当适度，即声音该大则大，该小则小；忌讳大到声嘶力竭，小到别人无法听见。

其二，要求顺畅、自然，即讲解时声音不能够没有缘由地忽大忽小、生硬艰涩，干扰到正常的讲解表达。

其三，把握音量，以游客听清为准。

(三)音长

所谓音长是指声音的长短，它决定于发音体振动时间的久暂。发音体振动持续久，声音就长，反之则短。一般来讲，在汉语的音节中，即每一个汉字的读音，从开始到结束的时间长度就是音长，在四声中，阴平的字，一般音长较长，而"去声"字则相反，音长较短。因此，在实际工作中，尤其是导游服务人员，如果根据景点景区的不同点，灵活地组织词汇，利用汉字的四声变化，就可以组成不同的语流，向游客介绍不同的景点。

(四)音色

所谓音色指语音的感觉特性。音色又称为音质，就是语音的特色。一般来讲，对语音音色有两种理解：其一是指音素与音素的区别，其二是指不同的发音体的区别。我们认知的是后一种理解，即不同的导游服务人员的音色的差别。

一个人的音色差异既有先天不同的差别，又有后天经过训练的不同产生的差别。对于导游人员来讲，与旅游者(团)进行交流的主要手段是有声语言，因此，加强对自己的音色训练极其重要。通过学习，导游人员积累自身丰富的知识，以自己明快、热情的语言表达，传递出正能量信息，就会吸引旅游者的注意力，反之，就是缺乏活力的、沙哑的、沉闷的语言表达，难以给旅游者带来愉悦之感，使人感到乏味。

如何进行音色训练？提高自己的音色水平，从普通话练习的基本功开始。主要方法是：在不影响表义的前提下，可以适当调整口腔的开合度和发音部位。下面练习中的

“开音”指开口度比较大的音节，“闭音”指开口度比较小的音节，“后音”指发音舌位偏后的音节。以下练习均以前一个发音位置带发后一个音节的发音位置，使后一个音节的发音位置向前一个音节的发音位置略作改变，以使语音更圆润、响亮、悦耳，发音状态也显松弛、自如、流畅。

课堂发言训练：

①以“开音”带“闭音”，达到“闭音”稍开

巴黎 当局 把戏 板栗 按语 按理 傲气 奥秘 保密 草地 抄袭

刀具 八旗 打击 刚毅 傻气 康熙 来去 劳力 马蹄 毛衣 奠仪

②以“闭音”带“开音”，达到“开音”稍闭

库房 蓖麻 巨大 苦熬 孤傲 提拔 毒打 激发 立方 抵挡 出门 礼堂

图章 汽缸 洗涤 技法 机械 苴麻 沮丧 涤荡 臂膀 渔霸 骑墙 寄放

③以“前音”带“后音”，达到“后音”

预告 诗歌 体格 帝国 因果 阴沟 尸骨 背后 半途 难过 敌寇 鼻孔

嗜好 刺客 理科 倜傥 实况 余额 以往 笔触 煎熬 司库 失望 义务

④以“后音”带“前音”，达到“前音”

稍后 高低 告捷 梗死 宫女 共事 入门 横笛 帮办 刚毅 港币 木马

暴雨 毫厘 合理 可以 乌鱼 戈壁 革职 个别 更迭 共事 谷雨 过眼

了解自己的声音，就要灵活变换自己的发声位置。这几个分类能明确地调动自己的发声位置。仔细体验，逐步改变自己的音色。

二、导游语言的语调

从语言学上讲，所谓语调是指语言声调的高、低、长、短、抑、扬、顿、挫以及声音轻、重、快、慢等，通过这些因素把说话人的思想感情和态度表现在语音上，形成不同语调的高低起落。同样，导游人员语言的语调也是通过语言声调的高低长短抑扬顿挫以及快慢轻重等因素的协同变化，来表达导游人员对景点景区的文化底蕴或者自然风景之美的感情。以此传递给旅游者(团)，从而得到感情的共鸣，产生善、恶、美、丑以及喜、怒、哀、乐等的思想感情的变化。

导游人员在进行诸如首次接待服务的欢迎词、途中讲解以及景点讲解时，面对不同类型的旅游者(团)必定会有不同的感情变化，因此讲解时就会有高潮、有低潮。高潮时音色要明亮圆润，富于激情；低潮时要深沉平稳些，从而体现出语音抑扬顿挫的变化，节奏鲜明，易于让人接受爱听。优秀的导游人员往往凭借自己不同的语调变化，传递出对不同的景点景区的感情变化，声情并茂，从而赢得旅游者(团)的认可。

导游语言的语调主要体现在以下四种情况：升调、降调、平调、曲调。

(一)升调

所谓升调是指讲话者在一句话的最后一个字的语调是上扬的，一般表现出情绪的激动、惊讶、愤怒、疑惑、等待回答以及暂停待续的情况，多表现为疑问、感叹等句式，如

“为什么开封有城摞城奇观呢?”“你知道开封哪些名吃吗?”等。

(二)降调

所谓降调是指讲话者表达的一句话中最后一个音节的语音短而且低沉,多表达讲话者的情绪稳定或平淡、坚决、肯定的情况,其间传递出讲话者(导游人员)的情绪变化。如在开封包公祠讲解二殿时,“这就是铁面无私、为民请命、执法如山的包拯、包青天”。

(三)平调

所谓平调是指讲话者表达的一句话中最后一个音节的语音拖平延长的情况,表达出平静、严肃或者是沉思、不明确等思想感情,在句式上主要体现为陈述、说明的句式。

(四)曲调

所谓曲调是指讲话者表达的一句话中最后一个音节的语音发生的曲折变化,主要表现在讲话时对某些音节进行加重、加高、延长等,形成一种曲折变化的句式,往往表达出夸张、强调等情绪,多在讲话者情绪激动、表达委婉、含蓄、犹豫不决等复杂的感情下使用。

案例分析:由于种种原因导致了到火车站接团出现了问题,导致游客在火车站下车后无人接站,K市某旅行社又临时安排张某前往接站,偏巧接待的车子又不好,导致游客们一肚子的火,在车上闹翻了天。如何消除游客们的怒气,张某作为“救火”的导游员面对游客的不满意,他是这样说的:“昨天的×导下岗了,今天我来了,我来是干什么的呢?先是给大家赔个礼,道个歉,昨天因为种种原因吧,没有能够让大家玩得满意,虽然不是我的责任,但是我也代表旅行社、代表昨天的导游员,向大家道歉,希望得到大家的谅解。①哦?没有反应啊,那就是不原谅了?②总之,您原谅,我也来了,你不原谅我也来了,原谅不原谅,我都带着诚意,扑面而来也!③(模仿赵本山的口气说完,游客们哄堂大笑起来)

简析:案例中,张导是如何利用不同的语句,通过不同的语调消除游客的怒气呢?

(1)在讲话中,张某先以降调来表达自己的诚意,但是客人没有反应;

(2)在②中,导游张某看到游客没有反应,就用了升调表示疑问和感叹,客人的脸上开始出现“晴转多云”的变化;

(3)在③中,张某用曲调,既表达诚意又略带调侃的意味,并且模仿赵本山的语气讲话,所以,第三句话讲完,全场爆笑,危机解除了!

语调的作用是什么?概括起来有两种:其一是表达一定的意义,其二是可以表达丰富的感情。优秀的导游人员善于利用不同的语调,结合具体的旅游接待服务环境,恰到好处地进行交流,给游客留下深刻的印象,真正地成为“民间大使”。

【物质准备】

1. 材料准备:《普通话口语训练》读本、评价表、学生学习笔记;

2. 实训场地:模拟导游室。

【情景设置】

在开封菊花花会期间,小张第一次接受旅行社的指派,正式去接待一个来自广州的一行 35 人的旅游团。小张在火车站接到旅游团后,既高兴又紧张,以至于在致欢迎词时声音很低,且又有点沙哑,游客似懂非懂地在倾听,脸上流露出不满之意,好在看到了开封市内到处是菊花摆的造型后,只顾看花而不再倾听小张的介绍……小张能否顺利地完成第一次接待工作呢?如果是你,该怎样去做好本次的接待?

实训程序

第一步:按照项目任务,明确实训要点。

1. 检查学生掌握导游语言的语音知识要点和语调的知识要点;

2. 结合自己的实际,理解语言的语音、语调的作用。

第二步:按照四人小组,结合情景,分角色扮演导游人员和游客进行模拟练习,体验旅游接待服务的过程和对导游人员的要求。

第三步:模拟演练结束后,老师巡视指导,小组进行互评各自的优点和不足。

第四步:在互评的基础上,挑选一组进行公开展示,老师进行点评,并在评价记录表中填写成绩。

实训效果评价表

评价项目内容	实训过程评价		结果评定
	自我评定	小组评定	教师评定
导游语言的语音训练		A○ B○ C○ D○	A○ B○ C○ D○
导游语言的语调训练		A○ B○ C○ D○	A○ B○ C○ D○
学习态度		A○ B○ C○ D○	A○ B○ C○ D○
团队合作		A○ B○ C○ D○	A○ B○ C○ D○
语言表述		A○ B○ C○ D○	A○ B○ C○ D○
礼节礼貌		A○ B○ C○ D○	A○ B○ C○ D○
评定标准:A.准备充分,参与积极。认真实训,效果良好。 B.准备较充分,参与较积极。实训较认真,效果较好。 C.准备不充分,参与不够积极。实训不够认真,效果一般。 D.没有按照要求准备,实训效果不好。			
改进建议:		综合评定: A○ B○ C○ D○	

任务四　认知导游语言语速、节奏模拟实训

【实训目标】

1. 熟练掌握导游语言的语速要求；

2. 熟练掌握导游语言的节奏要求。

【情景导入】

磨刀不误砍柴工。李想在老师的引导下，通过对导游语言的语音、语调知识的学习理解和参加模拟训练，懂得了导游人员的语言表达了旅游接待服务工作的密切关系，逐步明白了语言的艺术魅力，不仅仅是简单地把话说出来，更重要的是通过语言达到沟通交流的目的，为旅游者提供优质的服务。优秀的导游人员不仅服务意识强、职业责任感强，更重要的是能够驾驭和使用语言，进而赢得旅游者的认同。李想平时性格外向、快人快语，有时还因此让别人误解，在语言训练上还有哪些需要继续学习理解的呢？老师告诉他，你平时讲话语速太快了……

【导学提示】

“祖国风景美不美，全凭导游一张嘴。”有人说当导游的都是油嘴滑舌，实际上是凸显了导游人员的语言基本功较强。作为导游服务专业的学生不能够及时地提升自己的语言基本功，就难以做好今后的导游工作。导游语言不仅要注意语音、语调的技能，更要注意语言的语速和节奏，这也是进行导游接待服务工作必需的基本功。

一、导游语言的语速

（一）导游语言的语速概念

所谓导游语言的语速，简单地讲就是说话的速度。在导游接待服务的过程中，特别是导游人员在景点景区进行讲解时，语速要依据不同的景点风格以及游客的情绪状况来进行调整。如果导游人员的讲解从始至终一直用一种语速进行讲解，就会像学生背书一样，平淡枯燥，缺乏情感色彩，令人昏昏欲睡；反之，如果讲解的语速过快，导游人员的导游词所传递的信息往往难以让旅游者（团）消化接收，导致游客产生厌烦情绪，影响正常的互动交流。因此，无论是过于平淡还是语速极快，都会影响导游人员的讲解质量，更重要的是会影响旅游活动的顺利开展。

（二）把握语速的技巧

如何恰到好处地控制好讲解的语速呢？其实，最基本的要求是：导游人员的讲解要依据讲解的内容和游客的理解能力及信息反馈来控制自己的语速。这是至关重要的原则。语速一般分为三种情况：慢速、中速和快速等。如何使用和体现呢？具体来讲，主要注意以下几个方面：

(1) 正常情况下，如使用叙述性、说明性的内容时，用中速表达；

(2)在重要的场合或者需要强调以引起人们注意时，要用慢速表达；

(3)在需要表达大起大落的情绪、表现激烈的情感体验或者表达重要的评论时，用快速表达。

一般说来，在具体的导游讲解中，众所周知的事情、不太重要的事情或者故事即将进入高潮时，可以适当地加快语速；进而需要强调的事情，如首次进行导游讲解的途中讲解交代注意事项时，要放慢语速；导游景点景区讲解中对于一些容易让人疑惑的事情，重要的地名、人名、数字等信息要放慢语速；另外如果是接待老年人旅游者(团)或者是小学生游客，也要放慢速度，以让他们听清为准。总之，任何技巧性的技能都是通过训练获得的，导游人员的语速控制能力也是可以通过日积月累的实践不断完善的。

下面用具体的导游词内容进行简析：

穿过午门，首先涌入眼帘的是两潭清澈可鉴的湖水，这就是开封著名的潘杨二湖。相传北宋太宗年间，这一路之隔住着两位朝中重臣，东边住的是开国元勋潘仁美，西边住的是抗辽英雄杨业。由于潘仁美妒贤嫉能，害怕杨业功高望重，地位超过自己，于是就在一次抗辽战斗中陷害杨业，使其战死沙场。佘老太君在告状无果的情况下，带领全家罢官归隐。恰恰就在此时，下起了暴雨，三天三夜未停，将这一路之隔的两府淹成一片汪洋，这正好应验了中国的一句老话：恶有恶报，善有善报！有趣的是，东边的湖水浑浊，西边的湖水清澈，由此，就有民间流传的"潘杨湖水辨忠奸"的故事。其实，湖水清浊的真正原因是，过去东岸住户多，且有许多作坊，因排放污水，东湖的水就变得浑浊；而西湖的住户少，污染少，湖水水质就好。这也告诉我们保护环境的重要性。

(王玉宝主编《河南旅游精品景点·龙亭》，中国旅游出版社，2011 年)

这是开封六朝皇宫遗址——龙亭的景点：潘杨二湖的导游词，在讲解这个景点时，前半部分到"带领全家罢官归隐"应娓娓道来，语速较缓慢。从"恰恰就在此时"到"善有善报"语速应较快；从"有趣的是"到"……的重要性"语速减缓，同时注意吐字清晰，节奏清楚，最后一句"这也告诉我们保护环境的重要性"应做到突出强调的作用。

由此可知，导游人员的讲解要想达到入耳动听，就必须充分地利用讲解内容来调整语速，该快则快，该慢则慢，融入自己的感情因素，从而实现人、景、情和谐交汇，达到对旅游者的影响效果。

二、导游人员的讲话节奏

(一)导游人员讲话节奏的概念

所谓导游人员讲话的节奏是指有声语言运动的一种形式，它还跟其他的韵律成分(如重音和语调)相互关联、相互影响，因此是一个比较复杂的综合性概念。一般理解为，语言的节奏与人们在表达中的抑扬顿挫、轻重缓急、回环往复等方面的因素都有关系。语言学界的学者认为，将节奏比作群山的起伏连绵、江河的浪涌波翻，没有峰谷的循环交替，没有前后的连接、呼应，就谈不上节奏。导游人员的讲话节奏也是如此。

(二)节奏的一般分类

根据日常人际交往以及导游人员口语讲解的情况,节奏可以分为:轻快型、凝重型、低沉型、舒缓型、高亢型、紧张型等六个小类,根据其各自的语言特色总结如下表:

序号	节奏类型	表达的语言情境	表达的语言特色	备注
1	轻快型	表达轻快、诙谐的情景	语速较快、语势有跃动感	如在云台山讲解
2	凝重型	表达庄重、肃穆、悲伤的情景	语速较慢、语势沉重有阻滞感	如在包公祠讲解
3	低沉型	表达抑郁、沉闷的情景	语速缓慢,语势有迟缓感	如在焦裕禄陵园讲解
4	舒缓型	表达安静、舒畅的情景	语速轻缓,语势有悠长感	如在开封翰园碑林讲解
5	高亢型	表达兴奋、激动的情景	语速较快,语势有高昂感	如在开封黄河游览区讲解
6	紧张型	表达紧张、急迫的情景	语速快,语势有催迫感	如在天波杨府讲解

(三)把握节奏的技巧

语言是一门艺术,导游语言也是如此,在实际运用中,又有一定的语言技巧,主要是做到音节、语调的搭配匀称、平稳,才能给人以整齐和谐的美感。这是作为导游人员从事导游讲解工作必备的语言技能之一。从把握技巧的角度讲,主要从以下三个方面进行训练把控。

(1)选用音节相称词语,使之相互搭配、呼应。众所周知,读古人诗词的时候,一种韵律美油然而生,朗朗上口。而作为导游讲解时,根据景点的不同,旅游者的需求亦不同,导游人员就要有目的地进行训练,注意讲解的语句使用的音节做到对应呼出,如"铁面无私、刚正不阿",都是四音节词语,如果不这样排列,用"铁面无私"和"很刚正"就出现不匹配的问题。

(2)扩充或压缩词语来平稳节奏。

(3)调整句式来平稳节奏。

【示例】大家请看,峡底内藏锦绣,历来以"三奇"著称于世。其一,奇在小中见大。红石峡南北长2000米,深68米,东西宽2～30米不等,①而在这紧凑空间内却集泉、瀑、溪、潭、峻峰、怪石等景观于一涧,融奇、雄、秀、险、幽、奥于一峡。巧妙地将大自然的阳刚之气和阴柔之美融为一体,将山川精华荟萃于方寸之中,不可谓不奇。其二,奇在深藏在地下。②其山,为山下之山;其水,乃水下之水,千般美景和万种风情皆深藏在地面之下。其三,奇在四季如春。这里群山环抱,峪内空气不能与外界空气进行充分的交流,于是形成了独特的小气候。③盛夏时节,峪外酷热难耐,峪内凉爽宜人;隆冬时节,峪外天寒地冻,峪内则花红草绿,温润如春,冬暖夏凉,温度适中,人称"长春谷",故名温盘峪。

（王玉宝主编《河南旅游精品景点·云台山》，中国旅游出版社，2011 年）

在①中的画线句子中，将单音节和多音节的词巧妙结合，构成散句，表达了丰富的景点内涵；在②中画线的句子前面是工整的对仗句，后面是散句，形成了错落有致的节奏美；在③中的画线的句子又是把四音节短句形成上下对仗的句子，结构整齐，铿锵有力，形成连续的语流，节奏鲜明，朗朗上口，给人以美感。

导游语言是一种即时交流的语言，其鲜明的节奏感不仅源于解说者，即导游人员的扎实语言基本功，同时也是导游人员随机应变的语言技巧的展示，在不拿讲稿、即景讲解时，面对不同的游客表达出来，如果不经过严格训练，是难以实现的！因此要求导游人员做到平时注意积累丰富的词汇，加强实际操作训练，在反复的讲解中体验，不断升华自己，从而形成自己的讲解风格，成为受游客喜欢的导游人员。

【情景设置】

作为八朝古都的开封，近年来一直是国内游客关注的旅游目的地，在 2017 年春节到来之际，小李受旅行社委托接待来自上海的游客，参观开封市的翰园碑林。请问，如果你是小李，该怎样进行接待的讲解工作？

实训程序

第一步：按照项目任务，明确实训要点。

(1) 检查学生掌握导游语言的语速、节奏知识技能；

(2) 结合自己的实际理解把握导游语言的语速和节奏。

第二步：按照 4 人一组，结合情景分角色扮演导游人员和游客进行模拟练习，体验旅游接待服务中导游讲解的语速和节奏感觉。

第三步：模拟演练结束后，老师巡视指导，小组进行互评各自的优点和不足。

第四步：在互评的基础上，挑选一组进行公开展示，老师进行点评，并在评价记录表中填写成绩。

实训效果评价表

评价项目内容	实训过程评价		结果评定
	自我评定	小组评定	教师评定
导游语言的语速训练		A○ B○ C○ D○	A○ B○ C○ D○
导游语言的节奏训练		A○ B○ C○ D○	A○ B○ C○ D○
学习态度		A○ B○ C○ D○	A○ B○ C○ D○
团队合作		A○ B○ C○ D○	A○ B○ C○ D○
语言表述		A○ B○ C○ D○	A○ B○ C○ D○

续表

<table>
<tr><td rowspan="2">评价项目内容</td><td colspan="2">实训过程评价</td><td>结果评定</td></tr>
<tr><td>自我评定</td><td>小组评定</td><td>教师评定</td></tr>
<tr><td>礼节礼貌</td><td></td><td>A○ B○ C○ D○</td><td>A○ B○ C○ D○</td></tr>
<tr><td colspan="4">评定标准:A.备充分,参与积极。认真实训,效果良好。
B.准备较充分,参与较积极。实训较认真,效果较好。
C.准备不充分,参与不够积极。实训不够认真,效果一般。
D.有按照要求准备,实训效果不好。</td></tr>
<tr><td colspan="2">改进建议:</td><td colspan="2">综合评定:
A○ B○ C○ D○</td></tr>
</table>

任务五 导游讲解体态语言模拟实训

【实训目标】

1. 结合导游语言的实际,认知导游讲解的体态语言概念;
2. 掌握和运用导游讲解的体态语。

【情景导入】

李想经过一段时期的学习,明白了作为一名导游要有良好的道德素养、人文素养及练就一副好口才。以后在游客面前才能触景生情、滔滔不绝地进行景点讲解,从而满足游客的旅游心理需要。但是,进行训练时往往出现一个问题,站在教室的讲台上,讲话时往往感觉两只手不知道该如何放,甚至眼睛又不知道往哪看等诸多的小问题,总之就是站在那里要么像一根电线桩,要么是“天津大麻花”。针对这些问题,李想和老师交流,知道这是人讲话时常常遇到的问题,从导游工作的角度讲,这也是导游语言的一部分,叫作“体态语”。带着疑问,李想走进课堂,和老师做了很好的配合,认真了解什么是体态语,如何运用体态语!

【导训提示】

古语云:术业有专攻。导游语言看似简单,但是导游人员要达到在具体的景点讲解时得心应手、出口成章的境界,还需要在认真掌握理论的同时,进行具体的训练才可以实现。导游人员的体态语的运用在具体的工作中具有无可替代的作用,一个手势、一个眼神、一个微笑都在悄声息地传递着不同的含义,给旅游者带来心灵的触动、心情的愉悦。

一、体态语的概念

所谓导游人员的体态语是指导游人员辅助口语表达时的表情、手势、姿势、服饰等手段迅速表情达意的一系列方式，也叫无声语言，主要包括表情语、身势语、服饰语、姿态语、界域语等类型。

二、体态语的分类及内涵

(一)表情语

所谓表情语是指导游人员在接待服务过程中的面部表情，包括脸色变化、肌肉收展以及眼眉、鼻嘴等的动作所传递出的信息，其中最重要的是目光。

目光是指一个人与他人交流时眼睛的动作。俗话讲，眼睛是心灵的窗户，各种各样的表情中，眼神能最微妙、最细腻、最深邃地表达感情。

但是，目光语的使用是有要求的，主要是目光在交往中的凝视点(区)的位置不同，会有不同的含义：

目光的凝视区域是指人的目光所落的位置。根据人们交往中活动内容的不同，人的目光凝视区域也不同，一般分为以下三种情况。

①公务凝视区域：以两眼为底线，额中为顶角形成的三角区。这种凝视会显得严肃认真，对方也会觉得你有诚意，容易把握住谈话的主动权和控制权。

②社交凝视区域：两眼为上线、唇心为下顶角所形成的倒三角区。这种凝视能给人一种平等、轻松感，从而营造出一种良好的社交气氛。

③亲密凝视区域：双眼到胸部之间。这是亲人、恋人、家庭成员之间使用的一种凝视，往往带着亲昵爱恋的感情色彩，所以非亲密关系的人不应使用这种凝视，以免引起误解。而在导游服务过程中，我们一般是使用第二种，社交凝视区的位置，导游人员为旅游者(团)讲解时的目光应该在旅游者个人的双眼到下唇心的位置，而且应该用扫描的方式从旅游者(团)每一个人的面部扫描，不要过度停留时间，一般不超过两秒钟，从而让旅游者(团)感受到导游人员对他的关注。

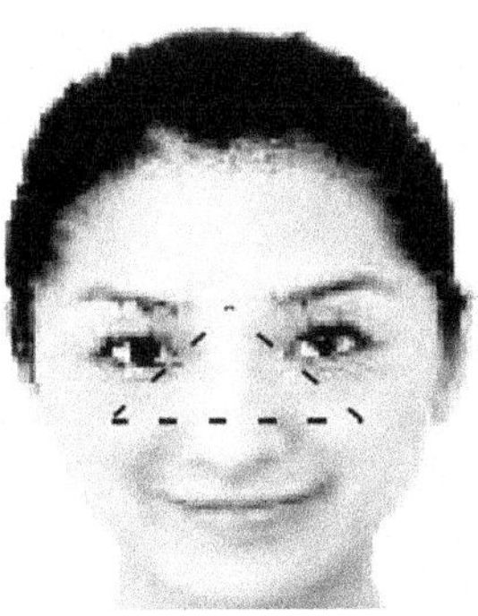

公务凝视区图

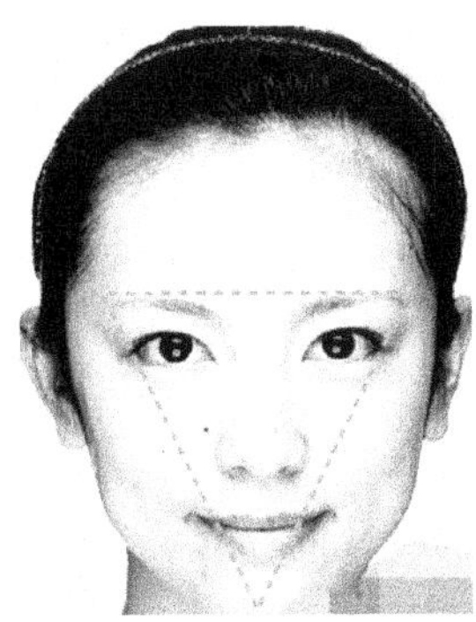

社交凝视区图

因此，作为导游人员，在讲解的时候，目光应该是柔和的，能够统摄所有游客，而且需要有适当的移动，从游客的一侧缓缓地移动到另一侧，如果有游客进行交流，应该与游客有目光的交流。

所以在日常交往中一些与眼目有关的词语就是最好的说明，如慈眉善目、眉开眼笑、扬眉吐气、炯炯有神、神采奕奕、眉目传情、眉清目秀、凶神恶煞等。都是对表情语的最好补充。

除了目光之外，还有能够体现无声语言信息的笑容。

笑容，是指导游人员在导游服务过程中，应该保持的浅浅的微笑。它给整个交际过程带来融洽平和的气氛，尤其面对年纪较大的游客时，微笑能够拉近双方的距离。因此，作为导游人员不应该拘谨，更要懂得微笑服务也是许多行业的服务宗旨之一。

笑容标志 1

笑容标志 2

（二）身势语

所谓身势语也叫体势语，是指导游人员在导游服务过程中运用手势、身体躯干动作以及身体姿态所传递出的无声语言信息总称。

身势语主要包括以下几个方面。

（1）手势，即指导游人员在服务过程中手的位置及手部的各种动作。导游实际工作中，这种无声的语言是使用较多的形式之一，比如当你向旅游者（团）讲解到远方的一处风景时，一定会说“大家请往前面看”，说着应该同时把自己的右手伸出，成 45 度夹角，五指并拢，手指指向远方，这样才会做到“嘴到、手到、眼到”，让旅游者集中精力和自己做最好的配合。否则，如果没有手势语言的帮助，只是说“大家请往前面看”，往往会让旅游者无法及时准确地判断所看的方向和景点。所以，在导游服务过程中，手势语言是一种使用频率极高的语言形式之一，需要导游人员灵活运用，正确引导。

讲解的手势语

右手指示图

左手指示图

所以，在实际工作中，导游人员要善于使用手势语言，一方面让自己有声语言和无声语言进行有机结合，同时也便于游客及时接收导游人员的语言信息，从而能够更好地理解和欣赏山水景观或者人文景观，给旅游接待服务带来意想不到的收获。

(2)身体躯干动作，即在导游服务过程中，通过导游人员的身体躯干的动作，包括头部、颈部、肩部、胸部、背部、腹部、腰部、下肢等各种部位的动作所传递的语言信息，表达各种微妙的意义。如讲解中，导游与游客的交流，“摇头”表示否定，“点头”表示同意，“抬头”表示自信，“点头哈腰”表示服从。

(三)服饰语

所谓服饰语是指导游人员在旅游接待服务中，通过服装和饰品来传递信息的一种体态语言。

服饰语能显示一个人的修养、气质、爱好、精神状态、文化层次及生活习惯。它有很多构成要素，如色彩、款式、质地等，其中色彩是第一要素。不同颜色代表不同意义，不同颜色的服装穿在不同的人身上会产生不同的效果。服装色彩的巧妙运用能使人产生赏心悦目的感觉，收到令人满意的效果。如浅色有扩张作用，瘦削的人穿浅色服装可产生丰腴的效果；深色给人以收缩感，适宜较胖的人穿着。一般来说，黑、白、灰是配色中的安全色，它们最容易与其他色彩搭配并取得良好的效果。对导游人员来说较理想的配色是：绿色—黄色，粉红—浅蓝，浅绿—黑色，深蓝—灰色，黄褐—白色，橄榄绿—驼灰。色彩本身还具有浓厚的感情成分，深色让人感觉庄重深沉，浅色给人以轻松舒展之感，白色纯洁，蓝色恬静，红色热情，黄色明亮，导游人员可根据不同的场合选用不同色彩的服装。

导游人员的着装除了配色原则之外，还应遵循“TPO”原则。“TPO”是英文“time”(时间)、“place”(地点)、“occasion”(场合)三个单词的缩写。“TPO”原则是指人们的穿着打扮要兼顾时间、地点、场合并与之相适应。在时间上，导游人员的着装要考虑季节和日期；在地点上，要考虑地理位置、自然条件及生活习俗，如爬山时女导游员就不适合穿较窄的裙子；在场合上，导游人员的着装要注意区分上班、社交、休闲等不同场合，上班装要整洁、大方、高雅，让服装与自己的年龄、职业、肤色、性格相符合；休闲装要穿得既舒适又得体。在游览的过程中，休闲装比较合适，但在社交场合（如出席宴会），穿着则要庄重典雅。

导游人员的着装，除了注意色彩搭配和符合“TPO”原则之外，还应做到干净整洁，符合规范，不可标新立异，着奇装异服。

（四）姿态语

所谓姿态语是指在旅游接待服务过程中，以导游人员身体姿势的静态和动态来传递信息和表现个人气质的一种体态语言，即通过端坐、站立、行走的姿态来传递信息的一种势态语言，也是导游人员传递信息和表现的一种体态语言。

正确的站相

姿态语也叫身势语，它往往反映出一个人的仪态、风度、走势，在我国传统礼仪中，最讲究的也是身姿。同时提出了许多的要求，因此每一个人从小就让父母给我们上了一堂礼仪课，总会说，“坐有坐相，站有站相，吃有吃相”，而在导游服务的过程中，最常见的是站相和走势。

正确的站相如右上图所示。

男女生站姿和手势配合图

站姿和坐姿图

（五）界域语

所谓界域语是指导游人员在与旅游者（团）在旅游过程中彼此之间相处的空间距离所传递的信息。

界域语可分为三类，即亲热界域语、个人界域语、社交界域语。

亲热界域语是接触性界域语，即双方有身体上的接触，如拥抱、亲吻等，导游人员通常不用，假如出于尊重对方习俗非用不可，也应慎重，应符合对方的习俗礼仪。

个人界域语是接近性界域语，距离一般为 1 米左右，语义为“亲切、友好”，如促膝交谈、围坐聊天等。

社交界域语是交际性界域语，距离一般为 2 米左右，语义为“严肃、庄重”，如商务谈判、导游讲解等。

导游人员在带团过程中，比较常用的是个人界域语和社交界域语，应避免使用亲热界域语。无论是讲解服务还是生活服务，要注意给旅游者留出充足的个人空间，避免侵犯他人的隐私，这既是一种修养，更是对旅游者的一种尊重。

总之，体态语具有民族性和时代性，作为导游人员在使用时一定要注意，如以见面打招呼为例，有的民族是点头，有的民族是握手，但也有的民族是吻对方的脸颊。因此，在实际工作中，不仅要了解这些基本的礼仪知识，重要的是见到这些礼节时，不应该表现出不适应，大惊小怪更不恰当。而其时代性，以我国为例，在古时候，向对方鞠躬作揖是最高礼节。但20世纪以后，这些基本的礼节就变为握手等。

因此，从中职生的角度说，为了适应今后的工作需要，不仅要了解体态语的概念，更要懂得体态语所表达的不同含义，以此为契机，在了解旅游者(团)的心理需求基础上，实时利用好这种无声的语言，可以达到与有声语言相得益彰的效果，从而更好地为旅游者(团)提供优质的旅游接待服务。

【实训准备】

1. 物品准备：学习笔记、实训评价表、学习课件。

2. 实训场地：教室或者模拟实训导游室、便于走动的场地。

实训程序

第一步：按照项目任务要求，明确实训要点。

(1) 检查学生掌握导游人员体态语的概念知识要点；

(2) 结合学习实际和理解的程度，认真领会体态语在工作中的具体运用。

第二步：按照4人一组，结合情景要求，分角色扮演导游人员和游客进行模拟练习，体验旅游接待服务的过程和对导游人员的要求。

(1) 表情语的实训展示；

(2) 身势语的实训展示；

(3) 服饰语的实训展示；

(4) 姿态语的实训展示。

(5) 界域语的实训展示；

第三步：模拟演练结束后，老师巡视指导，小组进行互评各自的优点和不足。

第四步：在互评的基础上，挑选一组进行公开展示，老师进行点评，并在评价记录表中填写成绩。

实训效果评价表

评价项目内容	实训过程评价		结果评定
	自我评定	小组评定	教师评定
掌握导游体态语概念		A○ B○ C○ D○	A○ B○ C○ D○
导游体态语实训		A○ B○ C○ D○	A○ B○ C○ D○

续表

评价项目内容	实训过程评价		结果评定
	自我评定	小组评定	教师评定
学习态度		A○ B○ C○ D○	A○ B○ C○ D○
团队合作		A○ B○ C○ D○	A○ B○ C○ D○
语言表述		A○ B○ C○ D○	A○ B○ C○ D○
礼节礼貌		A○ B○ C○ D○	A○ B○ C○ D○
评定标准:A.准备充分,参与积极。认真实训,效果良好。 B.准备较充分,参与较积极。实训较认真,效果较好。 C.准备不充分,参与不够积极。实训不够认真,效果一般。 D.没有按照要求准备,实训效果不好。			
改进建议:		综合评定: A○ B○ C○ D○	

项目三　地陪导游服务程序实训

任务一　地陪导游服务前的准备模拟实训

【实训目标】

1. 掌握地陪导游服务的概念及要求；

2. 掌握地陪导游服务前要做好的各项准备技能。

【情景导入】

李想同学经过前一段时间的学习、理解及各种模拟实训，对导游服务的要求有了较为深入的了解，更懂得“好事多磨”“万事开头难”的道理，尤其认识到导游服务的最基本的语言表达能力的训练，对今后从事导游服务工作的重要性。经过不断地到讲台上进行模拟训练，得到了老师的认可和同学们的鼓励，自信心不断加强。马上就到国庆长假了，所以，李想同学很想借此机会到旅行社进行见习，看看旅行社的导游们是怎样进行导游服务的，尤其是如何开始导游服务的呢？带着问题，他又开始和老师密切配合，学习规范的地接导游服务的程序。从哪些方面开始第一步工作的呢？

【导学提示】

宋代大诗人陆游在《冬夜读书示子聿》诗中有“纸上得来终觉浅，绝知此事要躬行”的诗句，这是陆游的一首教子诗，意思是教育自己的孩子，要想成为诗人，一是要花气力，一是“要躬行”。诗句所表达的思想不仅是冬夜读书的体会，更是诗人勤奋学习的经验总结。所以，要想成为一名合格的导游人员，不仅要读书学习，更应该不断积累社会经验，多加锻炼实践，在实践中增加对理论知识的理解，在理解中不断进行锻炼尝试。我们八朝古都开封已经成为全国著名的旅游目的地，每年接待旅游者都在百万人之上，旅行社导游人员掌握地陪导游服务的技巧已成为古都优秀导游员的条件之一。

一、地陪导游服务的概念

所谓地陪导游服务是指导游人员从地方接受旅行社的委托、按照接待计划担任地方陪同导游任务，包括接待、讲解等相关环节的服务。这一服务过程中包括全程陪同导游人员和领队、旅游者(团)等相关人员。

二、地陪导游服务程序的概念

所谓地陪导游服务的程序是指地陪从接收旅行社下达的旅游团队的任务开始，到旅游团离开旅游目的地并且做完善后工作为止的工作程序。这是按照旅游接待服务标准化要求进行的，是对从事旅游接待服务的导游人员工作的总体要求。因此，导游人员必须根据《导游人员管理条例》和“导游服务质量标准”为旅游者提供合格的、优质的接待服务。其流程图如下：

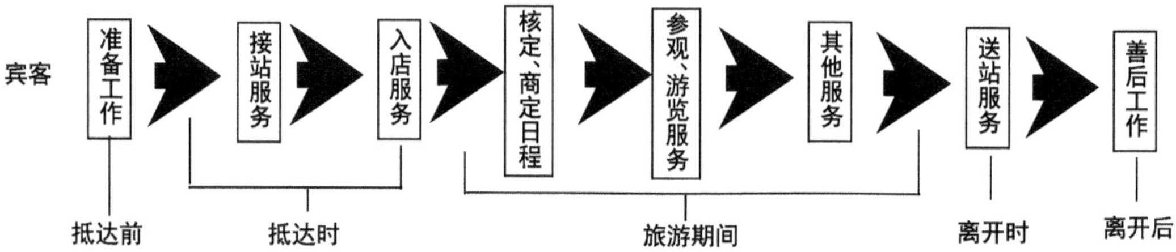

接待流程图

三、准备工作

俗话讲“磨刀不误砍柴工”，做好接待工作，必须做好充分的准备，才可以做到运筹帷幄，得心应手。因此，做好准备工作，是地陪提供良好服务的重要前提。那么地陪导游人员应做好哪些方面的准备呢？

（一）熟悉接待计划

（1）旅游团队的概况，如国内游（组团社名称，联系人姓名、电话）、入境游（客源地组团社名称、国籍、使用语言的种类，旅游团名称、电脑序号、收费标准、领队姓名、联系方式）。

（2）旅游团队的成员概况，其内容包括人数、性别、身份、职业情况、宗教信仰等信息。

（3）参观游览线路安排及交通工具的类型，其内容包括旅游团抵达本地时所乘交通工具（火车、高铁、飞机等）的时间、地点及接待用车辆类型、车牌号码等。如果是入境团还要明白旅游团队上站及下站的信息等。

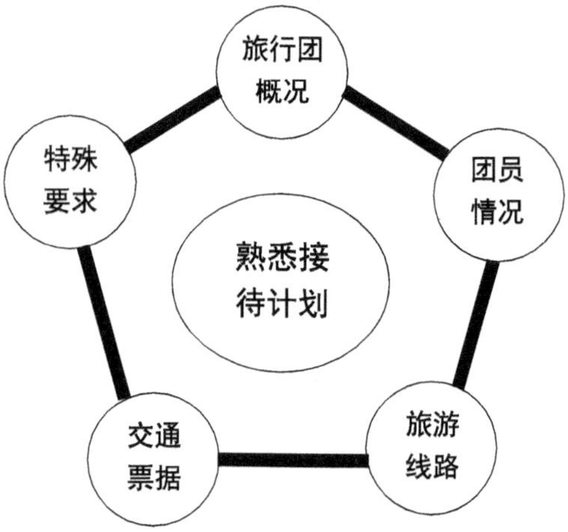

旅游接待计划环节

（4）旅游接待需要的票据等的安排。接待计划是确保旅游接待服务顺利完成的主要依据，计划安排得周密、合理能为整个旅游接待提供切实的保证。

（5）了解旅游者（团）有无特殊要求和注意事项。具体内容包括旅游者（团）在食、住、行、游等方面是否有特殊要求，以及如果是入境团是否有会见、宴请等礼节性活动，

是否有老弱病残等需要特殊照顾的旅游者等问题。

（二）落实接待事宜

旅行社安排的地陪导游人员，在熟悉了旅游接待计划之后，重点的工作就是在旅游者（团）达到旅游目的地的前一天，及时与承担旅游接待任务的各个部门的有关人员一道，逐一落实、检查旅游者（团）的交通、食宿、行李等事宜，主要工作包括以下方面：

（1）核对旅游安排日程。具体内容包括组团社计划、旅游者（团）在当地参观的活动日程，在计划安排表中注明时间、地点、项目、就餐地点、风味品尝、购物次数、晚间活动、会见事宜等特殊的项目，并按照标明的内容逐一落实，发现问题及时与旅行社联系、咨询、调整，确保整个接待计划项目清楚、落实到位。

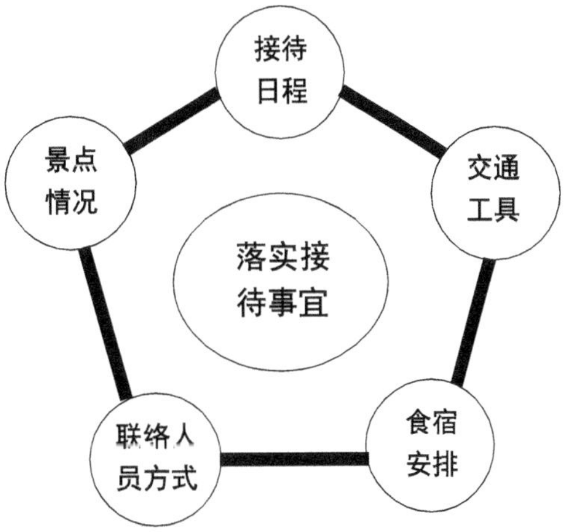

落实接待事宜

（2）落实游览车辆。担任地方陪同导游工作的导游人员要和承担游览用车的旅游汽车公司联系，再次确认旅游车辆的类型、座位、车牌号、司机及联系方式等。

（3）落实食宿接待工作。主要包括接待旅游者（团）入住的酒店位置、概况、服务设施、服务项目、客房房间数目、是否含早餐等。

（4）了解旅游者（团）参观旅游景点的情况。

（5）熟悉掌握旅游接待的各个相关单位，包括旅行社各部门、酒店、餐厅、车队、司机、购物点、组团社及全陪、行李员及其他相关人员的联系方式，以确保旅游接待过程中各个环节有序衔接，还有与全陪导游人员联系，提前约定接站的地点和时间等。

（三）物质准备

古人云："工欲善其事，必先利其器。"做好旅游接待服务工作是地陪导游人员的职责。在旅游者到达旅游目的地之前，地陪导游人员应该按照计划准备好相关的门票结算单、旅游接待计划、导游证胸卡、导游旗帜、耳麦、接站牌等必需物品，这是地陪导游人员服务程序中必需的物品。具体如右图所示：

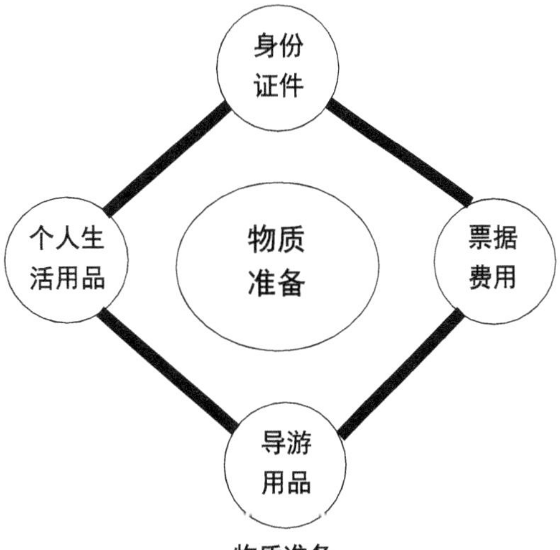

物质准备

（四）语言知识准备

"祖国山河美不美，全凭导游一张嘴。"即使是天天上团的老导游，面对旅游者（团）不同的旅游需求变化也应该做好准备，尤其是语言准备，涉及专业术语时要做到胸有成竹，针对国内外的“热门话题”要有充分的准备。即使是去过和讲过无数遍的旅游景点，由于旅游者的原因会有所不同的变化，或有所创新，总之做到“万变不离其宗”，只有充分的准备才能满足不同的旅游者的需要，从而引起与旅游者的共鸣，达到旅游活动对文化传播、民俗风情的交流等。

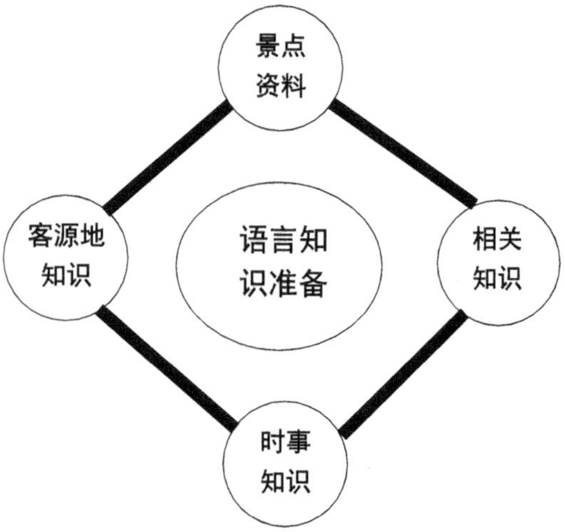

语言知识准备

（五）形象准备

心理学原理告诉我们：人与人第一次交往中给人留下的印象，在对方的头脑中形成并占据着主导地位，这种效应即为第一印象效应。因此，作为服务窗口的导游服务人员，对于来自国内外不同区域的旅游者（团）来讲，一定要利用好第一印象效应，营造良好的接待氛围。这就要求地陪导游人员在形象准备上注意到：确立良好的形象不仅仅是个人的事，更是代表旅行社、旅游城市的形象代言人的事。因此，要做到：

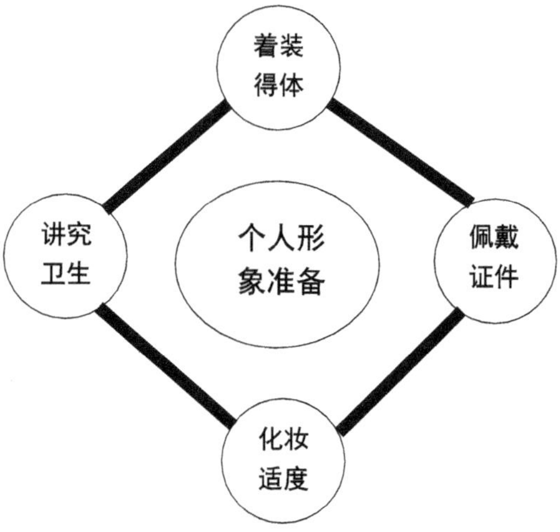

个人形象准备

（1）衣着简洁大方、得体、整齐，符合导游人员的身份，便于实施导游讲解及相关服务，符合导游服务的“TPO原则”要求，忌珠光宝气、奇装异服。

（2）上团工作时正确佩戴导游证胸卡、携带好接团用导游旗帜等。

（3）淡妆修饰，忌浓妆艳抹。

（4）讲究卫生，做文明宣传员。

（六）心理准备

由于导游工作的特殊性，具有独立性强、脑体高度结合以及复杂多变等特点，而且每天要面对不同旅游者（团），因此，从导游服务的角度讲，地陪导游人员在接团之前必须做好心理准备，应对接待过程中可能出现的问题：

（1）面对艰苦复杂的工作环境和人际关系；

（2）准备迎接旅游者的抱怨和投诉；

（3）准备好有可能发生的意外事故。

自信的心理

【情景设置】

五一假期即将到来，小张接到未来旅行社的委托，接待一个来自台湾的大学生修学旅游团，一行 25 人，乘坐 G1924 次高铁，5 月 1 日下午 4 点 21 到达开封北站，5 月 1 日晚下榻开封中州国际酒店，5 月 2 日参观开封清明上河园、开封市山陕甘会馆，中午在开封第一楼就餐。下午将乘车前往少林寺……

如果你是导游小张，你将做哪些准备工作？

【物质准备】

1. 物品准备：导游人员管理条例、导游证、导游旗帜、耳麦、模拟单据、旅行社接待任务书、旅游日程安排表、实训评价表。

2. 场地安排：教室或者模拟导游室、多媒体教室。

实训程序

第一步：按照项目任务，明确实训要点。

(1) 检查学生掌握地陪导游服务的概念及地陪导游服务技能；

(2) 结合自己的实际理解，说说在接待旅游（团）之前需要做哪些准备工作。

第二步：按照 4 人一组，结合情景，分角色扮演地陪导游人员和全陪进行模拟练习，体验旅游接待服务前准备的过程和对导游人员的要求。

第三步：模拟演练结束后，老师巡视指导，小组进行互评各自的优点和不足。

第四步：在互评的基础上，挑选一组进行公开展示，老师进行点评，并在评价记录表中填写成绩。

实训效果评价表

评价项目内容	实训过程评价		结果评定
	自我评定	小组评定	教师评定
地陪导游服务概念及		A○ B○ C○ D○	A○ B○ C○ D○
地陪导游服务的准备		A○ B○ C○ D○	A○ B○ C○ D○
学习态度		A○ B○ C○ D○	A○ B○ C○ D○
团队合作		A○ B○ C○ D○	A○ B○ C○ D○
语言表述		A○ B○ C○ D○	A○ B○ C○ D○
礼节礼貌		A○ B○ C○ D○	A○ B○ C○ D○
评定标准：A.准备充分，参与积极。认真实训，效果良好。 B.准备较充分，参与较积极。实训较认真，效果较好。 C.准备不充分，参与不够积极。实训不够认真，效果一般。 D.没有按照要求准备，实训效果不好。			
改进建议：		综合评定： A○ B○ C○ D○	

任务二 地陪导游接站服务模拟实训

【实训目标】

1. 掌握地陪导游人员正确接站的工作技能；

2. 熟悉并掌握地陪导游人员首次接站的工作要求。

【情景导入】

李想同学经过上次的学习，了解了地陪导游服务程序，明白了做一名地方导游并不是简单地到景点进行讲解那么简单，而是有着规范的要求。为了完成自己的导游梦，他迅速地掌握了进行地陪导游接团前的准备工作项目。那么，下面该如何进行接待工作呢，带着这些问题，他又开始学习在进行具体的旅游接待中如何迈出第一步的接站服务技巧。

【导学提示】

地陪导游接团服务中的准备工作为接待服务提供了重要保证。之后就是作为导游工作中工作技能的最好展示，这一工作的区间是从旅行社到旅游者(团)抵达的地点，要么是机场，要么是火车站、高铁站，要么是汽车站，到入住酒店之前的区域内。这是导游人员所必须规范完成的工作环节，尤其是第一次接团避免出现空接、漏接、错接等工作失误，首次的欢迎词讲解、途中讲解等环节，不仅是地陪导游工作的要点，也是作为中职旅游专业学生参加全国导游资格考试“模拟导游讲解”中必考的中心内容，所以，其中的口头语言表达能力和服务的规范性是重中之重。

一、首次接站前服务要求

根据地陪导游人员在接待旅游者(团)之前的准备情况，地陪导游人员和旅游者(团)联系后，应认真地做好下面的工作：

(一)再次确认旅游者(团)乘坐的交通工具和抵达目的地的时间

根据确认交通工具和时间和地点的情况，地陪导游人员在规定的时间到达接站地点：如果是飞机，应该在旅游者(团)到达机场前2小时与机场的问询处取得联系，以确认航班是否正常如期到达；如果是乘车则应在旅游者(团)抵达目的地之前1小时向车站(火车站、高铁站)问询处查询，如果遇到晚点抵达情况，应及时与旅游接待部门沟通随时调整方案等。

带队

(二)根据问询或联系的结果提前到达接站地点

地陪导游人员和接待车辆司机应该提前30分钟到达接站地点，再次确认旅游接待车辆的停放位置，同时地陪导游人员及时向接待车辆司机介绍旅游者(团)的行程安排，而后携带好导游旗帜和接站牌在出口处醒目的位置等待迎候旅游者(团)。

二、旅游者(团)到达后的导游服务工作

在约定的旅游者(团)抵达接站的时间内，地陪导游人员就要按照事先准备好的资料信息，完成以下工作环节：

(一)寻找确认旅游者(团)

具体方法是：根据接站前与旅游者(团)的联系情况，及时准确地认找旅游者(团)，在醒目的出站口位置，高举接站牌，以便抵达的旅游者(团)及时辨认；在接站牌上事先写上团名、团号、领队的名字；同时根据旅游者的情况查找组团社的社旗、旅游帽的颜色等信息，最后确认是否正确对接。

(二)核对旅游者(团)人数

为了避免出现错接团的现象，地陪导游人员严格按照旅游接待计划的要求认真地核对人数，如果出现人数增减信息，及时与旅行社有关部门联系，做好迎接的应变准备，确保旅游者(团)的合法权益。

(三)清点旅游者(团)行李

在核实完旅游者(团)人数之后，地陪导游人员还应该与领队、全程陪同导游人员和地接社行李员(饭店、宾馆行李员)对团队人员随身携带的行李进行清点核对，查看是否有破损等，当核对清点完全无误，办好交接手续后，移交给行李员。

(四)集合登车

在核对人数、清点行李等工作就绪后，地陪导游人员就要和领队一道组织游客朋友前往接待旅游车停车处，有序地引导旅游者登车。此时对地陪导游人员的要求是：微笑站立车门旁，扶老携幼尽力帮；协助游客有序坐，行李安全不能忘；清点人数有礼貌，客人坐稳门关上；接团工作全做完，司机开车把路上。

三、前往入住酒店途中的服务(首次导游服务)

当地陪导游人员与全陪导游人员、领队等首次协作组织旅游者平稳安全地坐上接待用车之后，整个接待工作就进入首次导游服务的程序，其服务程序主要包括以下环节：

(一)致欢迎词

致欢迎词不仅仅是一种礼节，更是作为地陪导游人员在旅游者(团)面前第一印象的展示，欢迎词的恰当与否直接影响着本次接待服务的质量，因此，向旅游者(团)致欢迎词是地陪导游人员个人素质、职业道德及导游服务技能的最好展示。

1. 致欢迎词的场合位置

致欢迎词

一般来讲，在旅游车上，地陪导游人员应站在司机右边、车厢前面的走道与司机座椅后背平行的位置，一是便于让全体旅游者看到自己，二来便于地陪导游人员观察到全体旅游者的情绪变化，达到与游客情感的直接交流，同时，还便于与司机联系，以便处理突然发生的事宜。但如果是特殊情况，是在机场接站逗留时间较长、旅游团人数较多时，则可以在机场候机楼处致欢迎词。

2. 欢迎词的内容

好的欢迎词内容，主要是根据旅游者国籍（入境游），旅游团队的性质，旅游者自身的职业素养、文化水平、年龄特征以及不同的旅游季节等因素决定的，没有千篇一律的定式，其语言一定要和自己的身份相符，应做到诚恳、亲切、自然。但为了便于操作，其规范的要求包括以下几个方面：

第一，致问候语，对旅游团的到来表示真诚的欢迎；

第二，介绍自己的姓名及所属的旅行社名称；

第三，介绍司机；

第四，表明自己提供服务的工作态度和希望得到合作的愿望；

第五，预祝旅游愉快、顺利。

案例分析

五一节快到了，上海市某旅行社组织的“中原五日游”“夕阳红”旅游团一行28人首站到达开封，由开封某国际旅行社负责接待，小张是负责接待的地陪导游人员。如果你是小张，请你撰写一篇欢迎词，向全班同学进行展示！

【参考欢迎词】

各位团友：

大家好，远道而来的“夕阳红”旅游团的爷爷奶奶们一路辛苦了！首先请允许我代表开封市某国际旅行社全体员工向您的到来表示最热烈的欢迎！我叫张鲲鹏，是大家“中原五日游”开封首站的地陪导游人员，大家可以叫我小张，或者张导，为我们提供安全服务的司机师傅是冯顺，别看冯师傅看着年轻，其实他已经有十多年的驾驶经历，一直保持公司百万公里无事故的纪录，今天由我和冯师傅为大家提供旅游和安全服务，保证大家在开封期间玩得开心，住得舒心，吃得放心。在接下来的服务期间，如果大家有什么需要我们效劳的话，敬请您提出来，我们将尽全力去做好服务，最后，我衷心地希望大家“中原五日游”开封之旅开心愉快，不虚此行！

3. 对欢迎词的要求

欢迎词的内容中还可以介绍本次旅游活动的行程及注意事项，在时间上不宜过长，时间控制在5分钟以内，尤其要重视给旅游者留下第一印象，树立热情、真诚、开朗大方、自然幽默的印象。

(二)时间的调整

如果接待的是入境旅游团，导游人员在进行欢迎词后，还要及时介绍两国(国籍)的时差，尽可能把时间调整为北京时间；如果是国内游，此环节可以忽略。

(三)首次导游

所谓首次途中导游是指旅游团队抵达旅游目的地后，负责接待服务的地陪导游人员组织安排旅游团前往入住酒店(宾馆)的路上进行的导游服务。这是继欢迎词之后必须进行的讲解服务环节，也是地陪导游人员向旅游者留下良好第一印象的重要一环。首次沿途导游讲解的内容主要包括以下内容。

1. 城市风光导游讲解

城市风光导游讲解，即从接站点出发至将入住的酒店(宾馆)之前所经过路途中游客们所见到的城市风貌、旅游景观等的内容讲解。

2. 城市风情介绍

城市风情介绍，即与城市自然风光相应地介绍一个城市特色、发展概况、历史沿革、人口物产、气候特征、社会生活、文化传统、风俗民情、风味小吃等内容，力争给旅游者留下一个轮廓印象，满足旅游者的好奇心理。

3. 介绍下榻的酒店(宾馆)

介绍下榻的酒店(宾馆)，即向一路鞍马劳顿的旅游者介绍即将入住的酒店(宾馆)的基本情况，内容一般包括酒店(宾馆)的名称、位置、星级标准、规模、设施设备及附近交通概况等，也可以用其他同类别的饭店进行比较介绍，以此突出入住酒店(宾馆)的优越特点。

【情景设置】

小张受开封某旅行社的委派，担任山东青岛海洋旅行社组织的周末“开封两日游”旅游团地陪导游员，安排入住开封中州国际酒店。小张该怎样进行接待？

【物质准备】

1. 物品准备：旅行社接待计划书、导游旗帜、导游证、《导游人员管理条例》、《导游业务》、实训评价表。

2. 实训场地：模拟导游实训室。

实训程序

第一步：按照项目任务，明确实训要点。

(1) 检查学生掌握地陪导游服务接站服务的要求；

(2) 结合自己的实际理解，掌握接站服务实训的服务技能要点。

第二步：按照4人一组，结合情景，分角色扮演导游人员和游客进行模拟练习，体验旅游接待服务过程中各个环节的实训；致欢迎词及途中导游服务等。

第三步：模拟演练结束后，老师巡视指导，小组进行互评各自的优点和不足。

第四步：在互评的基础上，挑选一组进行公开展示，老师进行点评，并在评价记录表中填写成绩。

实训效果评价表

评价项目内容	实训过程评价		结果评定
	自我评定	小组评定	教师评定
地陪导游接站服务的要求		A○ B○ C○ D○	A○ B○ C○ D○
地陪导游服务操作技能		A○ B○ C○ D○	A○ B○ C○ D○
学习态度		A○ B○ C○ D○	A○ B○ C○ D○
团队合作		A○ B○ C○ D○	A○ B○ C○ D○
语言表述		A○ B○ C○ D○	A○ B○ C○ D○
礼节礼貌		A○ B○ C○ D○	A○ B○ C○ D○
评定标准：A.准备充分，参与积极。认真实训，效果良好。 B.准备较充分，参与较积极。实训较认真，效果较好。 C.准备不充分，参与不够积极。实训不够认真，效果一般。 D.没有按照要求准备，实训效果不好。			
改进建议：		综合评定： A○ B○ C○ D○	

任务三　地陪导游服务入住服务模拟实训

【实训目标】

1. 掌握地陪导游人员正确安排旅游团入住的服务技能；
2. 熟悉并掌握地陪导游人员正确安排旅游团入住酒店的工作程序；
3. 熟悉并运用与旅游者商定旅游活动日程的方法。

【情景导入】

李想同学经过上面实训环节的学习，明白了在接待旅游团时要做到规范操作，主要是预防出现接错团或者接不到旅游团等工作失误。同时通过进行模拟的欢迎词写作和模拟讲解，不仅找到了学习的自信心，更懂得了在学校进行模拟训练的目的是提前进行训练把握接待服务技能。这些工作为参加全国导游资格考试做了充分的准备，尤其是欢迎词和途中讲解的项目要求，对以后成为地陪导游人员提前进行了模拟，就可以减少工作中的失误。带着学习的热情，他又急着想了解，在完成途中讲解就要到酒店入住的时候该怎么办呢？

【导学提示】

旅游服务的主体是人，因此，作为地陪导游人员，自从接到旅游者（团）之后，按照接待计划的要求，每一个环节都要做到精益求精，“细节决定成败”，在旅游车上完成了对入住酒店（宾馆）的介绍后，第三个工作重点是安排旅游者的“入住服务”。可以说，安排旅游者（团）的入住工作是地陪导游人员的一项重要工作。对于旅途奔波的旅游者来讲，此时最急于解决的困难是能否有一个舒服酒店（宾馆），以解旅途奔波之困。那么，安排入住工作有什么要求呢？

一、协助办理旅游者（团）入住的手续

（1）地陪导游人员引导进入旅游者（团）下榻的酒店（宾馆），指挥引导旅游者（团）带好各自行李，就要及时地协助旅游团领队和全陪导游人员办理入住酒店（宾馆）的登记手续，请领队向旅游者分发房卡。

（2）地陪导游人员及时掌握旅游团领队、全陪导游人员及全体团员的房间号，同时将自己的联系方式告知领队和全陪，以便有事联系。

（3）告知旅游者（团）的用餐时间、集合时间等事宜。

（4）如果有运送的行李，地陪导游人员还要督促行李员把旅游者的行李安全地送到旅游者入住的房间等。

酒店

总台

思考讨论

（1）办理入住手续时需要出示哪些证件？

（2）办理入住手续的地点在酒店的什么部门？

二、入住酒店后，介绍酒店情况

入住酒店后，地陪导游人员向全体旅游者介绍酒店（宾馆）内的外币兑换处（入境游）、中西餐厅的位置、娱乐场所、商品部、公共洗手间等相关设施设备，特别强调入住酒店的注意事项。

三、入住酒店后的活动

（一）带领旅游团队成员用好第一餐

地陪导游人员在安排好旅游者入住房间之前，要做好用餐的地点以及就餐的形式、时间的交代等，同时了解清楚旅游者（团）的宗教信仰、饮食忌讳等信息，以便在游客就餐前与餐厅联系，提前安排；用餐时，地陪导游人员应引领旅游者前往就餐处；上菜时，地陪导游人员应对地方风味作简要的介绍，同时告诉旅游者旅游团餐的数量等。如果有游客单独点餐和饮料，应告诉这些属于自费项目；如果是自助餐形式，还要提醒游客注意合理取食，杜绝浪费。

酒店就餐

在常规用餐过程中，地陪导游人员和司机、全陪导游人员往往是和游客分开用餐的，因此，作为地陪导游人员要时刻关注游客的用餐情况，有责任到团队游客用餐处巡视，及时询问大家用餐的意见和建议，以便下次就餐安排。

案例分析

某国际旅行社英语导游小李接受旅行社委派，接待一个来自美国的旅游团，入住在一家四星级饭店，在当地安排了两日游活动。游览期间，小张凭着娴熟的导游技巧和纯正的英语发音进行精彩的讲解，赢得了团队成员的认可。但是在返程途中，小张重申晚餐就餐的地点和时间时，有几位客人向小张提出异议，要求更换餐厅，因为他们对就餐的餐厅不满。小张感到纳闷，按常理讲，美国客人是喜欢在入住的酒店用餐的，于是小张向旅游团客人就餐厅退餐的有关规定，并说明大家有什么意见可以向他反映。经过小张态度诚恳的解释，最终客人们不再坚持更换就餐地点。晚上就餐时，小张就客人们用餐不满的原因进行了了解，原来客人们要求更换餐厅，不是因为口味问题，更不是菜肴的质量问题，而是在餐桌上少了一道水果，明白了真相后，小张立即和餐厅经理联系，要求晚餐一定要补上水果，并与经理商量对上午就餐未上水果的几个客人表示歉意，餐厅经理很快答应了小张的要求，并主动地提出了晚上为旅游团的每间房送上免费的水果……最后，美国旅游团离开时，留下了一封热情洋溢的表扬信！

思考：

(1)案例中小张的做法给你什么启示？

(2)假如小张没有解决客人的问题会怎样处理？

点评：导游在进行接待服务时，一定要掌握不同的国家、不同地区的客人生活习惯、宗教信仰。本案例中，美国人的生活习俗是：宁可少一道菜，也不可缺少水果，尤其是苹果，喜欢到甚至迷信的地步，他们信奉一句谚语是“一天一个苹果，大夫不来啰唆”。因此，导游人员要把针对性的服务做在客人没有提出之前。在服务过程中，一旦出现了问题，不是回避，而要及时进行弥补。本案中小张的做法值得学习借鉴，尤其是正处在中职学习导游服务专业的同学，更要及时学习借鉴，为将来走上工作岗位做好准备！

（二）用餐后宣布当天和第二天的旅游安排

在客人用餐时，地陪导游人员应及时向全体客人宣布用餐后当天的和第二天的活动安排，尤其是集合的时间、地点、旅游车的颜色和车牌号，以帮助客人有序出行。

（三）商定核对旅游活动日程

商定核对旅游活动日程是地陪导游人员在接待安排旅游者(团)后一项重要工作。为了向旅游者(团)提供优质的旅游接待任务，地陪导游人员与全陪导游人员和领队商定核对旅游活动的工作，可以对整个旅游者(团)进行更加深入的了解。具体操作是：

(1)地陪导游人员与全陪导游人员核对旅游团的行程安排，一般是以旅游接待计划为准。如果需要调整，必须是在全陪、领队和旅游者同意的情况下方可进行，对于旅游者提出的活动更改要求，应本着“合理而可能”的原则，尽可能地满足旅游者的要求，但必须按照“明码标价”“先收费再实施”的原则操作；如果无法满足旅游者的要求，则应耐心解释；如果违反《旅游法》的相关规定，则应该从法律的角度给予恰当的解释，便于旅游者知法、守法，知难而退，避免出现有违导游人员职业道德的事件发生。

(2)地陪导游人员与领队协商好第二天的叫早事宜，并把约定的时间通知到酒店(宾馆)总台或楼层服务台。

总之，地陪导游人员带领旅游者(团)按照规定的程序入住酒店(宾馆)后，基本上确保了旅游接待计划的有序实施，通过商定核对旅游活动日程的事宜，地陪导游人员不仅对全体旅游者有一个大致的了解，而且为第二天开展游览活动创造了条件。

【情景设置】

小张受开封某旅行社的委派，担任山东青岛海洋旅行社组织的周末“开封两日游”接待任务，入住开封中州国际酒店。小张该怎样进行接待？

【物质准备】

1. 旅行社接待计划书、导游旗帜、导游证、导游人员管理条例、《导游业务》、实训评价表。

2. 模拟导游实训室。

实训程序

第一步：按照项目任务，明确实训要点。

(1) 检查学生掌握地陪导游服务中安排旅游者入住酒店（宾馆）服务的要求；

(2) 结合自己的实际理解，掌握旅游接待服务程序中入住酒店（宾馆）实训的服务技能要点。

第二步：按照 4 人一组，结合情景要求，分角色扮演导游人员和领队、酒店服务进行模拟练习，体验旅游接待服务的过程中入住酒店的各个环节的实训等。

第三步：模拟演练结束后，老师巡视指导，小组进行互评各自的优点和不足。

第四步：在互评的基础上，挑选一组进行公开展示，老师进行点评，并在评价记录表中填写成绩。

实训效果评价表

评价项目内容	实训过程评价		结果评定
	自我评定	小组评定	教师评定
地陪导游入住酒店服务程序		A○ B○ C○ D○	A○ B○ C○ D○
地陪导游服务入住酒店操作技能		A○ B○ C○ D○	A○ B○ C○ D○
学习态度		A○ B○ C○ D○	A○ B○ C○ D○
团队合作		A○ B○ C○ D○	A○ B○ C○ D○
语言表述		A○ B○ C○ D○	A○ B○ C○ D○
礼节礼貌		A○ B○ C○ D○	A○ B○ C○ D○
评定标准：A.准备充分，参与积极。认真实训，效果良好。 B.准备较充分，参与较积极。实训较认真，效果较好。 C.准备不充分，参与不够积极。实训不够认真，效果一般。 D.没有按照要求准备，实训效果不好。			
改进建议：		综合评定： A○ B○ C○ D○	

任务四　参观游览途中服务模拟实训

【实训目标】

1. 掌握首次接团导游服务的程序及服务技巧；

2. 熟练掌握组织旅游团队进行参观游览前的服务技能；

3. 开展模拟实训操作进行途中讲解实训。

【情景导入】

李想同学经过又一个学习环节的训练，对自己越来越有信心了！因为通过前面的理论学习，他明白了进行地陪导游服务的相关程序是属于行业对导游人员的基本要求，只有这样做才可以减少工作中的失误，才可以让旅游者满意，更重要的是让一个新导游不断地成长。但是，在做完旅游团队入住酒店之后，又该怎样组织旅游团队参加当地景点的参观游览活动呢？试想一群陌生人经过短暂的接触，安排完吃住后，旅游者最关心的还是旅游目的地的景点景区是否具有强大的吸引力，尤其是作为地陪导游人员该如何组织好游客去参观游览呢？带着这些问题，李想开始了新的学习环节！

【导学提示】

"纸上得来终觉浅，绝知此事要躬行。"地陪导游服务中的组织旅游者进行参观游览服务是地陪导游人员的重要工作，也是每一个立志做一名旅游行业服务精英的导游人员必须学习掌握、熟练运用的技能。除了一些必需的服务程序外，更多的是训练口头语言表达能力，尤其是根据参观游览的线路安排进行相关知识的准备、相关资料的收集、相关接待服务部门的协调，重点解决行、游、购、食等环节，确保旅游者和地陪导游人员的合作，作为地陪导游人员必须熟练把握服务的各个环节，通过自己的导游语言把各个环节有机地组合在一起。让旅游者满意和有针对性的服务是对地陪导游最大的考验。

一、地陪导游人员做好出发前的准备工作

根据首次游客入住的时间安排情况，地陪导游人员在准备组织旅游团队进行当地的景点景区的参观游览活动时，必须做好出行前的准备工作，具体包括以下环节：

(1)准备好接待用的导游旗帜、导游证胸卡及接待计划书、景点接待团单；

(2)与旅游用车司机联系并督促做好出发前车辆的准备工作，包括行前安全检查、油料、行车用车牌、集合时间等；

(3)及时落实游览中用餐工作，包括用餐地点、人数、标准、口味等项目；

(4)再次熟悉接待计划中要求的景点景区的相关知识；

(5)提前10分钟到达旅游团队出发的集合地点。

二、地陪导游人员核对、清点参加游览活动的人数

(1)在规定的集合地点向全陪的导游人员和领队及时了解游客的情况，对于未到的游客及时问询落实，督促集合。

(2)对于因个人原因未能按时参加活动的游客，问清情况后及时妥善安排，特殊情况需要与酒店协商解决。

(3)对按时到达集合地点的游客做到认真清点人数，并安排游客有序上车。根据情况向旅游者说明当日天气情况、游览路线以及提醒游客携带好衣服、雨伞等信息。

三、地陪导游人员进行前往景点途中的导游活动

（一）集合登车后，地陪导游人员再次向旅游团队致欢迎词问好

首次接站后，地陪导游人员通过致欢迎词，给旅游团队留下第一印象；为游客对地陪导游人员的再次加深印象，地陪导游人员需要通过致欢迎词表达对游客的热情。但此环节可以不必过细：

提前到达迎客人，行前准备要细心。

清点人数等上车，客人未到查原因。

各项工作落实好，安全出行显真心。

出发先致欢迎词，日程安排逐项分。

（二）交代旅游行程的注意事项

如做文明游客，遵守景区规范等。

（三）途中活动的组织

如果从入住地点到景区的距离较长，路上游客容易疲劳，地陪导游人员要充分发挥自己的能动性，根据情况活跃旅途气氛，地陪导游人员可以灵活应变，开展游艺活动，如让大家猜谜活动、成语接龙；学说地方方言，教唱地方戏；等等。

（四）途中讲解服务

在前往景区的途中，地陪导游人员除了实事求是地开展一些趣味性活动之外，还应该就行驶的路线向旅游团队做好讲解服务。作为首次进行途中导游讲解服务，是从事地陪导游服务的人员必须操作的程序。因此，凡是参加全国导游人员资格证考试中的现场导游考试（面试）中，途中导游讲解是其中一个重要的评分依据。2016 年河南省中文类现场导游考试评分表中对“途中讲解”的要求是：

(1) 内容要涉及所在城市概况并与目的地的景点有关，符合地陪途中服务要求；

(2) 方法得当，讲解生动、有趣，有一定的导游技巧；

(3) 现场感强，能吸引人；

(4) 能正确、清楚地回答有关途中讲解问题。

鉴于这种考试的要求，作为以地陪服务为主要服务对象的专业课学习，就应该有针对性地开展这项服务训练，以确保按照要求，掌握必需的服务技能，从而适应今后的地陪导游服务工作。结合有关要求，开展途中讲解服务时主要从以下几个方面入手：

第一，向游客讲解所在城市的概况，包括历史、人文、在中国的位置、社会经济特点、获得有关赞誉、城市现在的变化等。

第二，向游客介绍目的地城市的风土民情、生活习惯、语言习惯等。

第三，向游客介绍途中所见到的城市著名景点、景区、地标建筑等信息。

第四，向游客介绍要游览参观的景点景区的位置、概况等。

第五，讲解中与游客的语言互动，如在开封教唱河南豫剧、学说开封话等环节。

第六，下车前的交代事项。到景点停车场之前，地陪导游人员要向旅游者交代停车场的位置、旅游车颜色、车牌号码、导游联系方式等，以防备游客走失时之用。

附：中州国际饭店至清明上河园途中讲解

各位朋友大家好！

请允许我再次代表未来旅行社全体员工向来自山东的朋友表示热烈的欢迎，我是大家开封之旅的地陪导游杨帆，大家可以叫我杨导，或者小杨即可，今天为大家担当安全大使的司机师傅是张师傅，今天有我们两个为大家提供全程服务，让大家在开封吃好、玩好、心情好。在开封这两天的时间内，有什么需要尽管提出，我们将尽全力为大家服务，今天我们要参观的行程是，上午 9 点开始到开封民俗主题公园——清明上河园参观游览两个小时，而后到宋朝皇宫遗址龙亭参观游览，游览结束后在开封第一楼就餐，品尝开封小笼包子；用餐后，下午 2 点到开封府参观游览，一睹包青天的真面目，下午 5 点钟结束游览。以上是我们旅游行程的安排，请各位朋友要跟随小杨来认识中原名城开封。

我们从饭店出发到清明上河园大约需要 30 分钟的路程，我们出发的时间刚好是即将出行的高峰，如果顺利的话，只需要 20 多分钟即可到达。

各位朋友，来开封旅游首先要大致了解一下开封的简况：

开封是中国首批 24 座历史文化名城，中国八大古都之一，具有“八朝古都”之称，又有“北方水城”“菊城”之美誉。从地理位置上看，开封市位于黄河中下游平原东部、太行山脉东南方，地处河南省中东部，东连商丘市，西接省会郑州，南与许昌市和周口市相邻，北依黄河，与新乡市隔河相望，总面积 6444 平方公里，其中市区面积 362 平方公里。南北宽约 92 公里，东西长约 126 公里，在中国版图上处于豫东大平原的中心部位。自古有“得中原者得天下”之说，所以，开封自古就是中原腹地，其历史沿革最早可追溯至新石器时代。夏朝（帝杼）在开封一带建都 157 年，史称老丘。商朝在开封一带建都 27 年，史称嚣。公元前 8 世纪，春秋时期的郑庄公在今开封城南朱仙镇附近修筑储粮仓城，取“启拓封疆”之意，定名启封。汉初避汉景帝刘启名讳，更名为“开封”，这便是“开封”的由来。

从夏朝在开封建都开始，先后有八个朝代在此建都，分别是夏，战国时的魏，五代时的后梁、后晋、后汉、后周，北宋，金等。其中最繁荣的时期当属北宋时期，从赵匡胤陈桥兵变立国开始，历经九帝 168 年，经济繁荣，文化兴盛，开封成为全国政治、经济、文化的中心，当时有着“琪树明霞五凤楼，夷门自古帝王州”“汴京富丽天下无”的美誉，北宋东京开封更是当时世界第一大城市，被世界友人赞誉为“一千年前的世界纽约”。我们今天要参观游览的“清明上河园”就是当时最繁华时开封民俗风情的再现，有“一朝步入画卷，一日梦回千年”之感。

说起“清明上河园”，不得不说在北宋时著名画家张择端了，张择端生卒年月不详，字正道，号文有，山东诸城人，是北宋著名的画家，在北宋宣和年间任翰林待招，擅长画楼观、房舍、屋宇、林木、人物等，其画作上所画桥梁、街道、城郭皆刻画细致；人物牲畜，形象生动，栩栩如生。其作品有《清明上河图》《金明池争标图》存世至今，成为不可多得的艺术珍品。今天我们要参观的"清明上河园"就是以画家张择端的《清明上河图》为蓝本，按照宋代《营造法式》为建设标准，以宋朝的市井文化、民俗风情、皇家园林和古代的娱乐为题材，以游客参与体验为特点的大型宋代文化实景主题公园，也是我国首批五A级旅游风景区和中国非物质文化遗产展演基地。1992年7月，清明上河园正式动工创建至今，经过20多年的不断完善建设，目前已成为海内外游客来开封必看的风景名胜。

2009年，清明上河园成为中国世界纪录协会中国第一座以绘画作品为原型的仿古主题公园，是国家黄河黄金旅游专线重点历史文化旅游景区。"清明上河园"位于开封城西北角，与著名的六朝皇宫遗址——龙亭相毗邻。景区内有许多节目可看可玩儿，至于有什么值得留恋的，还是等大家亲自走一遭，亲自体验"梦回千年"的感觉吧！

也许是因为我们都是尊贵的客人，今天我们师傅很给力，加上路上交通没有拥堵，我们按照预定的时间就要到达清明上河园的停车场了！在此我再次提醒大家，一会儿请大家带好自己的贵重物品随我下车，并请大家一定记住我们的停车位置，我们的车牌号是豫BLY116紫色宇通大巴，请大家准备好心情，一同参加"清明上河园"的开园仪式——"包公迎宾"吧！

【情景设置】

阳春三月风光明，踏春赏景游汴京。小李接到未来旅行社通知，于3月20日接待一个来自西安的旅游团，一个由退休教师组成的中国古都游观光团，在开封停留一天，参观清明上河园、开封府、山陕甘会馆等三个景点。旅游团乘坐旅游大巴直接从连霍高速下车到开封，要求小李7点50在连霍高速收费站处接团。请问：如果你是小李，你该怎样做好接待工作？

【物质准备】

1. 导游旗帜、导游证、耳麦、接待计划书、实训效果评价表等。

2. 模拟导游室。

实训程序

第一步：按照项目任务，明确实训要点。

(1) 检查学生掌握首次接团的服务程序及技巧；

(2) 结合实际，组织接待工作时途中讲解的技能要求。

第二步：按照4人一组，结合情景要求，分角色扮演导游人员和游客进行模拟练习，体验旅游接待服务过程中进行途中讲解的技能。

第三步：模拟演练结束后，老师巡视指导，小组进行互评各自的优点和不足。

第四步：在互评的基础上，挑选一组进行公开展示，老师进行点评，并在评价记录表中填写成绩。

实训效果评价表

评价项目内容	实训过程评价		结果评定
	自我评定	小组评定	教师评定
前往旅游景点途中服务技能		A○ B○ C○ D○	A○ B○ C○ D○
开展模拟途中讲解的技能实训		A○ B○ C○ D○	A○ B○ C○ D○
学习态度		A○ B○ C○ D○	A○ B○ C○ D○
团队合作		A○ B○ C○ D○	A○ B○ C○ D○
语言表述		A○ B○ C○ D○	A○ B○ C○ D○
礼节礼貌		A○ B○ C○ D○	A○ B○ C○ D○
评定标准:A.准备充分,参与积极。认真实训,效果良好。 B.准备较充分,参与较积极。实训较认真,效果较好。 C.准备不充分,参与不够积极。实训不够认真,效果一般。 D.没有按照要求准备,实训效果不好。			
改进建议:		综合评定: A○ B○ C○ D○	

任务五　参观游览服务模拟实训

【实训目标】

1. 掌握地陪导游人员接待旅游团队的景点讲解服务技能;
2. 熟练运用导游讲解的方式方法模拟景点讲解。

【情景导入】

李想通过模拟组织游客前往景点景区的途中讲解训练,逐步理解了为什么要熟练掌握服务技巧的道理,真正体会了“书到用时方恨少”的道理。李想虽然在课堂上了解了具体的操作步骤,但是经过尝试才知道,标准的服务程序是确保任务完成的依据,特别是在途中讲解,不仅仅是按照事先准备好的资料进行照本宣科,还要学会随机应变才行。尤其是看到许多老导游在游客面前面对景点,指点江山,出口成章,那种潇洒的风姿令人羡慕,可是轮到自己上场了,又该如何准备,怎样根据游客的需要进行讲解呢?带着问题,李想又开始按照程序跟着课堂进行学习了!

【导学提示】

组织游客前往景点景区进行参观游览活动是地陪导游人员的主要职责,也是地陪导游人员必备的基本功之一，而景点讲解能力更是地陪导游人员必须掌握的重要能力，如何组织游客进行参观游览，如何独立完成景点的讲解，讲什么、怎么讲都必须做到胸有成竹，而且还要力避厌烦情绪，即使一些景点去过很多次，讲过了很多回，仍要保持初心，不能在游客面前流露出厌烦之情。地陪导游人员只有保持自己的好奇心，面对一个个不同类型的旅游团时才能有所创新、有所出彩。为此，地陪导游人员掌握景点景区的讲解技巧非常必要，练好基本功，提高表达能力是对地陪导游人员的基本要求。

一、进入景点景区前的工作

(1)地陪导游人员按照要求引导旅游团队到达景点景区停车场后，快速安顿旅游团队在景区大门口入口处附近等待，并快速到景区团队售票处(签单)办理进入景区的票务手续。

(2)持“签单”手续协助景点景区门检人员清点人数，依次进园。此时，容易出现游客所带孩子因为入园的身高问题无法入园的情况，应及时要求孩子家长补交入园门票费用，并及时办理手续入园。

(3)等全体客人全部进入景点景区之后，及时组织旅游团队在景点景区的入口处悬挂的景点景区导游图前集合。在此除介绍景点景区的情况外，最重要的是告诉游客参观游览的路线、出口的位置以及在游览中一旦走失该如何处置。

到停车场集合的时间、参观游览的时间、参观游览中的注意事项，尤其是一些景区较大、出口较多时必须加以说明，以确保旅游团队全体成员的安全。

二、景点导游讲解服务

(一)景点景区导游讲解的概念

所谓景点景区导游讲解是指地陪导游人员以丰富多彩的社会生活、五彩斑斓的自然景色以及富有趣味人文资料等作为题材，根据兴趣爱好不同、审美情趣各异的游客为对象，结合自己掌握的各类知识进行梳理加工、组织改造，再以口头语言进行表达的一种创造性活动，是地陪导游人员在引导旅游者参观游览过程中与游客面对面的交流。

(二)景点景区导游讲解目的

为什么进行导游讲解呢？其实目的很简单，就是利用讲解的机会向旅游者(团)传播知识，引导旅游者正确地欣赏异域风光，了解异域风情，帮助旅游者去探索美、发现美，从而满足旅游者(团)求新、求异、求美等的欲望。

(三)景点景区讲解及引导服务

由于地陪导游人员进行讲解时不是单一内容，同时还要进行组织游览的工作，因此需要注意以下工作：

(1)随时提醒游客注意跟团，地陪导游人员在前面行走，注意行走的速度要适中，太快，游客跟不上，容易走失；太慢，会因为拥挤，影响观瞻。

(2)讲解时充分利用耳麦，注意语速不要太快，否则容易听不清，导致游客产生不良情绪。

(3)边走边讲的过程中，应注意，在一些最美风景处给游客提醒，适当照相，这样，可以为游客提供照相机会，尤其是在一些具有危险性的场合应提醒游客注意安全等。

(四)景点景区讲解技巧要求

景点景区讲解是旅游团队接待的主要任务，如何富有特色地进行组织游客参观游览及景点景区的讲解，需要地陪导游人员做好相关设计，因为景点景区的讲解效果直接会影响到游客的欣赏效果，影响到游客对在旅游活动中获得的体验。具体工作从以下方面考虑：首先是地陪导游人员加深参观游览的景点景区的熟悉程度，注重对景点景区逐项知识的综合理解运用；其次是熟练地运用讲解技巧，以最佳的表达方式、方法去介绍景点景区的魅力所在。

地陪导游人员要努力遵循“四要四不要”原则，以提升讲解效果。

“四要”原则包括：

一要注意精选讲解内容，突出景点景区的特色，分清讲解主次；

二要注意讲解方式方法，虚实结合，生动有趣；

三要注意把握讲解节奏，有张有弛，疏密相当；

四要注意接收游客反馈，及时调整，关注多数游客的情绪。

“四不要”原则包括：

一不要在讲解中，不分主次，面面俱到；

二不要在讲解中，只顾知识，忽略趣味；

三不要在讲解中，渲染神话故事，忽略眼前实物；

四不要在讲解中，忽悠游客，语言低俗。

总之，在引导游客参观游览过程中，地陪导游人员既是战场上的指挥员，引导、鼓励游客参与活动，聆听讲解，感受历史，品味人生；又是后勤保障员，时时关注游客的情绪反应；更是安全员，时时提醒游客注意不要因为欣赏景物而忽视脚下安全，把“看景不走路，走路不看景”的语言提醒作为提醒游客的口头禅。

(五)转场及返途服务

由于参观游览时不是只有一个景点景区，在一个景点游览结束后，在约定的集合时间内，地陪导游人员协助全陪导游人员做好以下工作：

(1)及时清点人数；

(2)及时解决游览中发生的问题，避免出现游客走失、物品丢失的事件；

(3)指挥登车，注意安全；

(4)重申计划行程安排，包括就餐与购物安排；

(5)安全返回入住酒店。

【情景模拟】

小李接待一个来自某县的旅游团，参观游览清明上河园，在参观游览过程中，由于景区较大，结果在游览结束时，一位游客说自己的孩子没有回来，非常着急，要求地陪导游小张帮助寻找。请问，如果你是小张，面对这种情况你该怎样帮助客人寻找小孩？给我们什么启示？

【物质准备】

1. 学习笔记、导游服务标准材料、实训评价表、导游旗帜、导游证、多媒体课件；

2. 模拟导游实训场地。

实训程序

第一步：按照项目任务，明确实训要点。

(1) 检查学生掌握地陪导游人员接待旅游团队的景点讲解服务情况。

(2) 学生结合自己的理解，运用地陪导游讲解的方式、方法，模拟景点讲解服务。

第二步：按照4人一组，结合情景要求，分角色扮演导游人员和游客进行模拟练习，体验旅游接待服务的过程和对导游人员的要求。

第三步：模拟演练结束后，老师巡视指导，小组进行互评各自的优点和不足。

第四步：在互评的基础上，挑选一组进行公开展示，老师进行点评，并在评价记录表中填写成绩。

实训效果评价表

评价项目内容	实训过程评价		结果评定
	自我评定	小组评定	教师评定
参观游览服务的技巧		A○ B○ C○ D○	A○ B○ C○ D○
模拟景点讲解服务实训		A○ B○ C○ D○	A○ B○ C○ D○
学习态度		A○ B○ C○ D○	A○ B○ C○ D○
团队合作		A○ B○ C○ D○	A○ B○ C○ D○
语言表述		A○ B○ C○ D○	A○ B○ C○ D○
礼节礼貌		A○ B○ C○ D○	A○ B○ C○ D○
评定标准：A.准备充分，参与积极。认真实训，效果良好。 B.准备较充分，参与较积极。实训较认真，效果较好。 C.准备不充分，参与不够积极。实训不够认真，效果一般。 D.没有按照要求准备，实训效果不好。			
改进建议：		综合评定： A○ B○ C○ D○	

任务六　地陪的其他服务

【实训目标】

熟悉并掌握地陪导游人员在社交、购物、风味品尝等项目中的服务技能。

【导学提示】

在旅游服务的“行、游、购、食、住、娱”六要素中，除了“行、游、住”之外，在“购、娱、食”等方面也需要满足旅游者的心理需求。因此，作为地陪导游人员要根据旅游团队的接待计划要求，实事求是地落实相关服务工作，满足不同需求的旅游者的需求。

【情景设置】

李想同学最近心情特好，因为他领悟了“欲穷千里目，更上一层楼”的道理。经过参加组织游客进行游览参观的景点景区模拟导游讲解活动，他改变了以往对导游的片面认识——“当导游就是领着别人玩玩、转转、看看”的活儿。殊不知，导游人员是一个需要掌握多方面知识的人，不仅仅颜值高、形象好，还要对游客做到服务到位、热情周到、关爱游客。导游人员掌握了讲解技巧，还要做好相关其他服务，否则就会给游客留下美中不足之印象。除了组织参观游览之外，今天就要学习做好地陪的其他相关服务！

一、正确引导游客购物

购物活动是旅游活动中一项不可缺少的环节，指导旅游者正确的购物也是地陪导游人员的一项重要工作之一。此活动能满足旅游者欣赏当地风景名胜景点的旅游需要，让旅游者买到称心如意、具有纪念意义的旅游纪念品，实现愉悦的情感体验。

如何安排旅游者购物？购物次数是多少？这些工作的落实要严格地依据旅游接待计划安排，引领旅游者到合格的旅游定点场所进行购物活动，此时地陪导游人员要在不违纪、不违法的前提下，实事求是地向旅游者推荐适宜的旅游纪念品，不得随意增加游客购物次数，不得贪图小利与旅游纪念品经营者串通，强迫要求旅游者购物。

有效地组织旅游者选择当地有特色的旅游纪念品时，地陪导游人员要向旅游者进行有序组织：

(1)除旅游计划中制订的购物场所外，如果游客自愿选择购物地点时，地陪导游人员要留足购物时间，并介绍相关的路线；

(2)向旅游者交代购物的注意事项，对于大件商品索要购物发票；

(3)提醒游客不要贪图便宜，遇到强买强卖的现象要及时注意自我保护；

(4)遇到游客上当受骗的购物时，地陪导游人员要协助游客向有关部门投诉反映，保护旅游者的合法权益不受侵犯；

(5)不得私自增加购物次数。

思考讨论：开封市作为国内外宾客喜欢的旅游目的地，有哪些特产？

二、合理安排旅游团社交活动

旅游活动是一项综合性项目，每一个旅游团队的成员到一个地方旅游时，总会通过不同的方式愉悦身心，了解当地的风土民情，寻亲访友，联络感情。因此，作为地陪导游人员为旅游者提供相关的服务也是分内工作之一，安排好相应的社交活动，诸如舞会、文娱活动、会见等形式，以达到旅游活动多层面收获的效果。

（一）参加舞会或文艺演出

旅游者到当地参加旅游活动时，恰遇一些重大节日欢庆活动，旅游者受到当地有关单位组织的舞会邀请，地陪导游人员就应该陪同旅游者前往；如果是旅游团自发组织的活动需要地陪导游人员提供服务时，可以代为办理票务工作，如在开封旅游时，旅游团自发组织游客到小宋城观看“千回大宋”文艺演出，接待社地陪导游人员可以提供代为旅游者购票服务。

同时，如果是一些大型的娱乐场所活动，地陪导游人员要积极与全陪和领队配合，随时注意本团旅游者的动向及活动环境，以免出现因环境不熟而导致的意外事故。

（二）会见活动

如果是外宾团入境游，会出现旅游者要会见中国国内的同行者或者重要的客人，必要时，地陪导游人员可以担当翻译工作；如果陪同有翻译，地陪导游人员可以协助服务，在一边旁听；如果在会见时有互赠礼物活动，地陪导游人员要清楚礼品中是否有应纳税环节，如果有，地陪导游人员应提醒当事人（方）办理好相关手续。如果是国内旅游团，地陪导游人员需要做好相应的协助工作。

（三）自由活动

在客人入住酒店后，晚上如果没有安排集体活动，地陪导游人员要和全陪领队协作，让游客自行安排活动，但要做好提醒的服务：建议不要到陌生的、路途较远的地方活动，应以入住酒店为中心活动；一般建议游客晚上不要单独行动，如果需要到较远的地方活动，地陪导游人员要提醒游客酒店的位置，帮助叫出租车等。

三、合理安排好品尝风味餐、告别宴会等活动

（一）品尝风味餐

外出旅游时，每到一个地方游客们都会有一个口头禅：“那里有什么好吃的？”因此，作为地陪导游人员在引导旅游者（团）参观旅游时，一定会讲到当地的风味小吃，游客们中不乏名副其实的“吃货”。所以，在组织旅游者开展旅游活动时，组织旅游者（团）品尝当地的风味小吃也是地陪导游人员的服务项目之一，更是旅游者（团）旅游活动的中一项重要的内容。

如何为旅游者（团）提供品尝风味小吃的活动，根据旅游接待计划安排，分为计划中

和自费两种。计划中的风味品尝活动，其费用包含在旅游团费之中，其活动属于地陪导游人员必须负责安排，提供优质服务，餐前由地陪导游人员提前与风味餐厅预先安排，讲清楚旅游团号、人数、口味以及有无忌讳，做到让旅游者吃得放心，吃后舒心，走后回味；如果是自费项目，地陪导游人员是不能够随意组织的，如果是由旅游者自己组织，需要地陪导游人员向旅游者针对当地的风味小吃的地点、口味、风味品种等进行介绍，地陪导游人员应起到宣传推荐作用。

比如，在开封，具有千年历史的“东京夜市”早已名满天下。《舌尖上的中国》栏目曾经对开封的名吃名菜进行过专题采访报道，“开封美食”的名声早已蜚声海内外。可以说，来开封旅游，如果没有品尝到开封小吃、开封名菜，说句不客气的话“您等于没有来开封”。开封美食既有“大家闺秀”，也有“小家碧玉”。

概括起来如下：

开封一楼灌汤小笼包

开封名菜真不少，首推灌汤小笼包。
一道美食源自宋，开封一楼显绝招。
放似梅花提似灯，皮薄馅香都说好。
品先开口再喝汤，宾客膳后乐陶陶。

开封鲤鱼焙面

豫菜产生在开封，鲤鱼焙面最正宗。
鱼鲜面脆色泽好，宾客食后都说中。
新生饭庄有大师，烹饪技高有传承。
一道美食有故事，美味佳肴会宾朋。

开封鲤鱼焙面

开封鼓楼夜市

开封套四宝

开封美食套四宝，
制作精美有高招。
鸭鸡鸽鹑外到内，
豫菜一绝赞誉高。

开封小吃

开封小吃美名传，源自北宋历千年。
鼓楼夜市灯火亮，八方宾朋乐开颜。
桶子鸡，酱牛肉，麻辣羊蹄涮牛肚。
炸八块，烧广肚，江米切糕味道足。
红薯泥，花生糕，邢家锅贴色味好。
酥油茶，糖水梨，开封小吃美誉高。

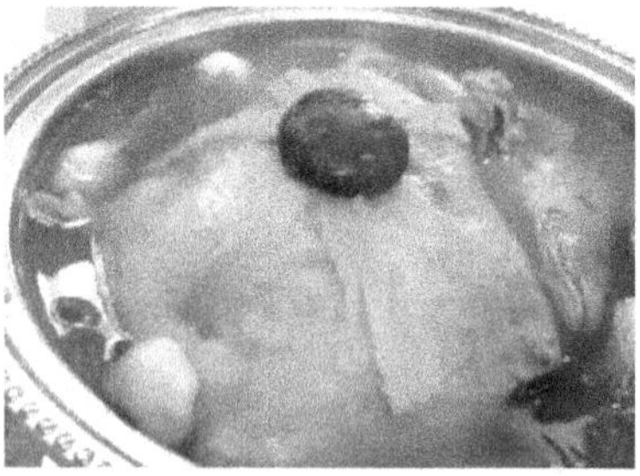

开封套四宝

开封桶子鸡

为便于记忆，根据开封美食情况，以上作为顺口溜，朗朗上口，便于向旅游者进行演示，可以用脱口秀的方式说来。

作为地陪导游人员，如果是旅游团队自行安排品尝当地风味小吃时，只需要做到安全提醒、服务介绍和向旅游者进行推荐外，即完成相关的服务。

（二）告别宴会服务

如果是旅游团举行告别宴会（一般是入境团），此时的旅游团成员都比较放松，也比较热烈。此时的地陪导游人员，要时时提醒自己做好服务，恰当地处理导游与旅游者的关系，可以和旅游团的客人“共情同乐”，但是又要注意自己不能等同于旅游者；做到众人面前举止大方，着装得体，彬彬有礼，不可失控贪杯；热情服务，提醒旅游者（团）在宴会结束时带走自己随身物品，确保安全，为旅游者做好话别的相关服务，给旅游者留下一个较好的印象。

【物质准备】

1. 资料准备：学习笔记、导游证、导游旗帜、耳麦、相关的票据、实训评价表、多媒体课件。

2. 实训场地：教室或者模拟导游室。

【情景设计】

小李受旅行社委托，接待一个来自福建泉州的由老年人组成的一个寻根问祖旅游团，一行30人，在开封停留两天，参观清明上河园、龙亭、天波杨府、大相国寺等景点，在行程安排上有第二天中午的风味餐。在完成了游览任务后，第二天中午，小李根据计划要求，提前准备组织旅游团的风味餐活动！如果你是小李，你将怎样进行工作？

实训程序

第一步：按照项目任务，明确实训要点。

(1)检查学生掌握地陪导游人员在风味餐、购物、社交活动等方面的技能要点；

(2)结合自己学习理解情况交换意见。

第二步：按照 4 人一组，结合情景要求，分角色扮演导游人员和游客进行模拟练习，体验旅游接待服务的过程和对导游人员的要求。

第三步：模拟演练结束后，老师巡视指导，小组进行互评各自的优点和不足。

第四步：在互评的基础上，挑选一组进行公开展示，老师进行点评，并在评价记录表中填写成绩。

实训效果评价表

<table>
<tr><th rowspan="2">评价项目内容</th><th colspan="2">实训过程评价</th><th>结果评定</th></tr>
<tr><th>自我评定</th><th>小组评定</th><th>教师评定</th></tr>
<tr><td>地陪导游人员的其他服务技能</td><td></td><td>A○ B○ C○ D○</td><td>A○ B○ C○ D○</td></tr>
<tr><td>地陪导游人员的风味餐服务</td><td></td><td>A○ B○ C○ D○</td><td>A○ B○ C○ D○</td></tr>
<tr><td>学习态度</td><td></td><td>A○ B○ C○ D○</td><td>A○ B○ C○ D○</td></tr>
<tr><td>团队合作</td><td></td><td>A○ B○ C○ D○</td><td>A○ B○ C○ D○</td></tr>
<tr><td>语言表述</td><td></td><td>A○ B○ C○ D○</td><td>A○ B○ C○ D○</td></tr>
<tr><td>礼节礼貌</td><td></td><td>A○ B○ C○ D○</td><td>A○ B○ C○ D○</td></tr>
<tr><td colspan="4">评定标准：A.准备充分，参与积极。认真实训，效果良好。
B.准备较充分，参与较积极。实训较认真，效果较好。
C.准备不充分，参与不够积极。实训不够认真，效果一般。
D.没有按照要求准备，实训效果不好。</td></tr>
<tr><td colspan="2">改进建议：</td><td colspan="2">综合评定：
A○ B○ C○ D○</td></tr>
</table>

任务七　地陪导游人员送站服务实训

【实训目标】

1. 掌握送站服务的相关程序；
2. 掌握送站服务程序中致欢送词要求及欢送词撰写。

【导学提示】

送站服务是地陪导游人员旅游接待服务的最后一个环节。如果说地陪导游服务中的接站是一场戏剧的“开场舞”,那么,送站服务就是一场戏剧的“高潮”造型亮相。因此,地陪导游人员必须高度重视,做到有始有终,按照服务规范要求,熟练运用服务技能,为旅游者提供送团的相关服务,诸如办理退房手续、核实有关的票据、交接托运行李、落实离站车辆、确定交通票据等细节。作为中职导游专业学生,必须规范地掌握这些操作技能,从而为旅游者提供高质量的接待服务,满足旅游者的多重心理需求,圆满完成接待任务。

【情景导入】

李想同学根据课堂上老师要求地陪导游人员掌握的其他服务的有关要求,从中明白一个道理:旅游服务的六要素中,每一项服务都是按照导游人员服务规范进行的,在不违反旅游法的前提下,按照旅游接待计划的要求有序开展,按照《导游人员管理法规制度》和《旅行社管理法规制度》等的要求为旅游者提供优质服务,对于违反有关法律法规制度的行为要时时警觉,学会自我保护和保护旅游者合法权益,最关键的是在接待服务中尤其是景点景区导游服务中,用熟练的讲解技能为旅游者传播知识、宣传当地文化做好服务,从而满足旅游者的合理需求。这一切都需要地陪导游人员不断学习,提升自身业务素质,才能胜任“宣传员”“民间大使”的工作。因此,李想同学在老师的引导下,继续了解新的任务,旅游团要离开旅游目的地的时候,又该做哪些工作呢?需要掌握哪些技能呢?

一、送站服务的概念

送站服务是指地陪导游人员按照旅游接待计划,提供接待服务的最后环节,按照要求为旅游者送行。俗话说,做事要善始善终。服务开始于接站,结束于送站,因此,地陪导游人员要认真对待此环节的工作,不可掉以轻心、虎头蛇尾,以免留下不好印象。相反,地陪导游人员对送站服务要高度重视,全身心投入,为旅游者留下一个美好的最后印象。

二、送站服务的内容及程序

(一)送站前的服务准备

1. 核实相关的证件、票据

如果是入境旅游,地陪导游人员应在旅游团结束旅游目的地前,根据时间安排,帮助旅游团队到酒店服务台寄存处取回护照、集体签证(如果地陪导游人员曾经因为工作的需要向旅游者收取过有关的证件,就应当认真地检查自己的物品,看有无夹带旅游者的有关证件),当面清点核对件数后,交给全陪或者领队保管并签字,以免遗失或者遗忘;同时与旅行社有关的部门联系、核实核对旅游者(团)离开时的交通工具,如航班、高铁、轮渡等以及离港离站的时间,具体的航班机场、高铁站点、轮渡码头等,一旦出现变更情况，应提醒旅行社有关部门工作人员或者全陪通知下站，以免出现因为上站计划变更导致下站漏接。所以，为规范操作，地陪导游人员通常做到四个核实：核实时刻表、核实接待计划、核实票面时间、核实电话问询。

如果是国内游，其基本的操作规范和入境游相同，所不同的是缺少了护照、签证等环节。国内游目前以汽车团为多，也有高端的双卧火车团或者双飞旅游团，需要核对合适的也是关键的离站时的交通工具；双卧火车或者是双飞旅游团则重点要求旅行社相关部门做好离站时的票务工作，同样做到四个核实核对，确保旅游团如期乘坐交通工具离站。一般的汽车团则具有较大的便利性，只要把离站前团款、票务等工作办理好，一切就轻松多了。

2. 落实送站用车辆

除了一般汽车团离站时不需要考虑车辆问题外，入境团和国内游的火车团、飞机团等都需要解决从酒店到达航班机场、火车站（或高铁站）的交通用具，以确保旅游者（团）顺利到达乘车（乘机、乘船）点。因此，地陪导游人员必须做好与旅行社相关部门工作人员做好车辆的落实工作。一般讲，随团使用的旅行车辆应该保证把旅游者送到机场（或是高铁站、轮渡码头）。

3. 安排离站的行李事宜

如果是入境游旅游团，在离站前有大件行李需要托运，地陪导游人员就要在离站前提前与领队（或者全陪导游人员）确定好离站的时间，并及时通知酒店行李房，同时提醒旅游者在行李打包时的注意事项。在安排托运行李时，地陪导游人员与领队（或全程陪同导游人员）一同清点行李数量，并做好交接签字手续。如果是国内游火车团或者飞机团，同样需要做好行李托运的工作，其工作程序和入境旅游相似。如果是汽车团就不存在行礼托运的事宜，只需要提醒游客注意清点自己的行李，以免遗忘物品即可。

4. 提醒旅游者离站时间

地陪导游人员在落实旅游者离站之前，要提前告诉旅游者具体的离站时间，以便旅游者心中有数，合理安排相关事宜，避免仓促慌忙，消除不良影响。

5. 协助旅游团办理结账手续

根据入住酒店的服务要求，一般退房的时间是下午 2 点以前为准，结算的费用除住宿费以外，还包括入住旅客在酒店的电话费、洗衣费、饮料费等，也包括因旅客在使用中出现的物品损失赔偿费用等。地陪导游人员应该在酒店（或饭店）总台收费处了解自己服务的团队的费用情况，以便及时通知旅游者前去总台结账（属于自费项目）。

6. 协助检查归还代管物品

地陪导游人员在安排旅游者离站前，应检查自己的包中是否有旅游者的物品或代管物品，如果有，要及时地归还旅游者，以免出现人走后物品遗忘，影响后续工作。

思考讨论

游客离开宾馆前，地陪导游人员该怎么办？

温馨提示：

游客即将离开宾馆，说明整个旅游过程或者局部旅游活动已经结束，游客要按照旅游接待计划返回居住地或者是下一站旅游，在此期间，游客的事情较多，并且比较忙乱，为此，地陪导游人员就要认真地做好游客离开宾馆前的相关工作，不要留下“后遗症”。

（二）地陪导游人员的送站服务

古人云：“万事俱备，只欠东风。”地陪导游人员的送站服务也同样，在前期做好送站前的准备工作基础上，按照规定的时间有序进行送站服务，主要做好以下工作。

1. 召集客人集合登车并清点人数

在规定的集合时间，地陪导游人员要及时地招呼本团旅游者，按时到旅游车前集合，有序登车入位；地陪导游人员用目光点查人数，切忌用右手食指一个一个清点人数，这是工作中的大忌。

2. 提醒游客核查自己的物品

登车后，地陪导游人员再次提醒客人是否遗忘物品行李，确保客人登车后顺利离开。

3. 通知司机开车起程

在完成所有的工作环节后，地陪导游人员及时通知司机师傅开车，开始返程旅途。

4. 地陪导游人员致欢送词

在地陪导游人员完成登车、核查人数、提醒检查等环节后，最后一项工作就是“致欢送词”，也是地陪导游人员在旅游者面前的最后一次“亮相”。如果说欢迎词是地陪导游人员给旅游者的“第一印象”，那么，欢送词就是地陪导游人员给旅游者的“最终印象”。

如何致欢送词？欢送词包括哪些内容？欢送词是地陪导游人员服务程序中的一项规范要求。欢送词的内容主要包括以下五个方面：

(1)表示惜别；(2)感谢合作；(3)小结旅游；(4)征求意见；(5)期盼重逢。

为便于学习借鉴，现提供范例供学习观摩。

欢送词一：

俗话讲“天下没有不散的筵席”，古诗也有“相见时难别亦难”，佛经更有云“前世五百次的回眸，才换来今生的一次擦肩而过”。所以我敢很肯定地说，上辈子咱们啥事儿都没干，老顾着回头了。

正是由于咱们在上辈子努力回头的缘故，今世才有缘相识，在这共同相处的两天里，咱们游览了“一朝步入清园，一日梦回千年”的大宋民俗主题公园——清明上河园，领略了六朝皇宫遗址——龙亭的风姿，欣赏了一千年前“杯酒释兵权”的历史瞬间的变迁，更见证了包青天铁面无私、不徇私情的威严，同时也欣赏了“千回大宋”美轮美奂的舞美演出带来的视觉盛宴，更在“中原古刹大相国寺”领略到皇家寺院带来佛学文化的博大精深及历史渊源。俗话说，读万卷书，不如行万里路。这次开封之旅，让我们增长了见识，丰富了知识，而从前人的影像中，也让我们有不一样的感悟：心灵得以洗礼，精神得以升华。我希望这能成为我们永远回味的美好记忆。

离别之际小陈送大家一句话：我们常说因为生活我们不能失去工作，我们努力地工作是为了生活，那反过来我们也不能因为工作失去生活，在您忙碌的工作之余别忘了给自己留一份空间，出来旅行一下。

在这次的旅途中，我还有很多做得不到位，在此我由衷地谢谢大家的理解与支持。也许我不是最好的导游，但大家却是我遇到的最好的客人，能和最好的客人一起度过这难忘的两天生活是我导游生涯中最大的收获！

我由衷地感谢大家对我的支持和配合。其实能和大家达成这种默契真的是很不容易，大家进去旅游，收获的是开心和快乐；而我作为导游带团，收获的则是友谊和阅历。我想这次我们都能够说是收获颇丰吧。也许大家登上飞机后，我们以后很难会有再见面的时机，不过我希冀大家回去以后和自己的亲朋好友回想自己的开封之行的时候除了描画清明上河园如何宏伟绮丽时，不要忘了加上一句，在开封有一个导游小陈，那是我的冤家！

最后，预祝大家旅途高兴，以后若有机会，再来开封会会您的朋友！谢谢！

欢送词二：

虽然舍不得，但还是不得不说再见了，感谢大家几天来对我工作的配合和给予我的支持和帮助。在这次旅游过程中，还有很多地方做得不到位，谢谢大家不但理解我而且还十分支持我的工作，这些点点滴滴的小事情使我很感动。也许我不是最好的导游，但是大家却是我遇见的最好的客人，能和最好的客人一起度过这难忘的几天是我导游生涯中最大的收获。作为一个导游，虽然走的都是一些自己已经熟得不能再熟的景点，不过每次带不同的客人却能让我有不同的感受，在和大家初次见面的时候我曾说，相识即是缘，我们能同车而行即是修来的缘分；而现在我觉得不仅仅是所谓的缘了，而是一种幸运，能为最好的游客做导游是我的幸运。

我由衷地感谢大家对我的支持和配合。其实能和大家达成这种默契真的是很不容易，大家出来旅游，收获的是开心和快乐；而我作为导游带团，收获的则是友情和经历。我想这次我们都可以说是收获颇丰吧。也许大家登上飞机后，我们以后很难会有再见面的机会，不过我希望大家回去以后和自己的亲朋好友回忆自己的哈尔滨之行的时候除了描述太阳岛如何如诗如画时，不要忘了再加上一句，在哈尔滨有一个导游小 A，那是我的朋友！

最后，预祝大家旅途愉快，以后若有机会，再来哈尔滨会会您的朋友！

5. 欢送词的写作要求

好的欢送词，需要注意以下几点：

(1)表述要感情真挚。“欢送词”除文采之外，更要讲“情深”“意切”，让游客终生难忘。

(2)内容要言之有理。

(3)设计好时间，以车到站为佳。

6. 交接离站手续

在离站前最后一个程序就是，在送站车辆到达机场或高铁站（火车站）后，地陪导游人员向领队或全陪导游人员移交相关手续，主要有：

（1）移交交通票据、行李票据，这是指入境团队、火车团队、飞机团队，而汽车旅游团队没有交接行李环节。

（2）指导旅游者有序下车，取走并清点各自的随身物品。

（3）和领队或者全陪人员交接财务手续，保留相关的票据。

（4）等旅游团队进入候机或者候车厅开始进入进站环节时，地陪导游人员方可离开，完成整个接待环节。

【情景模拟】

五一黄金周到了，K市未来旅行社安排小李接待了一个来自河南洛阳的"开封一日游"汽车旅行团，按照接待计划要求，小李用较好的接待服务质量赢得了旅游团客人的认可，到了下午4点钟，结束了整个旅游行程，一日游接近尾声，小李按照规范要求，登上旅游车，完成送站活动。如果你是小李，你该怎样完成这项送站任务？

【物质准备】

1. 学习笔记、导游证、导游旗帜、导游人员管理制度、旅行社管理制度、模拟实训评价表、旅游质量评价表、地陪日志、多媒体课件等。

2. 实训场地：模拟导游实训室。

实训程序

第一步：按照项目任务，明确实训要点。

（1）检查学生掌握地陪导游人员在送站环节中服务技能要点，尤其是欢送词的写作与讲解技能。

（2）让学生结合自己学习，理解送站服务技能的实际，交换意见，养成服务质量意识。

第二步：按照4人一组，结合情景要求，分角色扮演导游人员和游客进行模拟练习，体验旅游接待服务的过程和对导游人员的要求。

第三步：模拟演练时，老师巡视指导，小组进行互评各自的优点和不足。

第四步：在互评的基础上，挑选一组进行公开展示，老师进行点评，并在评价记录表中填写成绩。

实训效果评价表

评价项目内容	实训过程评价		结果评定
	自我评定	小组评定	教师评定
地陪导游人员送站的服务技能		A○ B○ C○ D○	A○ B○ C○ D○
欢送词的讲解		A○ B○ C○ D○	A○ B○ C○ D○

续表

评价项目内容	实训过程评价		结果评定
	自我评定	小组评定	教师评定
学习态度		A○ B○ C○ D○	A○ B○ C○ D○
团队合作		A○ B○ C○ D○	A○ B○ C○ D○
语言表述		A○ B○ C○ D○	A○ B○ C○ D○
礼节礼貌		A○ B○ C○ D○	A○ B○ C○ D○
评定标准:A.准备充分,参与积极。认真实训,效果良好。 B.准备较充分,参与较积极。实训较认真,效果较好。 C.准备不充分,参与不够积极。实训不够认真,效果一般。 D.没有按照要求准备,实训效果不好。			
改进建议:		综合评定: A○ B○ C○ D○	

任务八　地陪导游善后服务实训

【实训目标】

熟悉并掌握地陪导游人员在送团后善后服务技能。

【导学提示】

旅游接待服务工作是一个多环节、链条式工作。优秀的地陪导游人员必须掌握这一服务工作中的每一个环节,按照服务规范提供服务。地陪导游人员把旅游团送走后,不等于就结束了整个服务,还需要做好与此相关服务的善后工作,以便于自己在今后的工作中积累经验,使接待任务做到完美,让旅游者满意,让旅行社放心,让自己的业务水平再次提升。

【情景设置】

李想经过这段时间对地陪导游服务程序的认知与了解、学习和实践,总体上把握了接待服务程序的各个环节的要求与操作技能。这些程序虽然烦琐,但又是必须做的,整个工作过程或许是从事导游服务工作的一生中都在重复做的,特别是经过自己模拟的操作尝试,只是对具体工作有一个初步的认识,具体到真正独立地完成一个接待任务还存在着差距。本来送站结束了,导游接待服务应该终止了,当老师提出还有善后工作要完成时,李想疑惑了,为什么还有善后工作,带着疑问,李想又跟随老师的引领,去了解善后服务内容与技能要求了!

一、善后服务的概念

所谓善后服务是指地陪导游人员在完成送站服务后对本次接待服务中遗留项目及相关项目的服务内容。一般来讲，善后服务是合格的地陪导游人员对自我要求的环节，也是优秀的地陪导游人员自我成长的环节。比如，地陪导游人员对接待任务完成后所进行的总结工作，对以后继续做好接待服务是极其重要的，也对形成自己的接待风格积累了经验。

二、善后服务技能要求

出色地完成送站任务后，地陪导游人员应做好相应工作的总结、整理工作，及时处理好完成接待任务时需要完善的事宜。

(1)及时处理好接待服务时与旅游团队相关的遗留问题，如有无旅游者委托代购等事宜，有无旅游者最后离开宾馆时遗留物品等；

(2)及时和归还接待服务时所借旅行社物品；

(3)及时与旅行社财务结算清楚有关账目；

(4)及时处理好旅游结束后旅游者的投诉问题；

(5)认真完善地陪工作日志，写好接待服务总结。

善于总结经验教训是优秀导游人员的基本功。地陪导游人员在完成相关接待服务后，每次的接待都会有不同的感受，通过旅游接待服务质量评价表中反馈的信息，及时进行工作总结，扬长避短，取长补短；针对接待服务中出现的问题，及时地查找原因，及时弥补，以便今后改进完善。尤其是针对接待服务中出现的接待服务硬伤，如漏接，错接，人、物丢失等典型的事件，必须做出反省，进行自我整改，接受旅行社的批评。当然，如果是出色地完成接待任务，就要善于总结成功的经验，为今后形成自己的接待风格特色创造条件。

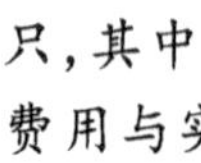

案例分析

一天，一家四星级宾馆收到国外旅行社寄来的一封投诉信，信中说该宾馆的大闸蟹是天价，如此“宰客”，要求赔偿。宾馆经过调查发现，这种代人受过的情况真是欲辩难言。事情的经过是这样的：一个外国旅游团到这家宾馆住宿，游客向导游提出要吃大闸蟹，于是，导游员与宾馆餐厅联系，要求餐厅把原来 70 元一只的大闸蟹提价到 120 元一只，其中 50 元的差价作为导游员的回扣。此后，旅游团内的许多游客明显感到，支付的费用与实际吃的大闸蟹相比价质不符。因此，回国后，旅游团客人纷纷向旅行社反映，并且要求该宾馆赔偿其经济损失。

想一想，本案例中出现了什么事件？游客为什么要求宾馆赔偿损失？案例中的地陪导游人员有什么过错？这件事给你什么启发？

温馨提示：

本案例中，作为维护自身合法权益的旅游消费者向宾馆提出的赔偿要求是其维护自身权益的体现。导游人员在导游服务过程中为贪图小利，私自收取回扣是时常出现的现象，是旅游业界的“顽症”，有人称之为“世界性难题”，难道这些顽症真的不能解决吗？其实不然，其他暂且不说。宾馆没有抵制导游人员的那种错误行为，其本身就是一种错误，如果宾馆能够及时地阻止导游人员的错误行为，也不至于发生上述游客的投诉，自己也不会背上黑锅，代人受过，或许宾馆餐厅的人员会说：如果不应导游人员的要求，导游人员就会把旅游团队拉到其他地方去就餐吃蟹，自己的生意就无法做了，宾馆就会损失。这种话说得好，但是，人们不禁要问：游客投诉宾馆，该宾馆就不会受到损失？如果大家都联合起来共同抵制那种错误的行为，旅游市场就会变得更加净化美好。

“没有私授，哪来私拿？”所以，在本案例中，宾馆和导游都同样地违反了有关规定。在《导游人员管理制度》第十六条明确规定：导游人员进行导游活动，不得欺骗、胁迫旅游者消费或者与经营者串通欺骗、胁迫旅游者消费。根据上述有关政策，该宾馆受到旅客投诉，其本身也是有责任的，导游人员也应该受到相应的惩罚。

类似的案例很多，所以，作为地陪导游人员在送站后，就会面临着由于接待服务时的不力导致的旅游投诉事件的发生。

附：

地陪工作日志范例样表

导游员	李想	接团时间	2017.5.1-2	团队名称	洛阳夕阳红
旅游地	开封	接待社	开封青旅	团号	Kfql05/2017
时间、天气	接待项目	工作状况及评价		工作情况	
5月1日 天气：晴	用餐	晚餐第一楼		落实到位，评价较好	
	住宿	开封中州国际酒店		客人认可，服务到位	
	交通工具	旅游大巴		舒适、按时到位	
	景点	清明上河园、龙亭		客人满意，评价较好	
	购物	东湖		客人自愿购物	
	娱乐自费	小宋城观看《千回大宋》		负责联系购买入场券	

【情景模拟】

小李根据旅行社安排的接待服务要求，较好地完成了天津康辉旅行社的接待服务工作，于5月2日把一行35人的旅游团队送站结束，当旅游团乘坐K96火车顺利返程，离开开封两个小时后，突然接到旅游团全陪的电话说，有一个客人的戒指遗忘在入住的开封金源大酒店某房间了。此时，如果你是小李，此时你该怎么办？

【物质准备】

1. 资料准备：学习笔记、导游证、导游旗帜、耳麦、相关的票据、实训评价表、多媒体课件。

2. 实训场地：教室或者模拟导游室。

实训程序

第一步：按照实训项目任务，明确实训要点。

(1) 检查学生掌握地陪导游在送站后还需要做好哪些善后工作？

(2) 结合自己学习，理解如何做好送站的相关工作？

第二步：按照4人一组，结合情景要求，分角色扮演导游人员和游客进行模拟练习，体验旅游接待服务的过程和对导游人员的要求。

第三步：模拟演练结束后，老师巡视指导，小组进行互评各自的优点和不足。

第四步：在互评的基础上，挑选一组进行公开展示，老师进行点评，并在评价记录表中填写成绩。

实训效果评价表

评价项目内容	实训过程评价		结果评定
	自我评定	小组评定	教师评定
地陪导游的善后服务环节		A○ B○ C○ D○	A○ B○ C○ D○
地陪导游人员处理善后事务的技能		A○ B○ C○ D○	A○ B○ C○ D○
学习态度		A○ B○ C○ D○	A○ B○ C○ D○
团队合作		A○ B○ C○ D○	A○ B○ C○ D○
语言表述		A○ B○ C○ D○	A○ B○ C○ D○
礼节礼貌		A○ B○ C○ D○	A○ B○ C○ D○
评定标准：A.准备充分，参与积极。认真实训，效果良好。 B.准备较充分，参与较积极。实训较认真，效果较好。 C.准备不充分，参与不够积极。实训不够认真，效果一般。 D.没有按照要求准备，实训效果不好。			
改进建议：		综合评定： A○ B○ C○ D○	

项目四　景点景区模拟讲解服务实训

任务一　景点景区讲解服务的方法技能实训

【实训目标】

掌握地陪导游人员景点景区讲解服务的方法技能。

【导学提示】

如果说导游词的写作是舞台演出的剧本，那么，地陪导游人员具体的旅游接待任务中引导旅游者进行的景点景区讲解服务就是演员在舞台上的具体演出，就是最基本的接待服务工作技能的展示。写作需要文学知识的积淀，而把写出的导游词再用口头语言表述出来，不仅需要文学知识的积累，更需要消除紧张情绪，有自信地表述出来。作为中职导游服务专业的学生，面临的最大瓶颈是该怎样把导游词记住，并恰当地“讲”出来，而不是“背”出来。古人说得好：“拳不离手，曲不离口。”导游词的讲解更需要大胆地“讲”出来。消除那种“茶壶里煮饺子，有口倒不出”的现象。“好口才都是练出来”的，好的导游更是练出来的，相信同学们，只要掌握了讲解的要求，坚持在课上、课下大胆训练，一定会成为优秀的导游人员。

【情景导入】

李想把自己写作的《包公祠》导游词交给老师检查，得到了老师的肯定，初步把握了写作导游词的基本结构，只是对景点还不是很了解，所以，除了一些知识性的内容外，还有就是景区的特色文化特点还没有凸显出来。为了完成任务，李想利用星期天时间到包公祠进行实际考察，还跟着景区的讲解员进行模拟学习。今天，拿着修改好的导游词，该怎样进行讲解呢？带着学习中的疑惑，李想又开始了导游技能的学习！

一、景点景区导游词讲解的概念

所谓景点景区导游讲解是指地陪导游人员依据接待任务要求、引导旅游者参观游览景点景区时的讲解服务，是地陪导游人员的主要工作职责，也是旅游接待服务的核心内容。

在旅游接待过程中，为旅游者就参观景点景区提供讲解服务是地陪导游人员必须掌握的职业技能要求，每次旅游接待任务都会因为旅游者的身份不同而采取的讲解方式方法各异，即使是同一个景点不同的时间进行讲解时也会有所不同，因此，要求地陪导游人员必须不断地积累经验，不断学习，丰富自身业务素养，从而确保每次旅游接待任务的顺利完成。

二、景点景区导游词讲解的服务技能

景点景区导游讲解的技能主要是指讲解方法的多样性、灵活性和创造性方面的要求。导游讲解是一门艺术，景点景区讲解的方法和技巧既是导游讲解艺术的组成部分，也是讲解艺术的体现，通过地陪导游人员的讲解，旅游者可以更好地理解、观赏景点景区的内涵，以达到开阔眼界、增长知识的目的。所以，一次好的讲解会给旅游者留下终生难忘的记忆，产生对景点景区的喜爱之情，并因此把这种美好的体验分享给周围的朋友，产生二次消费的需求，从而为当地旅游业的发展做出贡献。

通过对国内优秀导游人员的实践总结，一些行之有效的景点景区导游讲解的方法和技巧，对即将走上导游工作岗位的中职学生来说，值得借鉴和学习。

(一)系统讲解法

所谓系统讲解法是指地陪导游人员按照景点景区的导游材料等知识信息所做的比较全面的解说。这是一种最基本的景点景区导游讲解的方法，也是对一些新入职的导游人员或者相关专业学生学习训练的一种导游讲解方法。这种方法主要适用一些内容较为单一、规模较小的景点景区。譬如，在开封旅游中对铁塔、包公祠等景点景区，可以运用这种方法进行讲解，其特点是：形式单一，易于掌握，便于运用。但不足的地方是：形式单一，讲起来较为枯燥，不易引起旅游者的感情共鸣。

这种方法是任一种景点景区导游讲解运用的基础和先导，每一位新导游都要先过好这一关，在熟练运用的基础上再学习、理解、掌握新的讲解方法，达到举一反三的目的。

(二)分段讲解法

所谓分段讲解法是指地陪导游人员在进行旅游接待服务时对景点景区的内容分为前后衔接的若干个部分，按照进入景点景区进行参观游览的路线进行分段导游讲解的方法技巧。这也是在景点景区导游中常见的一种讲解方法，主要适合于一些规模较大或者线路较长的景点景区，尤其在一些自然山水景观中常用，如中国的五岳、黄山、长江三峡等，这些景点景区的面积一般较大、景点较多、游览时间较长，因此在进入景点景区后，往往是先在景区入口处的景区导游图面前，向旅游者用概述的方法讲解景点景区的主要景观、历史背景、游览路线、停留时间、游览中注意的事项等内容进行介绍，让旅游者对景点景区有一个初步的认知，满足旅游者“先睹为快”的心理需求。而后按照分段讲解的方法引导旅游者参观游览景点景区的具体景观。

(三)突出重点法

所谓突出重点法是指地陪导游人员在引导旅游者参观游览中，对景点景区的讲解内容突出其某一景观而避免面面俱到的讲解方法。简单讲就是处理好“点”和“面”的关系。景点景区可讲的内容很多，但是不要求全面详细讲解，而要有所取舍，突出重点内容，使讲解主次分明，给旅游者留下深刻的印象。

如何突出重点呢？一般讲主要从下面几点加以注意。

1. 突出景点景区的特征

全国所有的景点景区都有其自身特征，即使是同一类型的景观同样会存在自己的个性特征，这就要求地陪导游人员在讲解中加以注意区分。比如，在开封的景点景区中，“大相国寺”作为中原名刹，和洛阳的白马寺、登封的少林寺都是佛教寺院，但是三者各有不同，白马寺是我国最早的佛教寺院，被称为“释源”“祖庭”；少林寺则是我国佛教的“禅宗祖庭”；“大相国寺”则是建于闹市中的“皇家寺院”，而它们发展兴盛的原因则相似，都是得到了当朝皇帝的大力支持，得以让寺院香火鼎盛，影响甚远。

2. 突出景点中具有代表性的景观

在一些规模较大的景点景区中，往往包含有多个景观内容，自然景观和人文景观并存，在引导旅游者参观游览过程中，地陪导游人员不可能全部涉及，因此，在游览前就要做出安排，选择最具有代表性的景观进行介绍。以开封景点为例，清明上河园景区相对于其他的景点景区来讲，线路和景点内容中自然分为南北两院，而在一期工程中，最有代表性的景观就是“虹桥”，作为导游讲解中，“虹桥”应是讲解的重点，它既是原来张择端《清明上河图》的眼睛，又是今天清明上河园景区中最有代表性的景观，桥上桥下、桥左桥右相互勾连，涉及建筑知识、桥梁知识、民俗知识以及与此相应的反映宋代经济繁荣、南北交流等历史知识。突出虹桥知识的讲解，让游客了解到北宋繁荣的社会境况。

3. 突出客人感兴趣的景点内容

了解客人的需求，提供对应的服务，永远是服务行业工作人员的职责。而从旅游的角度讲，旅游者游览观光的目的不尽相同，源自于旅游者各自不同的文化背景、知识素养、职业情况、经济状况以及年龄特征，于是就有一种说法叫作：“穷人算命，富人拜佛。”所以，在接待中，地陪导游人员在接到旅游团的任务后，要对旅游团队的团员资料认真研究，了解其职业与文化层次，仔细预判客人的兴趣爱好，以便在景点景区导游讲解中，投其所好，重点讲解旅游者团体中大多数人感兴趣的内容。

4. 突出“之最”

根据人们记忆的思维定式，如同每次奥运会比赛中，某一项目的世界冠军大家脱口而出，而对第二名、第三名则很少关注，因此，在景点景区导游讲解服务中，地陪导游人员根据人们过分关注“之最”的心理，面对某一景点的内容，用“最高、最大、最早、最古、最新、最小”等词介绍景点，这样一来，不仅能够激发游客的兴趣，又能加深对景点的印象。

譬如，在开封铁塔公园进行讲解时，我们可以评价说：铁塔是我国现存最早的琉璃砖塔，历经近千年仍然屹立不倒，凸显出我国古代劳动人民的智慧。这里用“最早的”就是属于这种讲解方法的具体运用。

(四)问答法

所谓问答法就是指地陪导游人员在接待服务中进行景点景区导游讲解时,根据与游客交流的具体情况,有意识地创造一些情景,适时地向游客提出一些问题或者启发游客提问的导游方式。这是地陪导游人员与游客进行交流营造和谐关系的最基本技巧之一,其好处是:既可以活跃交流气氛,引起旅游者注意,又能够启发旅游者进行想象思维、寻求问题答案的强烈愿望,从而使地陪导游人员与旅游者建立较好的人际关系,共同完成旅游接待服务工作。

根据问答的情况,问答法可以分为以下三种。

1. 自问自答法

所谓自问自答法是指地陪导游人员在引导旅游者参观游览过程中,针对游览的情况向旅游者提出一些问题而并不需要旅游者回答的讲解方法,而是在激发旅游者兴趣的时候,由地陪导游人员自己做出回答。这种方法不仅可以活跃气氛,而且能够吸引旅游者的注意力,更能启发旅游者思考,给旅游者留下较为深刻的印象。因此,这种方法往往适用于一些难度较大、旅游者难以回答的问题,或许是旅游者难以给予明确答案的问题。

2. 我问客答法

所谓我问客答法是指地陪导游人员在引导旅游者参观游览过程中,针对景点景区的知识,由地陪导游人员向旅游者提出问题,由旅游者自己回答的讲解方法。这种讲解方法在于地陪导游人员敢于向旅游者提出问题,前提是根据常识估计旅游者能够做出回答,或者是由地陪导游人员给出一些必要的提示,帮助旅游者做出回答。需要注意的是,无论游客做出的回答是否正确,地陪导游人员都不要打断或者嘲笑,反而要多予以鼓励。

比如,在引导旅游者参观游览开封包公祠时,讲解到蜡像中演绎"铡美案"时,导游会问:"大家想一想,包拯是用那口铜铡铡忘恩负义的陈世美的?"旅游者一定会说出答案的,即使不准确,也要及时地给予肯定,并解释原因。

3. 客问我答法

所谓客问我答法是指地陪导游人员在引导旅游者参观游览过程中,地陪导游人员讲解时善于调动旅游者参与活动的积极性,激发旅游者的兴趣,引起对景点景区某一个景观的认识,提出疑问,游客要求地陪导游人员做出解答。这种方法要求导游人员注意回答的尺度是:只回答与景点景区有关的知识,不要问什么答什么,并因此打乱讲解的程序思路。如果是一个新入职的导游,往往会因为客人的不断提问自己无法回答导致旅游者对地陪导游人员的不满,尤其是"一问三不知"的导游,往往会因此遭到较大的打击。

因此,作为地陪导游人员在接待旅游团队时必须做好各方面的准备,尤其是在一些人文景观的介绍中,往往会引起旅游者的问询。

（五）制造悬念法

所谓制造悬念法是指地陪导游人员在接待服务中，进行导游讲解时，有意提出的让旅游者感兴趣的话题，但又故意引而不发，以此激发旅游者急于知道问题答案的欲望，给旅游者产生悬念的讲解方法。也即俗语讲的“吊胃口”“卖关子”。

这种导游讲解的方法，一般是由地陪导游人员提出问题，吸引旅游者的注意力，激发旅游者的好奇心，但却不说出答案，产生悬念，而让旅游者进行思考、品味、判断，最后才由地陪导游人员说出答案。其实这种方法在以前的评书中经常出现“欲知后事如何，且听下回分解”就是一种制造悬念的方法的体现。在导游讲解服务中使用这种方法，欲扬先抑，从而能够增强导游讲解的趣味性。

例如，在讲解包公祠二殿中，讲到“开封府题铭记”碑时，导游们都会这么说：“大家看看包拯的名字在哪里？”……在导游的引导下，游客们一定会很好奇地根据导游人员的讲解在那块石碑上认真地寻找答案的！这就是制造悬念的方法运用，从而能够增强旅游者的参与兴趣。

制造悬念法是地陪导游人员进行导游讲解时常用的重要方法之一。对于初学者来讲，必须注意学习借鉴和模仿，只有经过多次的训练才可能掌握精要之处，从而为自己顺利参加实践活动带来帮助。

（六）画龙点睛法

所谓画龙点睛法是指地陪导游人员在旅游接待服务过程中，引导旅游者进行景点景区导游讲解时，针对某一景点景区最佳观景点时善于用精辟、概括、易于记忆等的词语介绍景点景区的特点，给旅游者留下深刻印象的讲解方法。这种方法体现了地陪导游人员渊博的知识储备和较强的表达能力。这种方法其实在优秀的导游人员工作过程中，常常会用到。比如，河南省的导游人员介绍河南省的概况时，作为中华民族的发源地、华夏文明的发源地，上下五千年的文化积淀以及丰富多彩的自然山水旅游资源等，用“古、河、拳、根、花、红、绿”七个字加以概括出河南省旅游资源的特点，而后对每一个字的内涵进行逐一解释说明，这样不仅使讲解条理清晰，而且便于旅游者及时加以记忆和品味等。

画龙点睛法也是地陪导游人员在接待服务中常用的讲解方法之一。对于初学者来讲，必须加以理解和学习借鉴，利用这样的方法可以节省不必要的泛泛讲解时间，但却能给旅游者留下深刻的印象。

（七）点面结合法

所谓点面结合法是指地陪导游人员在旅游接待服务过程中，进行导游讲解时，由景点景区的某一部分引出其全貌，或者是由一景一物引出相关景物的借题发挥的导游讲解方法。这种方法中的“点”是指旅游者参观的游览点，“面”是指参观游览点以外的更多的景点景区的知识，其“点面结合”是要求地陪导游人员在进行景点景区的讲解，不必面面俱到，而要有所侧重，抓住重点特色，突出景观的亮点，但要注意概括景观的全貌，从而达到对某一景点景区的总体印象。

在参加全国导游人员资格考试的现场导游考试(面试)中，每一名考生“途中讲解”和“景点讲解”的时间都是5分钟，其中的景点讲解方法常用这种方法，短短五分钟时间根本无法把一个景点景区的内容讲解完，而利用这种点面结合的方法，既可以反映出考生语言表达能力，也可以看出作为考生掌握导游讲解技巧的程度。

以“开封清明上河园”为例，面对清明上河园中那么多的景点景观，五分钟时间无论如何都不能讲解完。但是，只要有所侧重，突出“一朝步入清园，一日梦回千年”的大宋民俗主题公园的主题，突出介绍“《清明上河图》与张择端”“虹桥与汴河”“民俗表演”等即可，而对二期工程的内容和其他建筑可以一言带过，足以反映景区的特色等。

(八)名人、名句效应法

名人、名言效应法包含两层意思：其一是名人效应法，另一种是名句效应法。其共同点就是“名”，其意思是知名、闻名，社会的知名度高，人们对此了解较多，其中隐含着人们的膜拜心理。

1. 名人效应法

所谓名人效应法是指地陪导游人员在进行旅游接待服务中，引导旅游者参观景点景区进行导游讲解时，根据景观的特色，善于借助名人与景点的关系，或者是利用名人知名度以及社会名望等效应来加强讲解效果的一种讲解方法。此法的突出作用就是利用人们对名人的崇拜心理从而达到轰动效应，以此提高景点景区的知名度，扩大社会宣传，吸引更多的旅游者前来观光旅游。

譬如：“鼓楼的南面有尊‘鲁智深倒拔垂杨柳’的铜像，描绘的是《水浒传》中花和尚鲁智深在大相国寺属地看菜园子时，为教训偷菜的刁民，表现其力大无穷，一怒之下将垂柳连根拔起的故事。”(王玉宝《河南旅游精品景点·大相国寺》)

在节选的文字中，大相国寺的导游讲解中，刚好有一个家喻户晓的花和尚鲁智深的故事，与景点有机结合，使人们对大相国寺留下深刻印象。

2. 名句效应法

所谓名句效应法是指地陪导游人员在引导旅游者参观游览中进行导游讲解时，恰到好处地利用名言名句、诗词歌赋等内容进行景点景区导游讲解的一种方法。这些名言名句多是脍炙人口、文字凝练、隽永风趣，内容上多是写景抒情，可谓字字珠玑，富有魅力。名句效应往往能够激发起游客的兴趣，也使地陪导游人员有意外收获。

例如：在开封旅游时，讲到开封当年的繁华景象时用“汴京富丽天下无，夷门自古帝王州”进行概括；讲到包青天铁面无私、执法如山时用“包公笑比黄河清”作结；清明时节游览开封时遇到春雨引用“清明时节雨纷纷”。在省内其他景点景区中，看到云台山老潭沟的云台天瀑时引用李白的诗句“飞流直下三千尺，疑是银河落九天”；在茱萸峰游览时，引用唐朝著名诗人王维的诗句“独在异乡为异客，每逢佳节倍思亲”的诗句；等等。这些恰到好处的利用名人名句，对景点起到画龙点睛之妙。

总之，以上两类情况，无论是在人文景观还是自然景观中都有诸多的资源可以利用，帮助地陪导游人员丰富讲解内容，产生较好的讲解效果。

（九）虚实结合法

所谓虚实结合法是指地陪导游人员在引导旅游者参观游览过程中，进行景点景区导游讲解时，根据参观景点景区的特点，把一些传说故事、神话故事等内容与具体的景点景区的介绍有机结合起来讲解的一种导游讲解方法。这种导游讲解方法中的“虚”指的是与景观相关的传说故事等，“实”指的是具体的景观景点。

譬如，在引导旅游者参观游览“六朝皇宫遗址——龙亭”的时候，面对潘杨二湖的“实”，引出了历史上潘杨两家的故事，讲述了抗辽英雄杨家和奸臣潘仁美的传说故事，突出了“杨湖清，潘湖浑，杨湖潘湖辨忠臣”的主题。

在引导旅游者参观包公祠的时候，讲述“包公湖的传说故事”突出了包拯对后世的影响等。

这种方法的好处是，讲解中虚实结合，避免了讲解的平铺直叙、平淡无奇、枯燥乏味，增强了讲解效果，凸显出讲解的艺术魅力；但需要注意的是，地陪导游人员不可有虚无实、无中生有，更不允许胡编乱造，而要做到“恰到好处”为上。

（十）触景生情法

所谓的触景生情法是指地陪导游人员引导旅游者参观游览过程中，进行景点景区导游讲解时，见物生情、借题发挥的导游讲解方法。这种讲解方法中的“景”是具体的景观，是引发旅游者“情”的依托，营造特定的意境；而“情”则是由前面的“景”作为引发的基础产生的感情共鸣，从而形成一个景中有情、情中有景的氛围。譬如：

接下来，请大家跟随我一起来瞻仰焦裕禄烈士墓。焦裕禄同志1962年12月6日到兰考任县委书记，当时，河南连续三年遭受自然灾害，沙荒、内涝、盐碱肆虐豫东重灾区的兰考县，50万庄稼绝收，36万兰考人民的生存受到严重威胁。焦裕禄同志到兰考工作可谓临危受命。他满怀改变兰考落后贫穷面貌的无限热情，团结带领兰考人民与自然灾害做斗争。为根治“三害”打下了坚实的基础，他爱戴人民，凝聚民心，焕发出战胜任何艰难困苦的决心和斗志，他以脚踏实地的工作作风，兢兢业业，艰苦奋斗，鞠躬尽瘁，用短暂的生命奉献出了平凡而伟大的精神和力量，由于积劳成疾，他不幸于1964年5月14日在郑州病故，时年仅四十二岁，由于当时天气炎热，最初将焦裕禄同志的遗体安葬在郑州市烈士陵园。根据焦裕禄同志的生前遗愿“活着我没有把沙丘治好，死后也要把我葬在兰考的沙丘上，看着兰考人民把沙丘治好”以及兰考人民的迫切要求，河南省委、省政府于1966年2月26日，用专列将焦裕禄同志的遗体从郑州运回兰考，安葬在县城北边的一个大的沙丘上。（王玉宝《河南旅游精品景点•焦裕禄纪念园》）

在上面的导游词中，画线的句子即属于触景生情法的利用，表达了对烈士焦裕禄无限崇敬之情。

总之，上面所列的10种常用的导游讲解方法，是优秀的导游人员从长期的实践中积累出来的。这些方法技巧不一定是在所有的导游讲解中都能够体现出来，但需要初学者尤其是中职旅游专业的导游班的学生进行学习、训练和掌握运用，对于今后的旅游接待服务工作也大有益处。当然导游讲解的方法还有诸如类比法也较为常用，限于任务所限，不再赘述强调！

【物质准备】

1. 导游旗帜、导游证、学习笔记、实训评价表等。

2. 模拟导游实训室。

【情景模拟】

未来旅行社安排小李担任地陪导游，接待来自安阳的旅游团，一行 25 人，乘坐自带的旅游大巴，车号为豫 ELY001，来开封开展一日游活动，主要参观开封府及清明上河园。假如你是小李，你将怎样做好讲解工作？

实训程序

第一步：按照项目任务，明确实训要点。

(1) 检查学生掌握地陪导游人员进行导游讲解服务的方法要点；

(2) 让学生自己结合实际，自我检查掌握讲解的程度及学习效果。

第二步：按照 4 人一组，结合情景要求，分角色扮演导游人员和游客进行模拟练习，体验旅游接待服务的过程和对导游人员的要求。

第三步：模拟演练结束后，老师巡视指导，小组进行互评各自的优点和不足。

第四步：在互评的基础上，挑选一组进行公开展示，老师进行点评，并在评价记录表中填写成绩。

实训效果评价表

评价项目内容	实训过程评价		结果评定
	自我评定	小组评定	教师评定
地陪导游人员景点景区导游讲解方法		A○ B○ C○ D○	A○ B○ C○ D○
任选两种模拟讲解		A○ B○ C○ D○	A○ B○ C○ D○
学习态度		A○ B○ C○ D○	A○ B○ C○ D○
团队合作		A○ B○ C○ D○	A○ B○ C○ D○
语言表述		A○ B○ C○ D○	A○ B○ C○ D○
礼节礼貌		A○ B○ C○ D○	A○ B○ C○ D○
评定标准：A.准备充分，参与积极。认真实训，效果良好。 B.准备较充分，参与较积极。实训较认真，效果较好。 C.准备不充分，参与不够积极。实训不够认真，效果一般。 D.没有按照要求准备，实训效果不好。			

续表

改进建议:	综合评定: A○ B○ C○ D○

任务二　导游词写作技能实训

【实训目标】

1. 掌握景点景区讲解导游词的写作要求。
2. 写作景点景区导游词。

【导学提示】

语言表达是地陪导游人员胜任自己工作的基本功,而恰到好处的表达技巧来自于对景点景区熟悉的基础上,进行合理的导游词写作,这是成为优秀的地陪导游人员的必备的技能之一。好的导游词写作为进行景点景区讲解提供了良好的基础,因此,掌握景点景区导游词的写作方法是导游人员的基本功。

【情景导入】

通过前面围绕地陪导游服务的一般程序各个环节的学习理解,尤其是具体的实践操作环节,李想同学给自己一个具体的专业定位就是:中职导游职业学习毕业后以开封为基点,做一个为开封旅游服务的地陪导游人员。因为,开封作为一个八朝古都,其博大精深的文化渊源和丰富的人文旅游资源为国内外宾客提供了充足的精神大餐。为胜任地陪导游人员的工作,较好地完成将来复杂多样的旅游团队接待任务,自己必须熟练地掌握接待服务的各个环节的服务技能,尤其是导游工作中最重要的讲解技能。虽然前面通过讲解欢迎词和欢送词,让自己小试牛刀,但更重要的讲解技能还需要一点一点地积累学习;要想在接待服务中出口成章、滔滔不绝的讲解,必须学习掌握表达的基础——导游词写作。这不,老师正在引导学生开始学习有关导游词的写作呢!

一、景点景区导游词的概念

所谓景点景区导游词是指导游人员引导游客观光游览某一景点景区时的讲解词,是导游员同游客交流思想、向游客传播文化知识的工具,也是应用写作研究的文体之一。

优秀的导游词是地陪导游人员进行接待服务时展示个人才华、为旅游者提供优质服务的依据之一。因此,对于中职导游服务专业的学生来讲,掌握导游词的写作是极其重要的专业技能,它不仅包含着地陪导游人员对旅游目的地的景点景区的人文资源和自然资源的特点较为熟悉,而且还会融入地陪导游人员个人的文化素养与对旅游者需求的了解,把这些相关知识信息通过较为固定的写作格式用书面语言书写出来,在为旅游者提供接待服务时再用口头语言表述出来，这也是从事旅游接待服务的地陪导游人员的基本功。

二、导游词的功能

导游词就是景点景区的讲解词，因此，地陪导游人员的口头语言的讲解，应凸显以下几个方面的功能。

（一）引导游客欣赏景点景区的美感

导游词的宗旨就是地陪导游人员在引导旅游者参观游览时，运用绘声绘色的讲解、指点与评说，启示和帮助旅游者正确地欣赏景观，从而达到参观游览的最佳效果，满足旅游者旅游活动时的多种心理需求。

（二）向旅游者宣传、传播文化知识

古语云：读万卷书，行万里路。在旅游过程中，每一个人文景点中都会涵盖诸多的文化知识内涵，如与经典景区相关的历史典故、传说故事、人物评点、名胜古迹的历史沿革、民族风俗习惯、饮食特点、建筑风格、风物特色等等，这些与景点景区相连的文化知识信息，通过地陪导游人员导游词的讲解，在潜移默化中，使旅游者得到知识的熏陶、文化的传播等。

譬如，到开封旅游，很多景点景区都是依据相关的考古挖掘、文献记载而复建的人文景观，单凭游客自己用眼睛去观看，得到的信息就会对开封产生疑惑，如果没有导游人员的讲解，游客就无法了解历史的真相，读不懂开封“城摞城”的奇观内涵。所以，作为开封导游，必须具备这些基本的历史知识，用自己的讲解引导旅游者去认识“八朝古都开封”博大精深的文化内涵。

（三）引导旅游者陶冶情操

导游词的语言要体现言之有理、言之有物、言之有情、言之有礼的四有特点。地陪导游人员通过口头语言表达的艺术技巧，在三言两语之间给游客勾画出一幅立体的画面，形成生动活泼的视觉形象，进而把旅游者带进一个特殊的语言意境之中，以达到陶冶情操的效果。

譬如，引导旅游者游览开封“六朝皇宫遗址——龙亭公园”时，面对潘杨二湖的秀美景色，讲解“潘湖杨湖辨忠奸”的历史传说故事，地陪导游人员的讲解语言和着声音的变化、语速的调整自然会形成一种视觉与听觉的融合，在遐想中，不仅领悟到自古人们对忠奸概念的理解，也从中明白了当今保护环境的重要性。

三、导游词特点

导游词有其自身的特点，主要表现为以下几个方面。

（一）口语化

一般的文章是用视觉观看的，导游词不仅具有视觉观看的要求，更重要的是要用口

语表述出来，过多的书面用语会影响旅游者接受信息。因此，在写作时，总体上要求用书面语言表达，但又要便于进行口头语言表达。

（二）知识性

导游词是对应着景点景区的布局使用的，其内容中包含着多方面的知识信息，城市历史、道路、风土民情、政治经济、人物典故、宗教建筑、风景名胜等等，这些都是地陪导游人员讲解景点景区中的重点。但是，要求做到解说的概念要准确，引用数据、资料要认真核对，实事求是，而涉及的故事、民间传说、笑话则例外。

（三）文学艺术性

导游词虽然使用口头语言较多，但这些口语也同样不是大白话，而是具有一定的文学色彩的语言。导游词在编写时还应注意前后照应、段落之间的起承转合、表述语言通俗易懂并富有文采。

如讲到“清明上河园”的“十千脚店”时：“另一类规模较小，资本也少，只能从正店批发酒来零售，称为脚店。取名‘脚店’，取名‘十千’，又显得店主颇具文才。‘十千’一词最早见于《诗经》，意指数量之多，三国时曹植《名都篇》中有‘归来宴平乐，美酒斗十千’，于是，‘十千’便由此引申为高等美酒，以后几乎成了‘美酒’的代名词。”（引自王玉宝《河南旅游精品景点•清明上河园》）

（四）富于礼节性

导游词是为地陪导游人员和旅游者几乎面对面交流服务的，所以，其内容中体现出礼节性的特点，“欢迎词”“途中讲解”“欢送词”“景点讲解”等环节中都会出现“各位朋友大家好”这样的句子，在交流中用到“大家”“我们”“您”等字词，多体现出地陪导游人员的礼节礼貌意识。

（五）条理性

条理性主要是指地陪导游人员对景点景区导游词的介绍要有序，其介绍的内容要么是按时间顺序，要么是按空间顺序，要么是按逻辑顺序，总之是随着景观的起止而起止。

（六）灵活性

导游词的灵活性可以体现在两个方面：

一是讲解的内容随着游客的变化而变化，即根据每一次的旅游者不同，讲解时也应该有所侧重。如果是知识性较高的旅游团队，则需要讲解更有条理性，注意内容的知识性；如果是一些企业主、商人为主的旅游团队，应注意讲解的趣味性，介绍内容的社会性；如果是工人、职员为主的旅游团队，则注意讲解的生活性；如果是以学生为主体的旅游团队，讲解时注意深入浅出和内容的丰富性等。

二是讲解语言随着季节、景色的变化而变化，如一年四季景色不同，一天之中上午下午景色各异等，从而使导游词丰富多彩，因此曾经有一位优秀的导游说过：一百个游客就应该有一百个讲法。但万变不离其宗。

四、导游词写作结构

一篇完整的导游词写作，有其较为固定的格式要求。一般来讲，一篇完整的导游词结构包括标题、前言、总述、分述、结尾等五个部分。

（一）标题

标题就是具体的景点景区的名称，如开封清明上河园景点导游词。

（二）前言

导游词的前言部分实际上指的是常用的对旅游者的问候、欢迎等礼节性的介绍。如：

各位远道而来的朋友们！大家好，一路辛苦了！欢迎大家到开封观光旅游，我是大家开封之旅的地陪导游小张，今天由我带领大家参观国家4A景区、中原古刹、北宋皇家寺院——大相国寺……

（三）总述

总述是指地陪导游人员向旅游者陈述景点景区的概况和游览的价值，对引导旅游者所要参观的景点景区的内容进行总括式介绍。一般来讲，总述介绍旅游景点的位置、范围、地位、意义、历史、现状和发展前景等，目的是帮助旅游者对景点先有个总体了解，引起游览兴趣，犹如"未成曲调先有情"。如：

首先让我们认识一下开封府。开封府是国家4A级旅游景区，坐落在风光秀丽的包公东湖北岸，气势恢宏，巍峨壮观。开封府又称南衙，初建于五代后梁开平元年（公元907年），距今已有一千多年的历史，在历代的官府中，以北宋的开封府规模最为宏大，是管理国都及京畿地区的重要机构，相当于今天的北京市政府，地位非常显赫。北宋开封府作为位居首都"天下首府"，曾有过一百六十多年的辉煌，宋太宗、宋真宗、宋钦宗三位皇帝在继位之前，都曾在这里做过府尹。而且，宋代的一批杰出的政治家、文学家、思想家、军事家，如寇准、包拯、欧阳修、范仲淹、苏轼、司马光、蔡襄、苏颂、曾公亮、宗泽等，也先后在此供职。包公等许多廉吏在此树立了"公生明，廉生威""清、慎、勤"的道德正气，形成了以"廉政刚毅"为鲜明特色的开封府官衙文化。

我们现在所看到的开封府，是以宋代开封府为原型，重建的大宋府衙主题文化景区，它占地60余亩，建筑面积1.4万平方米，与包公西湖的包公祠遥相呼应，形成了"东府西祠""楼阁碧水"的壮丽景观。

在建筑形式上，开封府依照北宋李诫的《营造法式》而建，布局规整，庄重典雅，高挑的屋脊、精细的彩绘，处处体现了宋代的建筑风格，它以府门、仪门、正厅、议事厅、梅花堂为中轴线，辅以天庆观、明礼院、潜龙宫、清心楼、寅宾馆等五十余座大小殿堂、楼宇。……九是以范公阁、曲桥、明镜湖、弦月山为主题的休闲文化区。（王玉宝《河南旅游精品景点·开封府》）

这段导游词，向旅游者概括地介绍了"开封府的来历、位置、建筑布局、景观特色等内容，给旅游者一个总体的印象，为进一步参观做好了铺垫。

（四）分述

分述是指地陪导游人员引导旅游者参观游览的景点景区中的具体景点的介绍。一般是按照参观游览的时间顺序和景区自身的空间顺序进行介绍。让旅游者对每一个景观的大致情况有一个较为直观的了解。

分述是导游词的重点所在，是旅游接待参观的中心，一般按照参观的线路由前向后逐一介绍，包含景点成因、名字来历、相关传说、建筑布局及功用等。同时，地陪导游人员在引导旅游者参观游览中还有时时提醒旅游者注意随身携带的物品，以防丢失等，这也是导游词的组成部分，又是地接导游服务中的一项工作。如：

各位游客，现在我们所要通过的这道门也就是山门了。因为，寺院大多居于山林之中处，故称山门殿，现已为专有名词，即使在平原也称山门，山门也称三门，因由空门（中）、无相门（东）、无作门（西），象征三解脱，所以又称三门。

进入相国寺，在我们东西两侧这两座相似的建筑叫钟鼓二楼……

上面的导游词中，地陪导游人员向大家按照游览顺序介绍大相国寺的具体景观，后面依次介绍景区的景点。

（五）结尾

结尾是指地陪导游人员引导旅游者按照参观游览的线路，全部游览完毕，也是指讲解的内容结束后，往往需要对游览的景点景区做一个小结，同时表达对游客配合的感谢，或者是客人惜别之情的内容。如：

①好了，大相国寺的讲解就到这里了，谢谢您的合作，再见！

②短短的数小时，让大家领略到了北国第一洞的神奇，这种神奇、这种魅力就像今天栾川旅游快速发展的现状，吸引着无数的游人，也感动了无数的朋友。时间过得真快，到此我要给大家说再见了，祝大家旅途一帆风顺，也欢迎大家再次来到栾川，来到鸡冠洞！谢谢！（摘自王玉宝《河南旅游精品景点•鸡冠洞》）

上面第一个例子，简洁地做了总结，表示合作与告别；而第二个例子则在结尾做了总结，并且表达对客人的感谢与惜别，富于情感，给旅游者留下难忘的印象。

【情景模拟】

未来旅行社安排导游小李接待一个来自某县的一个中学生夏令营旅游团队，参观景点包公祠。假如你是小李，如何根据旅游团的情况写作一篇关于包公祠的讲解导游词？

【物质准备】

1. 学习笔记、导游旗帜、导游证、模拟实训评价表、多媒体课件。
2. 模拟导游实训室。

实训程序

第一步：按照项目任务，明确实训要点。

（1）检查学生掌握导游词的写作及其特点知识。

(2)学生自我检查导游词的功能、特点及写作格式。

(3)按照导游词的写作格式要求,选择熟悉的开封市景点景区进行写作导游词练习。

第二步:按照4人一组,结合情景要求,分角色扮演导游人员和游客进行模拟练习,体验旅游接待服务的过程和对导游人员的要求。

第三步:模拟演练结束后,老师巡视指导,小组进行互评各自的优点和不足。

第四步:在互评的基础上,挑选一组进行公开展示,老师进行点评,并在评价记录表中填写成绩。

实训效果评价表

<table>
<tr><td rowspan="2">评价项目内容</td><td colspan="2">实训过程评价</td><td>结果评定</td></tr>
<tr><td>自我评定</td><td>小组评定</td><td>教师评定</td></tr>
<tr><td>导游词功能与特点</td><td></td><td>A○ B○ C○ D○</td><td>A○ B○ C○ D○</td></tr>
<tr><td>导游词的写作与讲解</td><td></td><td>A○ B○ C○ D○</td><td>A○ B○ C○ D○</td></tr>
<tr><td>学习态度</td><td></td><td>A○ B○ C○ D○</td><td>A○ B○ C○ D○</td></tr>
<tr><td>团队合作</td><td></td><td>A○ B○ C○ D○</td><td>A○ B○ C○ D○</td></tr>
<tr><td>语言表述</td><td></td><td>A○ B○ C○ D○</td><td>A○ B○ C○ D○</td></tr>
<tr><td>礼节礼貌</td><td></td><td>A○ B○ C○ D○</td><td>A○ B○ C○ D○</td></tr>
<tr><td colspan="4">评定标准:A.准备充分,参与积极。认真实训,效果良好。
B.准备较充分,参与较积极。实训较认真,效果较好。
C.准备不充分,参与不够积极。实训不够认真,效果一般。
D.没有按照要求准备,实训效果不好。</td></tr>
<tr><td colspan="2">改进建议:</td><td colspan="2">综合评定:
A○ B○ C○ D○</td></tr>
</table>

任务三　开封包公祠景点讲解实训

【实训目标】

1. 掌握开封市4A景区包公祠的景点讲解内容及讲解技巧;
2. 掌握包公祠景区的结构布局及景区特点;
3. 在熟悉了解包公祠的基础上进行景区讲解实训。

【情景导入】

李想同学完成了地陪导游人员地接服务的学习任务后,对地陪导游服务工作的一般程序有了较为清晰的认识，经过实训模拟训练，得到了老师和同学们的认可，但是，对于真正获得具体的实践锻炼的机会还是很少的。李想为了早日实现自己的导游梦，通过考试获得全国导游资格证，他结合课堂学习与模拟实训，还懂得了考取导游资格证不仅需要基础的理论知识，还需要有“科目五”，即现场导游讲解的考试，也就是进行面试。为了真正地掌握讲解的技巧，李想利用周末时间到开封市包公祠景区进行实地考察。今天，他带着考察中遇到的实际问题，开始了课堂学习，走进包公祠，领略中国人家喻户晓的“一代清官——包青天”的历史真面目！

【导学提示】

当电视连续剧《包青天》公映后，很多人都会唱“开封有个包青天，铁面无私辨忠奸。江湖豪杰来相助，王朝马汉在身边”。从此，人们对包青天包大人的关注度日益提升，尤其是在我党十八大之后惩治腐败的力度不断加大的时候，人们自然而然和历史上的包青天联系在一起了。那么，为什么包青天、包大人死后历经了1000多年，人们还对他念念不忘、有口皆碑呢？今天让我们一同走进中国4A级旅游景区开封包公祠，一睹包拯、包大人的历史真容吧！

一、包公祠的来历

开封包公祠是为纪念我国古代著名清官包拯而恢复重建、国内资料最全、规模和影响最大的纪念场馆。它坐落在八朝古都开封城内碧波荡漾、风景如画的包公湖西畔，是国家旅游局开发建设中原旅游区的重要景点之一。

包公祠

自金元以来，开封就建有包公祠，以纪念这位先贤。现今的开封包公祠是1984年由开封市旅游局选址建设的。包拯是我国北宋时期著名的清官、政治改革家。他一生忧国忧民，刚正不阿，执法如山，清正廉洁，尤其是他在开封府任上时，抑强扶弱，铁面无私，为百姓伸张正义，成就了一个古今中外妇孺皆知的美名包青天。

二、包公祠位置

包公祠位于开封市城内西南部，美丽的包公湖西岸，南、东和北面被湖水环绕，波光粼粼的湖水与整个祠堂红墙绿树交相辉映，西面是一条南北贯通的滨湖路，正面与向阳路相连接，整个纪念祠堂坐北朝南，大门向西的布局，别具一格。包公祠的建筑和包公湖东湖的开封府遥遥相对，形成了开封独有的包公文化区的东府西祠的格局，每年吸引无数的海内外游客观光游览，尤其是包公祠南面兴建的开封包公码头，更为包公祠的景色添上浓重的一笔，荡舟于包公湖上，蓝天白云映在水中，令人心旷神怡。

三、包公祠建筑布局

开封包公祠是为纪念我国北宋名臣、著名政治家包拯而重建的。整座建筑是以四合院方式为主的一组典型的仿宋风格的古典建筑群，建筑风格、油漆彩绘均采用宋代营造法式和宋代彩绘，气势宏伟，凝重典雅。红色围墙与灰色调、青色相互映衬，凸显庄重肃穆的基调。祠内的主要建筑有：大门、二门、照壁、碑亭、二殿、回廊、大殿、东西配殿以及祠东面的小桥、雕塑和东南角的凉亭等，其主题主要是围绕着体现纪念包拯为民请命、执法如山的清官形象和反映包青天身世的家训、拓片图像、明志诗等内容。

包公祠建筑布局

四、包公祠景点讲解分析

包公祠景点内可分主展区、园容风景区、功能服务区。其中主展区内有大门、二门（殿门）、照壁、碑亭、二殿、大殿、东西配殿。文物陈列是以文物、史料典籍、铜像、蜡像、模型、拓片、碑刻、画像等形式全面、详细地介绍了包公的生平历史，展示了包公的清正廉明；而“园容风景区”内假山起伏，瀑布飞泻，玉桥卧波，锦鲤戏水，石雕精美，四季满目翠绿，月月花香扑鼻，处处幽雅宜人；功能服务区内有停车场、商品部、餐厅、多媒体游客中心以及高标准星级旅游厕所等。齐全的配套服务设施为广大海内外游客提供高质量全方位的旅游服务。作为旅游景点，我们重点熟悉和掌握包公祠主展区。

（一）包公祠百龙亭

走进包公祠，你会发现，整个建筑群是园中有园，从大门进入时您会感觉，整个祠堂是向西的，其实不然，走进景区大门口左侧的景区导游示意图面前，会发现，包公祠其实仍然保留着我国古典建筑最基本的格式布局：坐北朝南，中轴对称，一座较为完整的四合院体制。沿着平坦的甬道向前走，首先映入眼帘的是包公祠东南角的一座假山，上面是一座小巧别致的百龙亭，伴着潺潺的流水声，拾级而上，令人心向往之。

包公祠百龙亭

（二）包公祠二门

二门是包公祠的殿门，也是纪念祠堂的正门。殿门的整个建筑气势恢宏，飞檐挑角，红墙绿瓦，庄严肃穆。门楣上的“峭直清廉”四个大字笔力遒劲，刚直严峻，概括说明了包公为世人敬仰的原因；尤其是殿门上一副对联"峭直传今古，清廉著史来"，由牛庸懋选联，汴梁陈国植手书，手笔不凡。彰显了开封人民对包公包青天的赞颂之情。

包公祠二门

（三）照壁

走进包公祠的二门，首先映入眼帘的就是包公祠的照壁建筑。

照壁是我国汉族传统民居建筑形式四合院必有的一种处理手段。按照古代风水学讲，风水讲究导气，气不能直冲厅堂或卧室，否则不吉利。为了避免气冲，便在房屋大门前面修筑一堵墙。为了保持"气畅"，这堵墙不能封闭，故形成照壁这种建筑形式。

包公祠的照壁呈一字形，由基座、壁身、照壁顶三部分组成，照壁壁身呈灰色调，上覆绿色琉璃瓦，通体稳重大方，给整个包公祠以古朴、肃穆、庄重的色彩。

照壁

（四）碑亭

经过照壁后，即可看见两个对称的碑亭建筑，碑亭里面陈列的是开封包公祠修建时的经历。

（五）二殿

包公祠的二殿是包公祠对包拯现实和历史的真实展示，其内容主要有"开封府题铭记"碑、明志诗、包氏家训、包孝肃公像等历史史实写照资料。

在人们的心目中，包青天的形象一定是：身材高大魁梧，面色黝黑，额头上有一个小月牙，铁面无私、执法如山，几乎到了神话的地步。其实，历史上的包拯并非如此，在二殿中展示的一块引人注目的刻石，此乃是1973年4月从合肥市东郊大兴集包拯墓中清理出来的"宋枢密副使赠礼部尚书孝肃包公墓铭"刻石，这块墓志刻石较《宋史·包拯传》更为详细地叙述了包拯的一生，可以起到补史的作用，极为珍贵。碑中记叙了包拯好几件铁面无私、刚直不阿的事迹，再就是一幅包孝肃公遗像：从中可知，历史上的包拯并非身材高大魁梧，而是一个身高只有1米62的白面儒生形象，而非黑脸。那为什么现实中的人们对包拯的认识是黑脸形象呢？其实这是有原因的！

开封府题铭记

"包龙图倒坐在开封府，尊一声驸马爷细听端详。"包公，黑脸，额头上有个月牙，千百年来清正廉洁的形象深入人心。可这都是在戏里，真正的包公不仅不是黑脸，反而是一位慈眉善目、风度翩翩的白面书生。那一介白面书生为何变成了黑脸包青天呢？大家知道，在我国历史上，元代时是我国戏曲发展高峰期。元初，戏曲艺术渐趋成熟，民间流传的大量包公故事被引入杂剧，元代包公戏数量之多、影响之大，成为引人注目的文艺现象。据有研究者统计，元杂剧存目约530种，现今存本162种，现存公案剧19种，其中包公戏13种。而元杂剧包公戏特点分为两个阶段，第一阶段主要针对权豪势要和社会矛盾，第二阶段主要针对家庭矛盾、财产纠纷。于是人们便把对各种矛盾的解决方法，寄希望于包拯的形象，借此表达对社会的不满，包公形象对那些不公的社会进行讽刺，更重要的是对包青天这样的清官的希望。后来经过明清文学中小说的传播，更是把包拯神话了，成为戏剧舞台上的高大形象，在戏曲里是个大黑脸，毫无英俊潇洒可言，他的人物形象被戏剧化了，生活经历被故事化了，但这个“清廉正直”的黑脸被千年传诵着，在他的身上寄托着世代百姓的诉求。

“宋枢密副使赠礼部尚书孝肃包公墓铭”刻石

包公

那么历史上的包拯又是怎样的？包拯是开封人吗？其实，包拯不是开封人，主要是开封府的名声太大了，包拯是安徽合肥人，生于公元999年，卒于公元1062年，享年63岁，历史上关于包拯的记载不少，他从小就接受了正统的儒家教育，展现出很高的天分，他少年老成稳重，而且字写得很好，笔法端劲。包拯是家中独子，公元1027年考取进士后，考虑到父母年事已高，为了给自己的父母尽孝，他回绝了朝廷官职的任命，坚持不去赴任，在家陪伴父母。几年之后，父母相继去世，他在双亲的墓旁筑起草庐，直到守孝三年期满后依然不忍离去。公元1037年才在亲友的劝说下离开家乡，踏上仕宦之路，这年他已经39岁了。上任后的包拯，秉公执法，为民请命，深得老百姓的欢迎。仁宗时任监察御史，后任天章阁直学士。公元1056年，包拯以龙图阁直学士权知开封府，任职期间，不畏权贵，不徇私情，只是短短的一年多的时间，就深得民心，宋代民谣云：“关节不到，有阎罗包老。”后来包拯官至枢密副使，相当于今天的副总理之职。嘉祐七年(公元1062年)五月二十五日，包拯病死在开封。仁宗皇帝到包拯家中向包拯最后一别，追认他为礼部尚书，赐谥“孝肃”，所以包拯死后又叫包孝肃。人们对包拯认可、肯定是有证据的，大家所看到的二殿中所展示的一块醒目的“开封府题名记”碑就是最好的证据。

开封府题名记碑原立于宋开封府衙署之中，虽经明清洪水淹没，现存于开封市博物馆。开封府题名记碑的内容主要记载了从宋太祖建隆元年(公元960年)二月，到宋徽宗崇宁四年(公元 1105 年),共计 146 年间历任的 183 名府尹名录。由于人们对包拯敬慕,看到这块碑刻上包拯的名字就会情不自禁地用手触摸,以至于在包拯的名字上留下深深凹痕。

开封府题名记碑

正所谓:爱人者,人恒爱之。包拯一生为官清正,执法严峻,不徇私情,不畏权贵,因此他的事迹在民间广为流传。小说《包公案》,元杂剧《陈州粜米》,戏曲《铡美案》《打銮驾》《铡侄》可说是家喻户晓,妇孺皆知。

包拯除了为官清正外,他的家庭教育更为后人赞叹。包拯晚年在家里立了一块石碑,上面《戒廉家训》,先从二殿的东墙上可以进行欣赏:“后世子孙仕宦有犯赃滥者,不得放归本家,亡殁之后,不得葬于大茔之中。不从吾志,非吾子孙。仰珙刊石,竖于堂屋东壁,以昭后世。”意思是:其包氏后世子孙有做官的,谁如果胡作非为,贪赃枉法,就不能让他进家门,即使死了,也不能埋进祖坟。包公是封建时代的人,其家训自然也带有浓厚的封建内容,但其用心良苦、昭示后人的意义却非常明显。从中也给我们后人一个道理:作为父母给孩子最好的教育就是做榜样给孩子们看。

在二殿里面除了“开封府题名记”碑、包氏家训、包拯拓片之外,在东面的墙壁上还有一首包拯亲笔书写的五言诗《明志诗》特别醒目,诗的内容是:

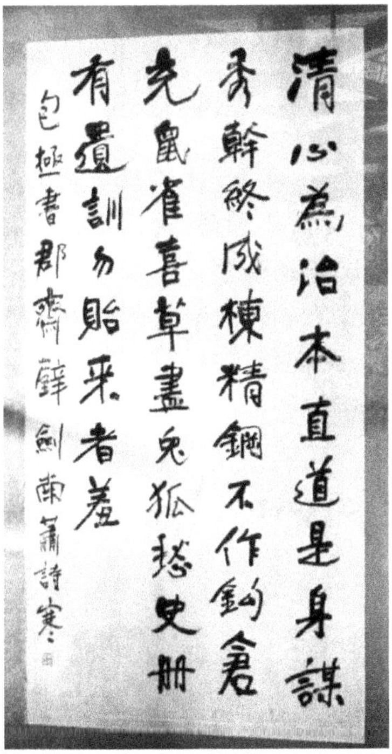

明志诗

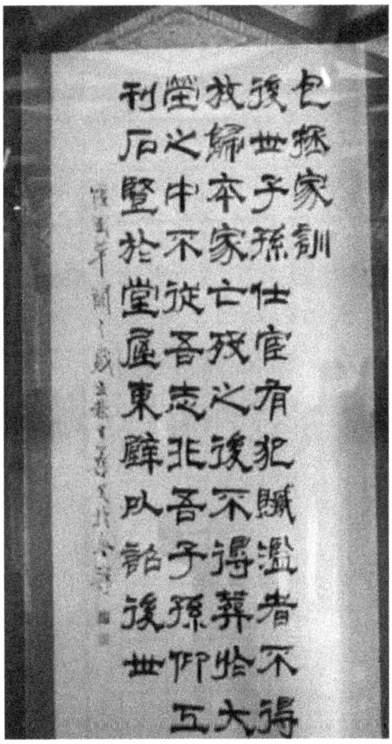

包氏家训

清心为治本，直道是身谋。
秀干终成栋，精钢不作钩。
仓充鼠雀喜，草尽狐兔愁。
史册有遗训，无贻来者羞。

据载，当年包公病危之时，担心后世子孙不能广延包氏清正廉洁的家风，便把夫人、儿媳、小儿子叫到床前，立下遗嘱，并叫人刻在石碑上，竖于堂屋东壁，以告诫后世子孙。透过此诗，也可看到包公的处世哲学和人格追求。虽然包拯是一个封建社会的官员，但是，从一个人成长来说，“人无志不立”，正是由于包拯这样的处世哲学思想的支配，才促使他担任开封府尹短短的一年多时间，留下“包青天”的美名，让后人瞻仰祭拜。

整个二殿中，所展示的资料，让我们认识了历史上的包拯和人们心目中的包拯不一样，但舞台上的包拯形象却是永远留存在人们心中，因为包拯为官一任，造福一方，秉公执法，不徇私情，这种品格，即使在今天，同样会受到天下老百姓的爱戴！包公做人、做官堪称后世之楷模。

（六）东西配殿

包公祠的东西配殿中主要陈列的是有关包拯的民间传说、戏曲的历代版本资料，从不同的侧面让我们认识包拯其人，正如西配殿横额所写“白简凝霜”与门两旁所写对联：

判狱无私心如白日照。
持躬有节笑比黄河清。

这副对联及横批的内容，形象地概括了包拯的高风亮节，为人处世的高洁品格，秉公执法、不徇私情的为官作风。在西配殿中，其中最有名的传说“开后门”的故事和“包河藕”的故事，最能体现包拯的美德。

首先是开后门的故事：

传说包公上任开封府尹后，很久没有百姓来告状，后来，他偶然发现其原因：官府大门守卫森严，守门官吏还要索要贿赂才让人进门，这就是所谓“衙门朝南开，有理没钱莫进来”。包公处罚了守门官吏，并决定打开后门，让百姓随意出入告状。这一举措，使当时的官府腐败现象得到了抑制，老百姓的冤情得到了申诉。于是，“开后门”成了包拯为老百姓打开的方便之门，是惩治官府腐败的举措，但后来，“开后门”的意义发生了变化，和原来的意义截然相反，不再是好事了！

其次是“包河藕”的故事：

在安徽合肥包拯的老家一带有一个典故叫“包河藕——无私（丝）”。这个故事的由来是：

传包拯因破“猫狸换太子”案，为仁宗皇帝迎回生身之母，加上包拯平时的刚正不阿，皇上欲将半个庐州城赏赐给包拯，然包拯坚辞不受。皇上问包拯为何不要，包拯慷慨陈言：“臣做官，为的是国家和黎民百姓，不是为了封赏，子孙后代应该自食其力，臣不愿为他们留下什么遗产。”皇上没有赏赐什么总觉得过意不去，就说：“既然如此，就将包家门前那段人工河赏给你吧，不得再推辞了。”包拯无奈，只好接受。朝中的奸佞小人见状就议论开了:“原来包拯也是口是心非,天下哪有不吃腥的猫,天下哪有不为己的人!”包拯听闻后,十分恼火。老管家包兴见他整天愁眉不展,便安慰道:“大人,那包河里什么都没有,你怕什么?”包拯说:“谁说什么都没有?包河上盛产的莲藕难道不是东西吗?”包兴笑道:“大人,一担藕也卖不了几个钱呀。”包拯说:“一个钱就不是钱吗?不过,你倒提醒了我,我有法子了。”包拯提笔写道:“河藕能吃不能卖,卖藕只能当药吃;留言后人记分明,包拯铁面藕无丝(私)!”叫人贴在包河岸上。据说自此之后,如果有人将包河里的藕出售,藕便清淡无味,只能做药引子了。要是自产自用,藕就香甜可口,包河的藕从此也就藕断丝不连了,唯独作药用却为上品。如此,包河藕无丝(私)便成了家喻户晓的佳话,包河藕也成了合肥闻名遐迩的地方特产。

包公断案

包公祠的东配殿陈列的是以戏曲舞台形象为主的蜡像:铡美案。走进东配殿,首先映入眼帘的是横额上的“铁面无私”四个大字,高度概括了包拯的为官作风,殿门两侧的对联是:“启正门群奸丧胆,断关节百姓开颜。”殿内陈列的是一组栩栩如生仿真人比例塑造的蜡像,活灵活现地向人们展示包拯不畏权贵、不徇私情、执法如山的形象。尤其是在蜡像前的三口铜铡刀,为包拯在执法过程中有先斩后奏的权力,三口铜铡分别是龙头铡、虎头铡、狗头铡,在此请大家说一说,包拯要问斩的陈世美是哪一口铡刀铡的?应该是龙头铡,因为戏曲中陈世美贵为当朝驸马爷,自然属于皇亲国戚,所以,当然是用龙头铡铡的!

这一组群塑蜡像,通过人物不同的肢体语言,似乎正向人们演绎着历史。但是,在此也要向大家告诉真相,这场包拯铡美案中的人物是陈世美,其实在历史上是真有其人,只不过不是宋代人,而是清朝人。他不仅不是一个忘恩负义的小人,而且还是一个清官。有人考证:陈世美,清代官员。原名年谷,又名熟美,现湖北丹江口市人,出身于仕宦之家。清初游学北京,顺治八年(公元1651年)辛卯科进士。初任河北某地知县,后因得皇帝赏识,升为贵州分守思仁府兼石道按察使,兼布政使参政。在贵州为官时,同乡同学来投,谋取官职,他多次接待,并劝以刻苦攻读以求仕进。后因来投者日多,难于应付,乃嘱总管家一律谢绝。家住均州城郊秦家坡的同窗胡梦蝶,昔日与他进京赴考时,曾以钱财相助,因遭总管家回绝,顿生报复之心,遂将社会上一些升官发财、忘恩负义而抛妻灭子之事,捏在一起,加在他身上,编成戏剧《秦香莲》,在陕西、河南等地演出。后来还发生过陈世美的后人和剧团演出人员争斗事件。(《湖北历史人物辞典》.湖北人民出版社.1984年版)

其实,这出戏的含义主要是借戏剧演出的机会表达对社会上那些忘恩负义的小人的不满和对包拯不徇私舞弊、秉公执法的一种赞誉,借此惩恶扬善,弘扬正义。从侧面让我们认识包拯彪炳千秋的功德。

(七)包公祠大殿

包公祠纪念地的最后一座建筑是大殿，走近大殿，首先看到的是大殿门额上的题字“公正廉明”，这是对包拯一生的高度概括；而大门两旁的一副对联则启示我们后人该如何正确地为人处世，对联的内容是：“正气塞乾坤事属公私须有别，丹心昭日月人归善恶自分明。”走进大殿，首先映入眼帘的是大殿中央的包公铜坐像，蟒袍冠带，正襟危坐，一手抚椅，一手握拳，仿佛要拍案而起，一身凛然正气，是集思想性、历史性、艺术性于一体的人物写照。

在大殿的后墙上，主要是以砖雕壁画的形式展示的包拯故事，如《陈州粜米》《铡美案》《掷砚河清》，每一个壁画故事都在民间广为流传，脍炙人口，其中的《掷砚河清》的故事，反映了包拯爱民如子、不贪占民财、清正廉明的品格。塑像的两旁陈列的是反映包公真实生平和清廉美德的历史文物与典籍；在大殿的后墙上则是三幅大型砖雕壁画：《陈州粜米》《铡美案》《掷砚河清》，形象地阐明了包公的政绩。其中一幅壁画《掷砚河清》的故事，至今仍让人对包拯肃然起敬。

故事是这样的：广东端州出产一种紫云般的石头，当地百姓用此制作质地优良的宝砚进贡皇上和权贵。包公任端州知府时，不仅不允许下属索要一方宝砚，同时上奏皇帝宋仁宗，减少宝砚的进贡数量，减轻了百姓负担。当包公调离此地时，当地百姓悄悄将一方宝砚放入他的箱里，只有其下属包兴看到。说来也怪，包公所乘之船刚行不远，突然，电闪雷鸣，风雨大作。包公起身问：“谁拿了端砚？”包兴讲出实情，包公取出端砚，随手丢落江中。此时奇迹出现：风雨雷电戛然而止，天空云开日现。

这个故事告诉我们：包公之所以被世人称为“包青天”，是其始终坚持洁身自好、为官清廉的结果。包公掷砚，扔掉的是有价的端砚宝物，获得的是不同凡响的大“公”和大“廉”，留下的是感动当朝和后代的高尚品德和精神。我们应该学学包公，时刻将“廉”字置于心头。

通过上面的学习，我们深深明白：包公祠作为包拯的纪念地，是目前我国国内资料最全、规模最大的纪念场所，通过一件件的展品，再现了包拯当年的业绩，为民请命、秉公执法的人品深受后人敬仰。今天，我们举国上下，意气风发，建设中国特色的社会主义，站在包公祠，望着这位千岁老人，走在包公湖畔，看到这清澈的湖水，作为一个普通老百姓，做一个负有一定社会责任的人，你会有怎样的感受呢？

【情境导入】

未来旅行社的小张受旅行社安排，接待一个来自安徽的旅游团，一行20人，参观包公祠活动。如果你是小张，你该怎样做准备？

【物质准备】

1. 准备好接待计划书、导游旗帜、导游证、耳麦、导游词、实训评价表等；

2. 模拟导游室及模拟景点课件。

实训程序

第一步：按照项目任务，明确实训要点。

(1) 检查学生掌握包公祠的景点布局情况；

(2) 要求学生结合自己的实际理解，分点撰写导游词。

第二步：按照 4 人一组，结合情景要求，分角色扮演导游人员和游客进行模拟练习，体验进行景点景区导游讲解的技巧和过程。

第三步：模拟演练结束后，老师巡视指导，小组进行互评各自的优点和不足。

第四步：在互评的基础上，挑选一组进行公开展示，老师进行点评，并在评价记录表中填写成绩。

第五步：在校内模拟景点讲解后，组织学生到景点实地进行讲解训练，开展义务导游讲解活动。

实训效果评价表

评价项目内容	实训过程评价		结果评定
	自我评定	小组评定	教师评定
包公祠的结构布局及相关知识		A○ B○ C○ D○	A○ B○ C○ D○
包公祠景点模拟讲解情况		A○ B○ C○ D○	A○ B○ C○ D○
包公祠实地讲解		A○ B○ C○ D○	A○ B○ C○ D○
学习态度		A○ B○ C○ D○	A○ B○ C○ D○
团队合作		A○ B○ C○ D○	A○ B○ C○ D○
语言表述		A○ B○ C○ D○	A○ B○ C○ D○
礼节礼貌		A○ B○ C○ D○	A○ B○ C○ D○
评定标准：A.准备充分，参与积极。认真实训，效果良好。 B.准备较充分，参与较积极。实训较认真，效果较好。 C.准备不充分，参与不够积极。实训不够认真，效果一般。 D.没有按照要求准备，实训效果不好。			
改进建议：		综合评定： A○ B○ C○ D○	

附　学习借鉴：

包公祠大殿及东配殿导游词

现在我们来到大殿，这里我们看到一尊包公的塑像，塑像的造型设计为坐姿，包公身着蟒袍端坐在方座靠椅上，劲正如松、巍面阔目、长髯飘胸，有凛凛不可予夺的威严风仪；他又眉微蹙，若视瞑思，常怀有悠悠报国为民的中正心胸；再请看包公的双手，他一手扶椅，一手握拳，在平稳自然的虎威中又给人一种呼之欲出的动态感，这是集历史、思想、艺术和传说于一体的包公的传神写照。

东配殿导游词：

来到东配殿，我们可以看到一组蜡像，这是一出正在上演的戏——包公铡陈世美。这是根据包公传说中流传最广泛的《铡美案》塑造出来的，人物形象逼真。中间这位手托乌纱帽的当然就是包公了，他脸上严肃的表情表现出他为民做主而触怒皇太后，但仍执法如山、无怨无悔的精神，最终他铡了忘恩负义、要杀妻灭子的陈世美。雕塑前边摆放了三口铜铡，中间的是龙头铡，铡皇亲国戚、王子王孙；右边的是虎头铡，铡贪官污吏；左边的是狗头铡，铡犯法的平民百姓。三口铜铡，三个等级，是皇帝御赐，可以先斩后奏。那包公铡陈世美用的是哪口铜铡呢？对了，是龙头铡，因为他是驸马。看到这组蜡像，我们可以想象到包公升堂时一定很威严，那么他办公和居住的开封府是什么样子呢？为了让大家能够有一个印象，在西配殿有一个开封府模型以供参观。这个开封府模型是按照历史记载仿制的，富丽堂皇，很有气派。相传宋代告状人要把状纸交由大门衙役，再二门三门传递到大堂上。但衙役胡作非为，私下收钱，没有钱就扣下状纸。所以东京街头就流传着这样一句话“衙门口朝南开，有理无钱莫进来”。包公到任后，得知这一情况，就毅然决定打开开封府大门，任百姓自由出入，并可上堂听审，以示公正。也有传说讲到，包公打开大门后，让告状者直入大堂，在历史上也就有了“包公倒坐南衙”之说。关于包公的传说故事还有很多，这里墙上展示的是其中一部分，大家可以自由参观。

包公作为历史上著名的清官，在历代民众的心目中深受敬仰。今天，我们举国上下，意气风发，建设中国特色的社会主义，站在包公祠，望着这位千岁老人，走在包公湖畔，看到这清澈的湖水，作为一个普通老百姓，做一个负有一定社会责任的人，你会有怎样的感受呢？

好了，各位朋友，包公祠就讲解到这里。谢谢！

任务四　开封龙亭景点讲解实训

【实训目标】

1. 掌握龙亭公园景区的结构布局及景点内容；
2. 撰写景点导游词进行讲解模拟实训。

【导学提示】

在开封旅游发展的历史上，曾经有过这样的说法：来河南不到开封，等于没有来河南；来开封旅游不到龙亭，等于没到开封。这句话讲的是龙亭公园在开封的人文景区中是面积最大的景区之一，而且因为开封是中国八大古都之一，龙亭的存在似乎是北宋历史的再现，尤其是那高高的龙亭大殿建筑在北方乃至全国的古都建设中都是不多见的。

而今，龙亭公园以其景区建设和布局，一年一度的菊花花会的主会场和每年郑开国际马拉松比赛的终点等活动开展，更是吸引了国内外宾客前来观光旅游，正因为如此，作为一名开封导游，必须掌握龙亭公园的讲解技能，才可以为开封旅游做出贡献。

【情境导入】

李想同学经过前面进行的几个景点的模拟讲解，目前自信心满满的，从开始上台讲解时有点小紧张，通过不断地实践训练，到如今已经可以做得有模有样了，对于老师安排的学习讲解龙亭公园的情况，李想更是情不自禁，利用周六、周日主动地去实地考察，他带着对考察遇到的疑惑，开始新的内容学习时，似乎主动了很多，龙亭公园那么大，两潭清澈的湖水，波光粼粼地与蓝天白云交相辉映，那该讲什么呢？

一、龙亭的位置

龙亭位于开封城内西北隅龙亭公园内，南接宋都御街。目前，以它为中心已经形成了开封最大的风景区，成为中外游客向往的旅游胜地，有“开封览胜必游龙亭”之说。龙亭是开封最大的风景区，公园面积为83.13公顷，其中水面过半。

二、龙亭历史沿革及名字由来

开封是我国首批24座历史文化名城之一，中国八大古都之一。据考证，龙亭一带早在一千多年前曾是唐朝宣武军节度使衙署的所在地，后梁时改建为皇宫，名建昌宫。后晋、后汉、后周定都开封时仍以此地为宫室，改名为大宁宫。北宋时在此建大内皇宫，北宋定都开封长达168年，使之进入了历史极盛时期。金朝末年，这里再度成为皇宫禁苑。到了明代，朱元璋的第五子朱橚在此建周王府，使其保持了不衰之势。后因黄水泛滥，渐成废墟。清康熙三十一年（公元1692年），河南总督王士俊令人在周王府废弃的煤山上建了一座“万寿宫”，内设皇帝牌位，文武官员定期到此朝贺遥拜。封建朝代，皇帝被称为真龙天子，因此这个地方就成为“龙亭”了。新中国成立后，这里被辟为公园，成为人们休息的场所。

龙亭

三、龙亭的价值及地位

龙亭公园是河南省最大的旅游景点，也是中国百家名园之一。

园内碧波荡漾的湖水，栩栩如生的蜡像，金碧辉煌的建筑，各具特色的园林景观，优质的服务，吸引了众多的中外宾客前来观光。特别是植物造型园被游客称为“中州一绝”。目前，龙亭公园已成为著名的旅游胜地。龙亭又是一年一届中国开封菊花花会的主会场，每当金秋十月，园内就形成了花海人潮的壮观景象。气势磅礴、流光溢彩的灯会是龙亭一道亮丽的风景，成了人们欢度佳节的最好去处。秀丽的景色、独具特色的文化内容，使游客徜徉其间顿生“畅游皇家园林，赏析宫廷往事，解读王朝兴衰”之感。“到开封，必游龙亭”，龙亭已是来汴游客的首选。

三、龙亭公园的结构布局

龙亭公园三面环水，风景秀丽，既有北方宫殿的浑厚之气魄，又兼有南国园林秀丽之娇美，丰富的人文资源使龙亭公园闻名海内外，其基本建筑保留了清代建筑风格，现存的建筑位于开封城南北交通的中轴线北段，建于六朝皇宫遗址之上，以金碧辉煌的龙亭大殿为核心，自南向北沿着中轴线依次有午门、玉带桥、嵩呼、朝门、照壁、朝房、龙亭大殿等建筑群组成，气势恢宏，充分显示了北方皇家园林的雄姿秀色。

午门广场

（一）午门广场

如今的龙亭公园经过多次修建，呈现在游客面前的景观是午门广场，在宽阔平整的广场上，以大门为中线，在地面上铺砌的是以开封汴京八景为特色的浮雕砖，以古都汴京城墙为构图内容，所以，走进广场，似乎就进入时光隧道，把我们带到一千年前繁华的东京城！

石狮子

在午门广场有一对形态逼真的石狮子，一雌一雄分立在地面浮雕的东京城的南门，周围有石栏杆围护，据记载，石狮子为宋代遗物。1922 年冯玉祥入主河南，曾将龙亭改为中山公园，并在石狮子脖子下面刻上“睡狮猛醒，勿伤我种”八个大字，目前这几个字依稀可见。

现今龙亭公园的大门叫午门，是现存龙亭公园的南大门，整个建筑是典型的清代建筑风格，也是龙亭公园的主要建筑之一，进入中门向上看，即可看到中门上方悬挂着一个竖匾“午门”，在大门的两侧红色立柱上有一副楹联，其内容是颂扬古代劳动人民明辨是非、善恶的高贵品质。

午门

(二)玉带桥及潘杨二湖

1. 位置

走进午门，眼前豁然开朗，在向北延伸的御道两边，便是龙亭公园最有名的潘杨二湖。路的东边是潘家湖，路的西边是杨家湖，湖水清澈，碧波荡漾，湖岸弯曲，岸边桃红柳绿，前面的一座玉带桥将两湖连接在一起。

2. 传说

说起两湖，人们不禁要问，在开封城里面还有这么大面积的湖水，感到非常的好奇。为什么会有这么大面积的湖水呢？

其实这里还有一个“潘杨湖水辨忠奸”的传说。相传在北宋时，这一路之隔住着两位朝中重臣，东边住的是开国元勋潘仁美，西边住着抗辽英雄杨业。由于潘仁美妒贤嫉能，一直担心杨业功高望重，地位超越自己，于是就在一次抗辽作战中陷害杨业，导致杨业战死沙场。杨业的夫人佘老太君极其愤怒，在多次告状未果的情况下，愤然带领全家罢官归隐故里。而恰巧就在佘老太君归隐当天，下起了暴雨，三天三夜未停，于是，原来的两家宅院全部被淹没，成为一片汪洋，这也刚好应验了我国的一句老话，叫作“善有善报，恶有恶报”！有趣的是，东边的湖水浑浊，西边的湖水清澈，于是就有了“杨湖清，潘湖浑，杨湖潘湖辨忠臣”的传说。其实，湖水清浑是另有原因的：过去住在潘家湖东岸的居民较多，而且作坊较多，因为排放了污水，导致湖水浑浊恶臭；而西边住户较少，污染也少，湖水自然清澈。其实这个故事告诉我们一个道理：保护环境是一项很重要的事情。

如今，潘杨二湖的湖水已经被玉带桥有机地连接在一起，湖水相通，游人乘船从桥下孔洞中穿梭，极为惬意。

3. 建筑格局

我们脚下就是五孔桥，也叫玉带桥，远远望去就像一条玉带一样，上面连接着南北御道，下面连接东西两湖，这座桥南北长40米，东西宽 18 米，上下高 17 米，拾级登桥，站在桥的最高处，向东可以瞭望巍巍铁塔，向西可以观看清明上河园，向南即可看到午门，向北可以看到远处的龙亭大殿。既是一个观景的好地方，也是一个拍照留念的取景地。

玉带桥(五孔桥)

（三）嵩呼

1.位置

“嵩呼”位于玉带桥和朝门之间，南距玉带桥约100米，到朝门约200米。

嵩呼

2.建筑风格

依路而建，横跨御道，这是一种造型奇特的建筑，原系清“万寿宫”时给皇帝祝寿、百官汇集之处，建筑体量虽小，但建筑规格却采用最高级别的庑殿顶。三间穿心殿，上覆金黄瓦顶，斗拱雀替梁柱、额坊，全部沥粉彩绘，殿墙的东西两侧筑有八字闪墙，墙中央镶嵌有高浮雕琉璃二龙戏珠，四角为彩龙图案，墙顶装饰脊吻走兽。建筑结构精巧别致，造型生动庄重。

3.作用

嵩呼”，又称“山呼”，是清朝时开封籍官员至万寿宫给远在北京的皇帝进行祝寿遥拜、三呼万岁的地方。

（四）朝门

朝门是万寿宫中心建筑群体的正门。朝门左右各有八字闪墙东、西顺延，红墙中间建有卷棚顶式的掖门一座，掖门内各有回廊，与东西朝房相连通。朝门、朝房和龙亭大殿组成完整的宫殿院落。

朝门

（五）照壁

1.建筑样式

龙亭公园的照壁建筑不同于中国古典建筑中常见的照壁形式，照壁位于朝门内正中，龙亭大殿和朝门之间。高7.36米，东西宽19米，壁正中开一贺顶式洞门，面对朝门，通过照壁直上龙亭大殿。

2. 相关传说

通常照壁都是一块完整的墙壁，而龙亭的照壁的中间却开了一个圆形的拱门。这与照壁的传统建筑要求是不一致的。为什么会是这样的建筑呢？据说是宋太祖赵匡胤打下江山之后，害怕世人讥笑他是从柴氏的孤儿寡母手中夺取的皇位，于是就心生一计，让人在皇宫内的影壁上开了一个圆形的拱门，向世人证明，他就是一位真龙天子，有能力治理好国家，让天下的民心都归顺于他。

（六）龙墩

在龙亭大殿和照壁之间，与照壁拱门相对应的地方有一块青石碑座，这就是龙墩。传说宋太祖赵匡胤登基之后，感觉龙椅坐着不舒服，于是就命人千辛万苦地从泰山挖来这块泰山之石，精工雕琢而成，取“稳坐泰山”之意。这块龙墩还有一个特殊功能，就是能够分辨官员是清官还是昏官，意思就是清官坐上去四平八稳，昏官坐上去则会摇摇欲坠。来到龙亭，您也一定要试一试哦！

其实这块碑座和宋代没有什么联系的，这是冯玉祥入主开封时，曾经将龙亭改为中山公园，并在此塑孙中山铜像一座，铜像即放置在这个碑座之上，后来为了纪念辛亥革命烈士，开封市政府在禹王台重新修建辛亥革命纪念园，把孙中山的铜像移走了，这里只剩下碑座。不过碑座和龙墩相吻合，人们也就习惯把这块青石碑座叫作龙墩了，供游客在此照相留影。

（七）龙亭大殿

龙亭大殿是龙亭公园的主要建筑，其位置是宋代皇宫御苑旧址的一部分，而殿下的高台则是明代周王府花园中的一座土山。现存的龙亭大殿是清代万寿宫建筑群体的主体，建于 72 级蹬道的平台之上。大殿坐北朝南，殿前是贯通上下的用青石雕刻的蟠龙盘绕的御道。御道东西两侧各有上下蹬道和便道。龙亭大殿高 26.7 米，东西长 19.10 米，南北宽 11.90 米。殿外飞檐高翘，檐角皆挂风铃，风铃随风作响，美妙无比。龙亭大殿顶部全部覆以黄色琉璃瓦，颇具皇族威仪。殿内天花板上绘有青云彩纹团龙图案，下面是按照皇宫大殿进行装饰的，金碧辉煌，殿内还有大型宋代蜡像馆，人物形象饱满，栩栩如生，其人物造型主要是以北宋皇帝赵匡胤黄袍加身、建立北宋、定都开封为依据而演绎的一场“杯酒释兵权”的故事。

龙亭大殿

公元 961 年七月初九，赵匡胤在退朝后留下石守信、高怀德、王审琦、张令铎、赵彦徽、罗彦环诸高级将领饮酒。酒至半酣，宋太祖对部下们说：“朕若没有诸位，也当不了皇帝。朕虽身为天子，还不如做节度使快乐。当了皇帝之后，朕从来没有好好睡过。”此话令石守信等人大惊失色:"陛下为什么这么说,现在天命已确定,谁敢再有异心?"太祖曰:"谁不想要富贵? 有一天,你的部下一样对你黄袍加身,拥戴你当皇帝。纵使你不想造反,还由得着你吗?"石守信等将领跪下磕头,哭着说:"臣等愚昧,不能了解此事该怎么处理,还请陛下可怜我们,指示一条生路。"宋太祖借机表达了自己让他们放弃兵权的想法,建议"人生苦短,犹如白驹过隙,不如多累积一些金钱,买一些房地产,传给后代子孙,家中多置歌妓舞伶,日夜饮酒相欢以终天年,君臣之间没有猜疑,上下相安,这样不是很好吗?"大臣们答谢说:"陛下能想到我们这事,对我们有起死回生的恩惠啊!"

龙亭大殿内景

第二天,石守信、高怀德、张令铎、赵彦徽等上表声称自己有病,纷纷要求解除兵权,宋太祖欣然同意,让他们罢去禁军职务,到地方任节度使,并废除了殿前都点检和侍卫亲军马步军都指挥司。赵匡胤不费吹灰之力如愿以偿,北宋王朝也从此进入文人主政时代。不过令赵匡胤始料不及的是,尽管巧妙地用一杯酒收回了兵权,坐稳了宝座,却由此倾斜了整个宋代。从那以后,北宋的军队战斗力被大大削弱,也因此北宋王朝只存在 168 年,但北宋的建立却使开封成为当时世界上超一流的大都市。

这是真实的历史事件,在龙亭大殿中,原来使用蜡像造型陈列,如今则把蜡像放置在东朝房内展出,而大殿中"杯酒释兵权"的事件则由真人秀演出代替,增加旅游者的参与感和体验感,增添了旅游者的观赏性。

(八)东西朝房

龙亭大殿东西两侧的建筑即为东西朝房。东西朝房各有三开间、五开间一处,南北排列,东西相对称。建筑采取苏式彩绘手法,古朴典雅。朝房内展览的是以故事情节为内容、以宋代九位皇帝为故事背景的九组蜡像。

(九)其他介绍

在龙亭公园内,除了围绕清代万寿宫建筑群外,还有一些景点,最有名的就是龙亭大殿后面的植物造型园,被称为"中州一绝"。占地面积 7.8 亩,是用刺柏、侧柏等植物绑塑成各种动物造型,飞机、火车、塔等模型,西游记、三潭印月等故事的富有特色的植物园。植物造型园内有"九龙壁"、"群虎扑羊"、"熊猫乐园"、"十二生肖"、北京的"百塔"、开封的"铁塔"、杭州的"三潭印月"等,不仅造型奇特逼真,其细腻的手法、精湛的修剪技艺、栩栩如生的画面更令人拍案叫绝。

(十)六朝皇宫遗址

在龙亭公园的地面上,我们看到的是以清代万寿宫为主体的建筑群体,而在龙亭景区的地下,却是六朝皇宫的遗址。在龙亭大殿和潘杨二湖的地下,深深地埋藏着唐宣武军衙署,五代后梁的建昌宫,后晋、后汉、后周的大宁宫,北宋皇宫,金皇宫,明周王府等几个朝代的宫殿遗址。一幅层层叠叠压在一起，形成“宫摞宫”的立体画卷，是世上独一无二的“湖底宫殿”，它是开封城摞城的精华所在，是世界奇观的典范。龙亭宫摞宫之谜一步步在人们脑海里变得清晰起来，以清万寿宫为主体的龙亭湖下面是明代周王府紫禁城，紫禁城下面叠压着金皇宫，金皇宫下面叠压着宋皇宫，宋皇宫下面叠压着五代时期的大宁宫和建昌宫，最底层是唐朝宣武军的衙署。所以，龙亭公园又被称为“六朝皇宫遗址”。

【情景模拟】

未来旅行社安排小李接待一个来自北京的“中国古都游”旅游团，按照计划要参观“六朝古都遗址——龙亭公园”，作为地陪导游人员的小李，要完成接待讲解工作。假如你是小李，想一想，你该怎样完成接待任务？

【物质准备】

1. 学习笔记、导游旗帜、导游证、多媒体课件、实训评价表；

2. 模拟导游实训室。

实训程序

第一步：按照项目任务，明确实训要点。

(1) 检查学生掌握龙亭风景区的景点知识要点；

(2) 让学生结合自己学习理解，交流对龙亭公园的总体印象。

(3) 结合景点景区讲解的技能要求，撰写龙亭公园导游词。

第二步：按照4人一组，结合情景要求，分角色扮演导游人员和游客进行模拟练习，体验旅游接待服务的过程和对导游人员的要求。

第三步：模拟演练结束后，老师巡视指导，小组进行互评各自的优点和不足。

第四步：在互评的基础上，挑选一组进行公开展示，老师进行点评，并在评价记录表中填写成绩。

实训效果评价表

评价项目内容	实训过程评价		结果评定
	自我评定	小组评定	教师评定
导游语言的语音		A○ B○ C○ D○	A○ B○ C○ D○
导游语言的语调		A○ B○ C○ D○	A○ B○ C○ D○
学习态度		A○ B○ C○ D○	A○ B○ C○ D○
团队合作		A○ B○ C○ D○	A○ B○ C○ D○
语言表述		A○ B○ C○ D○	A○ B○ C○ D○
礼节礼貌		A○ B○ C○ D○	A○ B○ C○ D○

续表

评定标准:A.准备充分,参与积极。认真实训,效果良好。 B.准备较充分,参与较积极。实训较认真,效果较好。 C.准备不充分,参与不够积极。实训不够认真,效果一般。 D.没有按照要求准备,实训效果不好。	
改进建议:	综合评定: A○ B○ C○ D○

任务五 开封山陕甘会馆景点模拟讲解实训

【实训目标】

1. 掌握开封市4A景区山陕甘会馆的景点讲解内容及讲解技巧;
2. 掌握山陕甘会馆景区的结构布局及景区特点;
3. 在熟悉了解的基础上进行景区讲解实训。

【情景导入】

李想同学经过对开封景点包公祠的模拟实训活动,初步了解了景点景区导游讲解步骤、要点以及如何进行名胜古迹的讲解。但是,要达到熟练运用导游讲解的基础技能要求,还有很大的差距,为了实现自己的导游梦,路还要一步一步地走,知识技能还要一点一点地掌握和训练,尤其是利用自己的周末进行实际景点的讲解尝试,让李想更找到了自信。开封作为历史文化名城,每年都吸引来自国内外宾客达到百万人之多。为此,在老师的带领下,李想开始新的景点景区知识学习。今天要走进被誉为河南省古建筑中"砖雕、木雕、石雕"三绝的中国武圣人、财神关羽的纪念地——开封山陕甘会馆。

【导学提示】

会馆是中国城市公共建筑的一种形式,旧时是指"同乡会",即都市中同乡、同业者的民间团体,多是指外省的官僚士绅的组织。开封山陕甘会馆则是指在清乾隆年间来自陕西、山西两省的富商为扩大经营、保护自身利益而组建的同乡会,后又加入甘肃籍商人,于是便有了开封"山陕甘会馆"名字。作为同乡会组织,出于商人谈商言商、维护自身利益的原因,自然作为武财神的关羽就成为保护商人利益的神,加上关羽的老家也在山西,关羽自然成为山西人的骄傲,成为祭祀供奉的对象,可以说,开封山陕甘会馆是一座以纪念关羽为主线的一座清代建筑,其中的"砖雕、木雕、石雕"三绝,堪称中原清代建筑的精品,成为国家级文物保护单位。这也是作为历史文化名城的重要见证之一。

一、走近开封山陕甘会馆

(一) 开封市山陕甘会馆的位置

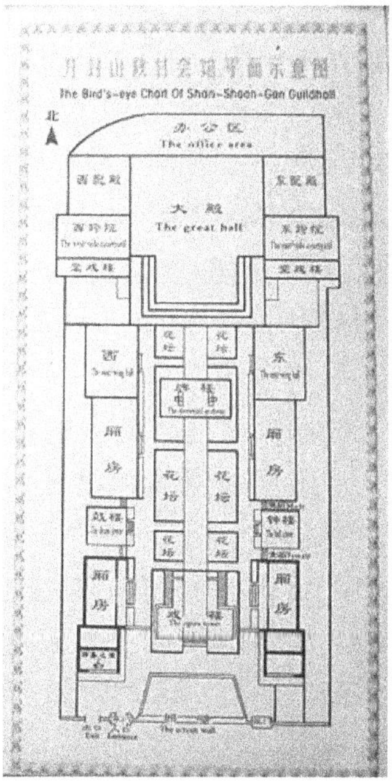

山陕甘会馆平面示意图

开封是一座具有丰富文化底蕴的城市，开封市山陕甘会馆就是这种文化底蕴的最好见证。它坐落在开封市中心偏北的位置，南面是开封市著名的鼓楼新天地建筑区，毗邻连接中山路和书店街的东西徐府街，其前身是明代中山王、开国元勋徐达后裔的府邸旧址，其作为会馆建筑，以"砖雕、木雕、石雕"三绝名冠中原，也是河南省明清时期建筑艺术的代表作。

(二) 开封市山陕甘会馆的结构布局简况

现存的山陕甘会馆保留的建筑主要是以关帝庙为主，其整个建筑布局仍然保留着中国古建筑布局的格式，坐北朝南，中轴对称，主要建筑自南向北依次有大门、照壁、甬道西楼、钟楼、鼓楼东西厢房、鸡爪牌坊、大殿等，其中以体现武圣人关羽的相关思想为主线，体现照壁上"圣地"的内涵。

二、走进开封市山陕甘会馆

(一) 山陕甘会馆的历史沿革

山陕甘会馆始建于清朝乾隆年间，距今已有200多年的历史。由当时的山西、陕西、甘肃三省的在开封经商的富商巨贾集资兴建的，是他们经商、贸易、联络同乡感情的场所。因此，整个建筑保留了清代的建筑风格。

(二) 照壁及砖雕、石雕艺术

开封山陕会馆

开封山陕甘会馆的一座建筑就是照壁，紧连着横贯东西的徐府街，整座照壁建筑素雅大方，肃穆威严，位于整个会馆建筑的中轴线的最南端。虽然历经百年沧桑巨变，依然保存了它原有的姿态。这座威严的照壁修建于清朝乾隆四十一年(公元1776年)，建筑共分三部分：基座、壁体、庑殿顶。照壁高8.6米，东西长16.5米，厚度为0.65米，主要由青砖砌成。整个照壁建筑体现了会馆不同的建筑艺术风格，照壁的上部采用了古典建筑的最高规格的庑殿顶，檐部以下全部用砖雕进行装饰。其砖雕的内容十分丰富，有花瓶、熏炉、书函、画卷、乐器、花卉、人物等类型，这些不同的砖雕图案不仅装饰性强，

开封山陕会馆的照壁

而且还是人们表达美好愿望和理想的吉祥图案，譬如由花瓶、几案、蝙蝠组成的图案，就寓意“平安是福”；菊花、鹤鸟和芦叶组成的图案，则寓意“安居乐业”。更有意思的是由两本账册组成的图案，一本是翻开的，一本则是合着在此账本下边，就是说经商要有两本账，一本明账，一本暗账，呵呵，看来古时商人们就知道偷税漏税了，在此图案的另一面同一位置雕刻的是一把精巧的小算盘，俗话说“算盘一响，黄金万两”，寓示钱财只进不出哦！看来算盘不仅是计算工具还是日进斗金的宝器，这琳琅满目的图案表达了商人的美好祝愿。

开封山陕会馆的照壁中心的石雕“二龙戏珠”

照壁的壁体可以分为内外两部分，外面是一块匾额式，中间嵌有“圣地”二字，与蓝色的基调相配给人一种庄重肃穆之感；壁体的里面，壁体的花框内的不同位置砌有18条龙纹砖雕。框内四角为石雕“云龙捧寿”。照壁中心是石雕“二龙戏珠”，刀法娴熟，堪称清代佳作。二龙戏珠是老百姓喜闻乐见的图案，但会馆的龙所托的珠子既不是代表月之珠的夜明珠，也不是火焰珠，而是一只有眼睛和嘴巴的蜘蛛，蜘蛛古称为“蟢子”，二龙戏蟢子，寓意喜从天降、喜事到来；又一种解释为，喜子吐丝结网，是商业联通、八方进财的祥瑞之兆。纵观照壁的砖雕图案，均达到了“凿的花能拿得起，雕的兽能跑起来”的艺术效果，可谓匠心独运，技艺高超。

壁体上除了“二龙捧寿”位于壁体的中心之外，其两边分别镶嵌着大字“忠、义、仁、勇”，这是对武圣人关羽一生的高度赞誉。

（三）关庙及前庭院

走进山陕甘会馆的西掖门，看到与照壁遥遥相对的建筑是山陕甘会馆的前厅院，与照壁相对的建筑叫“关庙”。也许有人疑惑，这里怎么是关庙呢？其实，现存的山陕甘会馆就是属于会馆的祭祀场所——关帝庙，现在的会馆关庙是进入会馆庭院的大门所在，关庙建筑实际上有两个作用，其一是作为庙宇的大门，东西各有一个掖门；其二是走进庭院才可以知道，这其实是会馆的重要建筑——戏楼的背面。因此，建筑风格别致，上覆绿色琉璃瓦，有红色立柱相

关庙

映衬，显示出其二层楼的布局，从中也体现出山西人的性格特色，“庭院园深深深几许”，一种财不外露的特点。

(四) 钟鼓二楼

和一般的寺院建筑一样，山陕甘会馆的建筑布局同样是按照一般寺院的模式修建的，所以，通过甬道走进内院，我们首先看到的东西两个对称的建筑，钟楼和鼓楼。“晨钟暮鼓”是一般寺院、庙宇常用的用来报时的工具之一。这里的钟楼修建于清朝道光十八年(公元1838年)，通高为12.14米，重檐歇山式建筑，屋顶覆盖绿色琉璃瓦，正脊置一像驮宝葫芦，两侧为鬼判系链。在楼层檐下垂脊上装上行龙、小兽，重昂五踩斗拱，象鼻昂嘴，四周阑额浮雕各式人物、花卉，十分精巧，在钟楼里面悬挂一口铁钟，重达2000斤，俗语讲：“登楼撞钟，百事亨通。”其实，钟楼就是用来报时的。

钟鼓二楼

与钟楼相对的建筑就是鼓楼，鼓楼的建筑形式与钟楼相同，关于鼓楼的名称来历和含义，据有关资料记载，鼓楼源于北魏时期，是刺史李崇为防止盗贼设置的，以击鼓传递信息，这是当时继烽火狼烟之后的又一创举，但是后来所建鼓楼渐渐失去了原有的作用，而以建造之美供人们观赏。现存的鼓楼里面置一面大鼓，供人们祈福所用，俗语讲“空中击鼓，消灾降幅”，所以，晨钟暮鼓之音为人们带来吉祥。

(五) 戏楼

在钟鼓二楼中间回首南望，便看见一座非常豪华的戏楼展现在我们的面前。在古时候，戏楼又称歌楼、乐楼，会馆的戏楼在“文革”中被毁掉，改为小学体育场，现存戏楼是从开封火神庙的戏楼移迁于此的，这座戏楼是开封市目前保存下来的唯一一座清代戏楼，是传统的三面开口延伸式，分前后两个部分，中间由一条龙纹木雕屏风相隔开。前台为“乐床”用作正式演出，后台为“戏房”，专供演员化妆使用。东西两侧有台阶可直达戏台。前台檐角高翘，平板枋，额枋上雕有“云鹤图”“丹凤朝阳”等图案，雕刻工细。清代和民国有不少名角在此表演。清代每逢关羽的忌日，即每年的正月十三(接武财神)、五月十三(关帝生辰)、九月十三(祭关帝日)都在这里大演关公戏。古人观戏有感，写楹联云：“幻即是真，世态人情，描写得淋漓尽

戏楼

致;今世犹古,新闻旧事,扮演来毫发不差。”又云:“台上笑,台下笑,台上台下笑惹笑;看古人,看今人,看古看今人看人。”很有哲理趣味性。

(六)东西厢房

在会馆的牌楼两侧,则是会馆的东西厢房,也叫东西配殿,亦保持了原来会馆建筑的原貌,每侧各有房间八间,分为南北两部分,南面五间、北面三间各为一整体。东西厢房均为硬山顶,灰筒瓦屋面,屋面正脊饰高浮雕青砖牡丹花脊,两端置青砖鸱吻,垂脊为狮、狁、马、羊、鱼走兽,前坡明间上方均砌成“菱”形的黄色枋心,民间称作“黄气冲天”。山墙在檐下嵌墀头,上面雕刻有太狮、少狮、菊花等吉祥图案。

厢房正面均为隔窗式门窗,上部隔心透明,下部裙板雕有如意头等图案。厢房前有廊房,下设木质坐式红栏杆。檐下置单翘斗拱,每间二攒,柱头科亦两攒。前檐柱与额枋相交处均饰有倒挂楣子,其上额枋、平板枋上面皆为木雕,有“九狮戏绳”“九狮戏带”“八仙醉酒”“八仙庆寿”“凤穿牡丹”“二龙戏珠”“街头即景”“征战图”等,装饰繁华,雕刻精细,令人眼花缭乱。

因此,西厢房是会馆木雕艺术的集中体现区,装饰在配殿檐下的木雕更是具有很高水平的艺术精品。木雕,是我国五大传统雕塑的组成部分。会馆的建筑装饰常用的材料有椴木、杨木、梨木等。木雕构图一般以圆木周边宽度为限,大多木雕以人物、花卉、山水、亭台、楼阁、瑞兽等为题材,也有古人祈求福祥喜庆、长寿平安的吉祥图案。其中,最能展示木雕艺术的代表作当属“九狮戏绳”。“九狮戏绳”刻画了九只活泼可爱的狮子,狮子身上缠绕着雕刻细腻逼真的长绳,可谓狮舞绳飞,上下盘旋,幼狮子还伏在母狮子背上,母慈子爱,颇有人情味。古人讲究谐音,狮子的“狮”与世代的“世”相谐音,绳子又起到一脉相承之意,因此九狮戏绳暗寓九世同堂健康长寿之意。从中可以了解我国古代劳动人民的美好愿望与木雕艺术的有机结合。

另外还有表现民间风俗内容的“街头即景”“佛门进香”等。最有代表性的当属在西厢房南北次间的额枋上各雕刻有一幅民间风俗画——“街头即景”。画面上一派水城风貌,主干道是河水,船行于街心。船上一女子怀抱琵琶,正在弹奏着悠扬悦耳的曲子。一人在船头演唱,表情诙谐。船后一女子,头戴大檐帽,宽衣博袖,双手摇橹,悠然自得。画面以游船为中心,四周有骑马坐轿的达官显贵,轻摇合扇、嬉皮笑脸的公子王孙,有妇女儿童、老翁健妪、手持斧凿的匠人、担担叫卖的小贩。画里 25 个人物,表情不同,姿态各异,刻画入微,惟妙惟肖。彰显了我国民间艺人高超的木雕工艺。

木雕——街头即景

会馆的东厢房同样是以木雕为主的艺术图案,雕刻技艺同样融入了不同的民间故事、三国故事以及我国古代 24 孝故事等,其中最有名的是在柱头坊间所雕刻的 24 孝之一——孟宗哭竹的故事。

故事是这样的：孝子孟宗，是三国孙权手下“司空”，幼年时冬天，他母亲病重，医治需要吃竹笋，孟宗便来到了双峰山竹林寻找竹笋，然而寒冷的冬天哪来竹笋，急得小孟宗号啕大哭，此时，上天为孟宗的孝心所感动，便在竹林里冒出许多竹笋，这样，小孟宗寻到新鲜的竹笋终使他母亲病愈康复。孟宗哭竹所在地方就是哭竹巷。孟宗哭竹的故事就这样流传下来，成为我国古代感天动地的24孝之一，对后世影响很大。当然这个故事也是通过木雕的艺术展示出来的。

（七）鸡爪牌坊

在山陕甘会馆中最典型的建筑当属会馆中东西厢房中中间大殿前面的牌楼。在古代，牌楼是一种纪念性建筑物，用于宣传礼教、标榜功德的。山陕甘会馆的牌楼是为歌颂关羽的品德而建的，始建于清朝道光年间，位于整个会馆建筑的中轴线上，为三间六柱五楼不出头式，歇山顶，其平面布局为三柱一组，三角鼎立，呈现鸡爪形，因此，在开封俗名叫“鸡爪牌坊”。这种平面网状的结构，增强了牌坊的稳固性，体现了古代建筑艺术独特风格，具有很高的科学研究价值。

鸡爪牌坊

整个牌楼的建筑，中枢高耸，左右次楼略低。主楼上部檐坡绿琉璃瓦覆盖，正脊为牡丹花雕，中间置一方亭，两侧一狮一象，狮拥莲台，象驮宝瓶，形象逼真，瑰丽之至。正脊两端的鸱吻，剑把上东书“日”、西书“月”。“日”表示智慧，“月”表示善心。主楼中央前后悬挂近2米高“大义参天”“流芳千古”额匾。额匾四周为透雕“二龙戏珠”，做工精细。次楼花板上绘有八幅有关关羽的故事彩画。牌楼每角下面均有垂花柱，凡八根，分别雕刻石榴、佛手、葵果、莲蓬、牡丹、荷花、花篮等。

抱鼓石

在牌楼立柱下部有六块抱鼓石，其石雕技艺精湛，分别用浮雕技法雕刻着“苍龙行云”“丹凤朝阳”“辈辈封侯”“蝙蝠扑云”以及花卉和人物故事等。东侧有一幅石雕戏曲故事《井台会》，人物造型比例适中，雕刻技法细腻。咬脐郎骑在高头大马上，身着甲胄，一手挽绳，一手执弓，背后一面大旗迎风招展，在两个士兵的拥簇下，显得英姿勃发。李二娘头梳高发髻，身穿圆领高衫，站在井台边上，一手提水桶，一手执杆，脊背稍向前倾，神情恬然，充分显示出一个含辛茹苦、劳累过度的妇女形象。整组图细致具体，母怜子状，溢于画面，感人至深。西侧一幅《狄仁杰登山望母》石雕，刻画得更是细致入微，狄仁杰身着官服，面向天空，望着几朵白云，右手抬起欲掩面哭泣，孝心动天。整个画面简洁流畅，恰当地表现了一种思母之情，极富感染力。

会馆这种三间六柱五楼不出头式的木牌楼在河南有四座，即汤阴岳飞庙、社旗火神庙、舞阳北舞渡山陕会馆和开封山陕甘会馆，虽然平面布局造型一样，但无论从建筑结构和建筑艺术上讲，都无法与开封山陕甘会馆的牌楼相媲美。因此，会馆的牌楼造型独特、形象庄重、工艺精湛，把它列入河南清代古牌楼的珍品，当之无愧。

牌楼东西两侧各有清代石碑一通，碑下均有龟形石座。石碑下驮重的石兽叫赑屃，它是龙生九子的一员，因力大善负重，故使之驮碑，为吉祥神龙，民间有"摸摸头，一辈子不发愁；摸摸腚，一辈子不生病"的说法。相信者，请一试。

（八）会馆大殿

山陕甘会馆的最后一座大型建筑就是位于会馆中轴线上的大殿。它是会馆的主体建筑，占地面积540平方米，非常豪华壮观。站在牌楼前观看，屋顶正脊为镂空的龙凤牡丹，正脊中间置狮驮宝瓶，檐角装饰狮、犼、马、羊、鱼。正脊中间卷式匾额，琉璃烧制，行书"城圣大帝"。两山的"悬鱼"上书写八个大字，东边为"公平交易"，西边为"义中求财"，这是其他会馆所不具备的。

开封山陕甘会馆的大殿

大殿的木雕技艺精美绝伦，檐部的七层木雕，可谓题材丰富，新颖别致，鬼斧神工，异彩纷呈。会馆的大殿檐下挑檐至额枋处约1.7米范围内遍布木雕装饰。有祥禽瑞兽：龙、凤、狮、马、鹿、羊、猴、麒麟、松鼠、仙鹤、喜鹊、鸳鸯、蝙蝠等，植物花卉：石榴、葵果、莲蓬、葡萄、柑橘、仙桃、松竹、菊、梅、兰、牡丹、荷花等，并且都能各自独立或相互配合形成一组组的吉祥图案。其中最为精美的木雕技艺要数大殿檐两侧的二龙戏珠、凤凰牡丹，雕刻得最为精彩。苍龙驾雾、凤凰振翅欲飞，龙头凤首突出于画面之外，伸向空中。匠师们匠心独运，采取圆雕手法，使龙与凤的造型适应多角度欣赏，使龙与凤更具立体感、韵律感、跳跃感。另外七层雕刻中还有表现吉祥文化的图案，如第四层中就雕刻了三只活灵活现可爱的小白羊，因"羊"与"阳"同音，其意为"三阳开泰"。"三阳开泰"的典故源于《易经》："十月为坤

木雕

卦、纯阴之象；十一月为复卦，一阳生于下；十二月为临卦，二阳生于下；正月为泰卦，三阳生于下。”“泰”为阳卦之一，开泰即开来三阳卦，故俗以三阳开泰为岁首称颂之辞。最有代表性的作品是，大殿檐下第六层上还有以一只鹭鸶、莲花和芦草组成的“一路连科”的图案。因鹭鸶的“鹭”与道路的“路”同音，“连”与“莲”同音，其意为一路连科，预示着科举考试能连考连中，仕途得意。还有暗喻多子多福的“松鼠葡萄”“榴开百子”，以及福从天降、年年有余、并蒂同心、连生贵子等等，像这样表征吉祥的图案在大殿檐下随处可见，同时也表现了古人热爱生活，努力创造幸福、美满、平安和财富的积极心理。吉祥喜庆、福寿平安，是我们民族千古永恒的热望和追求。

会馆木雕作品之所以富有如此神韵，和清代匠师们高超的技法是分不开的，会馆雕刻技法分别采用了圆雕、半圆雕、高浮雕、浅浮雕、悬雕、透雕等，特别是匠师们充分利用木材本身的自然特点去寻找材料内在的表现力，在表面的色泽、纹理、结构等微妙变化中相形度势、因材施艺、量形取材，从而形成艺术上独有的韵味。会馆的木雕艺术成就之高、规模之大、数量之多在中原地区首屈一指。

关公像

步入大殿，内部的吉祥图案更加绚丽多彩，“二龙捧寿”“刘海撒钱”“三国故事”“蝙蝠扑云”等刻画得惟妙惟肖。大门里有一块长2米的青石铺地，四周“回”纹镶边，中间为一“寿”字，该石称为拜石，又称“如意石”，是参拜关圣帝君的标志。向北上台阶，供桌下侧仍有一拜石。这两块拜石均为原物，可见当年香火之盛。大殿正中有一高1米的青石香案，香案后为关圣帝君夜读《春秋》像，红脸绿袍，煞是威武。

建筑是空间艺术，音乐是时间艺术，以音乐拟建筑，因此中国建筑追求的是由空间的直观向时间的知解渗透。会馆的建筑艺术形象，讲究屋宇的高低搭配、院落的长宽布局、庭廊的有机结合、门户的安置对应等，这些浪漫的情调好像一个个动人以情的音符，让人赏心悦目。会馆的建筑艺术是由群体组成的布局美，它不像罗马万神庙、巴黎圣母院、伦敦圣保罗教堂是那样激动人心的单体建筑风格。因而，人们到会馆游览，其艺术享受不在于单体建筑造型的欣赏，而在于群体序列的推移；不在于局部的雕琢趣味，而在于整体的神韵气度；不在于突兀惊异，而在于节奏明晰；不在于可看，而在于可游。会馆建筑典型的莫过于砖、木、石三雕了，其题材丰富多彩，画面驳杂变幻，几乎包含了三教九流全部精粹的逸闻典故，给人们在观赏中提供充分驰骋想象力的广阔天地，触景生情，收获多多。

【情景设置】

小李是一名刚拿到导游证的新导游，就职于K市某旅行社，时值五一临近，接到旅行社安排接待一个来自河南汤阴的旅游团，游览景点之一就是开封山陕甘会馆，假如你是小李，你该怎样准备接待，进行景点讲解呢？

【物质准备】

1. 旅行社接待计划书、导游旗帜、导游证、导游人员管理条例、《导游业务》、实训评价表。

2. 模拟导游实训室。

3. 学生根据知识准备撰写分景点导游词。

实训程序

第一步：按照项目任务，明确实训要点。

(1) 检查学生掌握地陪导游服务接站服务的要求；

(2) 结合学生自己的实际理解，掌握接站服务实训的服务技能要点。

第二步：按照4人一组，结合情景要求，分角色扮演导游人员和游客进行模拟练习，体验旅游接待服务的过程各个环节的实训；分头讲解山陕甘会馆的重点景点——照壁、戏楼、牌坊和大殿。

第三步：模拟演练结束后，老师巡视指导，小组进行互评各自的优点和不足。

第四步：在互评的基础上，挑选一组进行公开展示，老师进行点评，并在评价记录表中填写成绩。

实训效果评价表

评价项目内容	实训过程评价		结果评定
	自我评定	小组评定	教师评定
山陕甘会馆的基本知识		A○ B○ C○ D○	A○ B○ C○ D○
山陕甘会馆导游词撰写		A○ B○ C○ D○	A○ B○ C○ D○
山陕甘会馆的景点模拟讲解		A○ B○ C○ D○	A○ B○ C○ D○
学习态度		A○ B○ C○ D○	A○ B○ C○ D○
团队合作		A○ B○ C○ D○	A○ B○ C○ D○
语言表述		A○ B○ C○ D○	A○ B○ C○ D○
礼节礼貌		A○ B○ C○ D○	A○ B○ C○ D○
评定标准：A.准备充分，参与积极。认真实训，效果良好。 B.准备较充分，参与较积极。实训较认真，效果较好。 C.准备不充分，参与不够积极。实训不够认真，效果一般。 D.没有按照要求准备，实训效果不好。			
改进建议：		综合评定： A○ B○ C○ D○	

附:山陕甘会馆导游词欣赏

各位朋友:

我们现在来到了以精美雕刻闻名的开封山陕甘会馆。山陕甘会馆位于开封市中心徐府街内,它以独特的建筑风格、精美绝伦的雕刻艺术而闻名于世,堪称清代建筑艺术宝库。

会馆,又叫同乡会馆,是旧社会都市中同乡或是同业,本着互助互济、共谋利益的目的,集资建成的聚会场所。河南地处中原,是南北商品贸易流通的中心,开封又是著名的历史都城,所以这里历来是商贾云集之地。据记载,历史上开封各种会馆繁多,直到新中国成立前还有各种会馆63家。这座山陕甘会馆,是清代山西、陕西、甘肃三省寓汴的富商巨贾集资兴建的,是他们经商、贸易、联络同乡感情的场所。

山陕甘会馆始建于清朝乾隆年间,距今已有200多年的历史。现存建筑为关帝庙部分,建造考究,装饰华丽,其中砖雕、石雕、木雕堪称我国古建筑三绝。整个会馆建筑保存完好,从南向北有照壁、钟鼓二楼、牌楼、东西配殿、大殿等。下面就请大家随我一起来参观。

展现在大家面前的这个照壁,素雅大方,雄伟壮观,它位于会馆建筑中轴线的最南端,建于清乾隆四十一年(公元1776年)。它高8.6米,长16.5米,厚0.65米,大体可分为台基、壁体和庑殿顶三部分。由青砖砌成,是砖雕、石雕最集中的地方。

照壁上部采用最高规格的庑殿顶,檐部以下全部以砖雕装饰。砖雕内容十分丰富,有花瓶、熏炉、书函、画卷、乐器、花卉、人物等,或征战,或传说,或典故,或吉祥,或神话,更富有情趣的还雕有账本和算盘。俗话说得好:“算盘一响,黄金万两。”看来算盘不仅是计算工具还是日进斗金的宝器。壁体部分两面皆砌有砖雕牡丹和回字纹花框,背面花框内的不同位置砌有18条龙纹砖雕。框内四角为石雕“云龙捧寿”。照壁中心是石雕“二龙戏珠”,刀法娴熟,堪称清代佳作。二龙戏珠是老百姓喜闻乐见的图案,但会馆的龙所托的珠子既不是代表月之珠的夜明珠也不是火焰珠,而是一只有眼睛和嘴巴的蜘蛛,蜘蛛古称为“蟢子”,二龙戏蟢子,寓意喜从天降、喜事到来;又一种解释为,喜子吐丝结网,是商业联通、八方进财的祥瑞之兆。纵观照壁的砖雕图案,均达到了“凿的花能拿得起,雕的兽能跑起来”的艺术效果,可谓匠心独运,技艺高超。

穿过甬道进入内院,我们首先看到的是东西对称的钟鼓二楼。钟鼓楼建于清道光十八年(1838年),通高12.14米,为重檐歇山式建筑。两楼正脊均为行龙花雕,垂脊上置行龙、小兽。两层檐下为重昂五踩斗拱,象鼻昂嘴。四周阑额浮雕人物、花卉,十分精巧。钟楼内悬铁钟,道光年间铸造,重达2000斤,成语“晨钟暮鼓”说明它们起到报时的作用。俗话说“登楼撞钟,百事亨通;空中击鼓,消灾降福”。愿钟楼的悠扬之音给我们带来好运吉祥。

当我们回首南望时,一座豪华的戏楼展现在我们眼前。戏楼,又称歌楼、乐楼,该戏楼雕花贴金、辉煌夺目、典雅精致,是开封保存下来的唯一的一座清代戏楼。此戏楼为传统的三面开口伸出式,分前后两部分,中间有一龙纹木雕屏风相隔。清代每年的正月十三、五月十三、九月十三均在此演大戏,以祭祀关羽。古人观戏后写下楹联:“幻即是真，世态人情，描写得淋漓尽致；今世犹古，新闻旧事，扮演得毫发不差。”“台上笑，台下笑，台上台下笑惹笑；看古人，看今人，看古看今人看人。”由此看来戏楼确实演绎了人间百态。

会馆的牌楼也是清代时期的代表作，它建于道光五年（公元1825年），是为歌颂关羽的品德而建。它位于会馆中轴线的北部，三间六柱不出头式歇山顶。其平面布局为三柱一组，三角鼎立，呈鸡爪型，因之俗称“鸡爪牌坊”。这种形式的牌楼体现了古代建筑艺术的独特风格，具有很高的科学研究价值。会馆牌楼，中枢高耸，左右次楼略低。主楼中央前后悬挂近2米高的“大义参天”“流芳千古”匾额。次楼走马板上绘有过五关斩六将的典故，形象逼真，精彩夺人。在六块抱鼓石上分别用浮雕技法雕刻着“苍龙行云”“丹凤朝阳”“辈辈封侯”“蝙蝠扑云”以及花卉和人物故事等。东侧有一幅石雕戏曲故事《井台会》，人物造型比例适中，雕刻技法细腻。咬脐郎骑在高头大马上，身着甲胄，一手挽绳，一手执弓，背后一面大旗迎风招展，在两个士兵的拥簇下，显得英姿勃发；李三娘头梳高发髻，身穿圆领高衫，站在井台边上，一手提水桶，一手执杆，脊背稍向前倾，神情恬然，充分显示出一个含辛茹苦、劳累过度的妇女形象。整组图细致具体，母怜子状，溢于画面，感人至深。西侧一幅《狄仁杰登山望母》石雕，刻画得更是细致入微，狄仁杰身着官服，面向天空，望着几朵白云，右手抬起欲掩面哭泣，孝心动天。整个画面简洁流畅，恰当地表现了一种思母之情，极富感染力。

牌楼两侧的东西配殿也保持了原貌，装饰在配殿檐下的木雕更是具有很高水平的艺术精品。木雕，是我国五大传统雕塑的组成部分。会馆的建筑装饰常用的材料有椴木、杨木、梨木等。木雕构图一般以圆木周边宽度为限，大多木雕以人物、花卉、山水、亭台、楼阁、瑞兽等为题材，也有古人祈求福祥喜庆、长寿平安的吉祥图案。

西厢房檐下就有一组“九狮戏绳图”，极具有代表性。九狮戏绳图，刻画了九只活泼可爱的狮子，狮子身上缠绕着雕刻细腻逼真的长绳，可谓狮舞绳飞，上下盘旋，幼狮子还伏在母狮子背上，母慈子爱，颇有人情味。古人讲究谐音，狮子的“狮”与世代的“世”相谐音，绳子又起到一脉相承之意，因此九狮戏绳暗寓九世同堂健康长寿之意。另外还有表现民间风俗内容的“街头即景”“佛门进香”等。在西厢房南北次间的额枋上各雕刻有一幅民间风俗画。南次间一派水城风貌，主干道是河水，船行于街心。船上一女子怀抱琵琶，正在弹奏出悠扬悦耳的曲子。一人在船头演唱，表情诙谐。船后一女子，头戴大檐帽，宽衣博袖，双手摇橹，悠然自得。画面以游船为中心，四周有骑马坐轿的达官显贵，轻摇合扇、嬉皮笑脸的公子王孙，有妇女儿童、老翁健妪、手持斧凿的匠人、担担叫卖的小贩。画里25个人物，表情不同，姿态各异，刻画入微，惟妙惟肖。

东西厢房的木雕只达到5层，会馆还有七层雕刻，装饰在会馆主体建筑大殿之上。

大殿是山陕甘会馆的主体建筑，它由三座不同形式的殿毗连而成，占地面积540平方米，最为豪华壮观。屋顶正脊为镂空的龙凤牡丹，正脊中间置狮驮宝瓶，檐角装饰狮、犼、马、羊、鱼。正脊中间卷式匾额，琉璃烧制，行书“城圣大帝”。两山的“悬鱼”上书写八个大字，东为“公平交易”，西为“义中求财”，这是其他会馆所不具备的。檐部的七层木雕，可谓题材丰富，新颖别致，鬼斧神工，异彩纷呈。会馆的大殿檐下挑檐至额枋处约

1.7米范围内遍布木雕装饰。有祥禽瑞兽：龙、凤、狮、马、鹿、羊、猴、麒麟、松鼠、仙鹤、喜鹊、鸳鸯、蝙蝠等；植物花卉：石榴、葵果、莲蓬、葡萄、柑橘、仙桃、松竹、菊、梅、兰、牡丹、荷花等，并且都能各自独立或相互配合形成一组组的吉祥图案。

最有代表性的作品是，大殿檐下两侧的二龙戏珠、凤凰牡丹，雕刻得最为精彩。苍龙驾雾，凤凰振翅欲飞，龙头凤首突出于画面之外，伸向空中。匠师们匠心独运，采取圆雕手法，使龙与凤的造型适应多角度欣赏，使龙与凤更具立体感、韵律感、跳跃感。另外七层雕刻中还有表现吉祥文化的图案，例如第四层中就雕刻了三只活灵活现可爱的小白羊，因"羊"与"阳"同音，其意为"三阳开泰"。"三阳开泰"的典故源于《易经》："十月为坤卦、纯阴之象；十一月为复卦，一阳生于下；十二月为临卦，二阳生于下：正月为泰卦，三阳生于下。""泰"为阳卦之一，开泰即开来三阳卦，故俗以三阳开泰为岁首称颂之辞。第六层上还有以一只鹭鸶、莲花和芦草组成的"一路连科"的图案。因鹭鸶的"鹭"与道路的"路"同音，"连"与"莲"同音，其意为一路连科，预示着科举考试能连考连中，仕途得意。还有暗喻多子多福的"松鼠葡萄""榴开百子"，以及福从天降、年年有余、并蒂同心、连生贵子等等，像这样表征吉祥的图案在大殿檐下随处可见，同时也表现了古人热爱生活，努力创造幸福、美满、平安和财富的积极心理。吉祥喜庆、福寿平安，是我们民族千古永恒的热望和追求。

会馆木雕作品之所以富有如此神韵，和清代匠师们高超的技法是分不开的，会馆雕刻技法分别采用了圆雕、半圆雕、高浮雕、浅浮雕、悬雕、透雕等，特别是匠师们充分利用木材本身的自然特点去寻找材料内在的表现力，在表面的色泽、纹理、结构等微妙变化中相形度势、因材施艺、量形取材，从而形成艺术上独有的韵味。会馆的木雕艺术成就之高、规模之大、数量之多在中原地区首屈一指。

会馆占地仅3629平方米，但是自开放以来，却吸引了中外众多嘉宾参观留念。党和国家领导人等在会馆参观留念并给予极高评价。如今的山陕甘会馆仍以它精深的文化内涵、精妙的建筑构造、精巧的沙盘模型、精细的雕刻艺术、精雅的园林绿化、精练的历史陈列吸引着八方游客。

任务六　开封铁塔景区模拟讲解实训

【实训目标】

1. 掌握开封铁塔景点景区的知识要点；
2. 根据景点景区的知识，撰写导游词，并进行模拟讲解实训。

【导学提示】

铁塔是开封城的历史变迁见证者，也是开封人民智慧结晶的化身，近千年来，开封经历过无数次的变化，曾经的繁华多随着滔滔的黄河水都沉没在地下，而巍然屹立的开封铁塔自从宋代建成至今，历经多次劫难而依然不倒。"铁塔行云"曾经是开封的"八景之一"，而今，无论社会怎样的变化发展，铁塔依然是高耸挺拔、俯视着城市的变迁，默默地伫立在开封城东北角，“任尔东南西北风”，面对这位历史的见证者，我们不得不对她肃然起敬。开封铁塔曾经是古都开封的地标性建筑，虽然，现在失去了往日的繁华，但是，她如同一本巨幅历史画卷，向人们诉说着开封的兴盛与繁华，更见证今日开封复兴的历史瞬间。作为中国优秀旅游城市的地标性建筑，开封铁塔公园已成为中国4A 级旅游风景区，国家首批全国重点文物保护单位，因此，导游人员必须掌握铁塔景点景区的讲解技能。

【情景导入】

李想经过参加开封的著名景区的讲解实训，虽然不是很熟练地完成了实训任务，但是经过同学们和老师的评定，尤其是老师的及时点拨，加上自己的努力，现在应该说做得有模有样了，但是具体到多种的讲解方法，还不能十分熟练地加以运用，有点照猫画虎的感觉，尤其是在讲解训练中，也深深地体会到“条条道路通罗马，最关键的是方法”的俗语的含义，更深刻理解“台上一分钟、台下十年功”的道理。所以，当老师安排学习新的景点景区时，李想一直都是主动积极地参与，今天，在即将学习掌握开封市著名的旅游景区铁塔时，他又利用周末到了铁塔公园，开始了对铁塔公园的了解。

一、铁塔景区的位置

开封铁塔位于开封市城内东北隅铁塔公园内，东、北两面皆与开封城墙相接，南与河南大学隔墙相望，景区大门向西，与横贯南北的解放大道相连接，交通便利。

二、铁塔的历史沿革及名字由来

(一)铁塔所在寺院的历史沿革

铁塔所在的位置，最早是一座佛教寺院，名叫独居寺，始建于北齐天宝十年(公元 559 年)。

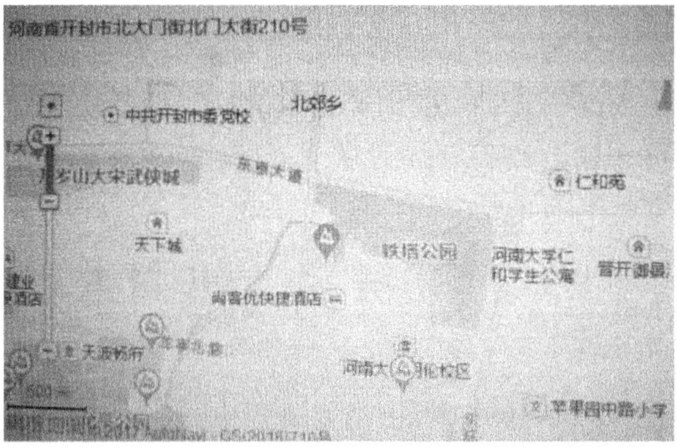

铁塔景区电子地图

到了唐代开元十七年，即公元 729 年，唐玄宗到泰山封禅回京的路上，途径当时的汴州城，曾经在独居寺短暂停留了一些时间，乘兴将独居寺改名封禅寺。到了北宋时期，宋太祖赵匡胤开宝三年(公元 970 年)时，又将封禅寺改名为开宝寺，此后开宝寺得到了皇帝青睐，对寺院拨款扩建。扩建后的开宝寺规模宏伟，殿堂壮丽，斋舍齐全，僧侣众多，香火鼎盛，寺院的内部设置划分为二百八十区，设有福胜院等二十四禅院，建成了规模宏大的寺院之一，与当时的大相国寺共同分辖东京城内各个寺院的僧侣，同大相国寺一样成为皇家寺院，在当时影响很大。北宋灭亡后，因遭受历代战乱以及黄河水患的破坏，开宝寺历经损毁和重建，直至近代以来，寺内的很多建筑损毁殆尽，唯独开宝寺塔、接引殿铜佛像历尽磨难，依然尚存。

（二）铁塔名字的由来及历史变迁

开封铁塔因古时位于原开宝寺内，所以又名开宝寺塔，始建于北宋皇祐元年，即公元 1049 年，至今已有近千年的历史，因塔身全部以褐色琉璃瓦镶嵌，远看酷似铁色，从元代起，民间俗称为“铁塔”。据史书记载，开封铁塔的前身是座木塔，始建于太平兴国七年（公元 982 年），建成于宋太宗端拱二年（公元 989 年），谓之福胜塔，宋真宗大中祥符六年（公元 1013 年），“有金光出相轮，车驾临幸，舍利乃见，因赐名灵感塔”，是宋太宗用来供奉吴越国进贡的阿育王佛舍利用的。当时，负责设计建造的人是当时著名的木工喻皓，塔的设计是八角十三层，高 360 尺，上面安放千佛万菩萨，在木塔的下面建造地宫，里面供奉阿育王佛舍利。

开封铁塔

灵感木塔建成以后，人们从远处观看，发现木塔向西北倾斜，于是有人向喻皓发问为什么会这样呀？面对人们的质疑，喻皓回应说：“京师地平无山，而多西北风，吹之不过百年，当正也。”意思是说：京师地面平坦，周围没有高山，加上常年多刮西北风，这样的风吹不了一百年，木塔就会自然扶正了。经过几年的建造，终于成功地矗立在京师大地之上，于是有人赞叹“其土木之宏壮，金碧之炳耀，自佛法入中国，未之有也”。意思是说：以土木建造的木塔宏伟雄壮，金碧辉煌，自从佛法传入中国，这种木塔的建造格局也从来没有见过。所以被赞为“一时之盛观”“天下之冠”“巨细精巧，近代所无”，从此，喻皓也因此被人们赞誉为“造塔鲁班”。当时喻皓曾经预言，木塔可以存世百年不倒，可惜喻皓设计、监造的这座华美绝伦的灵感木塔，仅存世 56 年，就于宋仁宗庆历四年（公元 1044 年）六月，遭雷击而焚毁了。

灵感木塔被雷击焚毁之后，宋仁宗曾派人将塔下地宫中的佛舍利取出迎入皇宫供奉，后又送还开宝寺供奉。后来到了仁宗皇祐元年，即公元 1049 年，宋仁宗下诏重建灵感塔供奉阿育王舍利，选址在开宝寺的夷山上建造，重新修建的琉璃砖塔高 55.63 米，八角十三层。

铁塔在近千年前就具有高超的建筑技术价值、精美的建筑艺术价值和技术含量很高的建筑科技价值。开封铁塔素有“天下第一塔”之称，是我国目前现存最高的琉璃砖塔，是开封仅存的两处北宋的地面文物之一，也是宋都开封最具有代表性的文物，是文物价值最高、分量最重的国家级文物，是 1961 年国务院公布的第一批文物保护单位，是当之无愧的国宝。目前成了游客必到的旅游胜地，正如游人所说“来开封旅游不登铁塔，等于没来过开封”。当然，今天本着保护国家级文物的目的，还是不建议人们随意登塔了！

三、开封铁塔景区的建筑布局

开封铁塔是铁塔景区的核心景点，从而形成了开封铁塔景区，总面积为37.24公顷，主要景点包括铁塔、接引殿、石碑、盆景苑、灵感院、铁塔文物陈列馆、何公轩、开封古城墙、铁塔湖等。整个铁塔景区形成了以文物陈列、秀美园林为一体的全国百家名园之一。铁塔成为目前开封众多文物中保存最为完整的北宋佛塔，是开封的标志性建筑之一。

（一）大门

铁塔景区大门

铁塔公园的大门极富有民族建筑色彩，12根高大的汉白玉石柱高高矗立，形成了牌坊式建筑样式，承托起黄色琉璃瓦盖顶楼阁式建筑，显得庄重古朴，典雅端庄。其中的12根汉白玉石柱又蕴含着代表一年的12个月。

（二）“天下第一塔”碑

铁塔景区石碑

沿着观景道向东直走200米，有一座“天下第一塔”书法碑刻横在路的尽头，这是由北宋著名书法家米芾书写的碑刻，其造型别具一格，左边是一龙首像张开大嘴，把天下第一塔碑衔在嘴里，碑的下面是呈波浪纹的石雕基座，碑刻与后面的铁塔和松柏相映衬，古香古色，相映成趣。

以龙首衔碑处为分界点，向右前方直达景区停车场，向左是一条向东延伸的园中小路，直通接引殿。

（三）牌坊

铁塔景区接引殿前的石牌坊造型简约大方，由四根华表柱构成的仿汉白玉四柱砌成三门牌坊式仿宋建筑，宽70米，高12米。华表是一种中华民族传统建筑形式，属于古代宫殿、陵墓等大型建筑物前面做装饰用的巨大石柱，相传华表是部落时代的一种图腾标志，古称桓表，以一种望柱的形式出现，富有深厚的中华民族传统文化内涵，散发出中华民族传统文化的精神、气质和神韵。这里的石牌坊造型，凸显了我国古建筑的形式美，又突出了它的庄严肃穆，在最中间牌坊横额上书写着“极乐世界”四个大字，标志着佛教教义真谛。

铁塔景区石牌坊

(四)接引殿

走过石牌坊向东,是铁塔景区中重要的佛教建筑接引殿,1986 年为供奉北宋文物接引佛而兴建,大殿为重檐歇山式建筑。大殿前面,有石狮居于两侧;大殿的四周,由 24 根大柱环抱大殿;在大殿的台基上面,围着青石栏杆,在栏杆的柱头上镶嵌着 96 只妙趣横生的小石狮,形态各异,惟妙惟肖。

铁塔景区接引佛大殿

在大殿的大门的横额上悬挂一匾,上书"接引殿",显得庄重肃穆。殿内供奉的一尊高大慈悲的站佛,他就是西方极乐世界的教主阿弥陀佛,俗称为接引佛,人们经常在电影中看到佛教僧侣们口中常常念叨的"阿弥陀佛"就是指的接引佛。这尊高大的接引佛像,是宋元时期用全铜铸造的,高 5.4 米,重 12 吨,赤足站立,胸前铸有象征吉祥的"卍"(万)字符号,身着有山水云朵花纹的袈裟法衣,左手禅定在胸,右手下垂指地,表示能满足众生的愿望,接引众生到达西方净土的极乐世界。在接引佛的上方有一"光明无量"的匾额。周围四根柱子上写有两副楹联:一为"诸恶莫做,众善奉行,已了如来真实意;四大本空,五蕴非有,是为波罗蜜多心"。一为"四八愿普被群机,决定万修万人去;二五有同生正信,合当一念一如来"。这些对联向世人形象地传递着佛教普度众生的教义,也昭

接引佛大殿内的大佛

示人们在日常生活中“诸恶莫做，众善奉行”的人生哲理。

在大殿的四周殿壁上绘制有大型壁画“西天极乐世界图”，上有佛像七十多尊，图中有慈眉善目的菩萨、婀娜多姿的彩女、手托花盘的仙娥、舞姿轻盈的飞天等，这些画像锦衣广带，彩绦飘飞，笙箫婉转，鹤舞鹿鸣，构成了一派温馨和谐的西方极乐世界的天国景象。当然这是佛教向信徒们描绘的理想的世界图景。

（五）铁塔

在接引殿的东面，铁塔高高地矗立在那里，自北宋皇祐元年，即公元 1049 年至今，已经近千年了。现存的开封铁塔是在北宋著名设计师喻皓所建的木塔被雷火焚毁后建造的，铁塔高 55.88 米，八角十三层，底层每面阔为 4.16 米，向上逐层递减。塔身遍砌花纹砖，上有飞天、麒麟、菩萨、乐伎、狮子等花纹图案 50 余种，造型优美，神态生动，堪称宋代砖雕艺术杰作。铁塔以卓绝的建筑艺术闻名中外，其设计精巧，结构坚固，虽经地震、河患、狂风暴雨和人为破坏，仍巍然屹立。塔高居我国现存琉璃塔之首。铁塔层层建有明窗，一层向北，二层向南，三层向西，四层向东，以上雷同，其他则为盲窗。明窗具有透光、通风、瞭望、减轻强风对塔身的冲击力等多种功能，而盲窗只是起到装饰的作用。建塔所用的砖，是专门烧制的各种形状的琉璃结构砖，砖有 20 多种，规格各异，有榫有眼，砌成塔身，恰到好处，坚固美观。铁塔外面的铁色琉璃砖，砖面花纹图案达50 余种，其中有波涛样云、飞天、仙姑、云龙、坐佛、菩萨、伎乐、僧人、麒麟、狮子、花卉等，每块琉璃砖都是艺术品。据《如梦录》记载，基座辟有南北二门，南门上有一块“天下第一塔”门匾，基座下有八棱方池，北面有小桥可跨池而过，由小桥进北门入塔。可见，铁塔曾是坐落在水池上的水中塔，建筑艺术风格之奇特，实属罕见。由于遭受黄河水患，基座上的建筑如今已看不到了。

开封铁塔

从建筑艺术上讲，铁塔称得上是一座非常完美的巨型艺术品，远望，铁色琉璃瓦遍饰全身，色调具有铁打铜铸的深厚气质，而且整座塔身上下收分比例协调自然，视觉差比例匀称美观，气势惊人。而走近细看，遍身装饰都是琉璃浮雕艺术品，各种花纹砖有 50 余种，有佛像砖，有菩萨、飞天、五僧、立僧、供养人、伎乐等；有动物图案砖，有狮子、云龙、降龙、双龙、麒麟等；有花卉砖，有宝相花、海石榴花、莲荷花、牡丹花、芍药花等，还有璎珞、流苏等装饰花纹砖。而在挑角、拔檐、转角等处采用各种艺术装饰砖，有嫔伽、麒麟、套兽、云龙猫头、重檐滴水等，共 20 多种，如每一个挑角处都是人头鸟身的嫔伽领头，后有独角脊兽，下面是蝉肚老角梁伸出套兽头，套兽口含风铃，勾勒出非常美丽的曲线。可以说每块砖都是做工精细、栩栩如生、非常完美的琉璃艺术品。

铁塔建造时虽然用的是铁色琉璃砖，但建筑手法却是使用中国传统的墙倒屋不塌的木架结构的原理营建的。塔几十米高，当时又没有脚手架，没有现在的龙门吊，那是使用什么方法修建的呢?于是人们对此争论不休，有的说用竹竿搭架的，有的说用堆土法，还有的说是内建法，等等。铁塔通身用28种不同形状的结构砖组合，在柱、枋、斗拱等咬合的结合处都是用特别烧制的有榫、有卯的子母砖紧紧地扣合在一起，严丝合缝，浑然一体，如铁铸一般。所以在900多年中，历经了37次地震，18次大风，15次水患，而巍然屹立。特别是"宋神宗熙宁元年(公元1068年)夏五月京师开化坊醴泉出，自秋七月至冬十一月地震者六，数刻不止，有声如雷，楼橹民舍摧折压死者甚众"，铁塔却安然无恙。

铁塔有技术含量很高的科学技术价值。在建塔选材上就吸取了其前身木塔雷击烧毁的教训，而采用了绝缘的、不导电的琉璃瓷砖，避免了大雨雷击的可能性。瓷砖另一个特点是应压强度高，坚固牢靠，在塔门的设计上也是独具匠心，不用发券的半圆门，而采用上尖下方的圭形门，用五层云纹砖逐层收压，其外观像佛龛，而更为坚固。这种坚固的特性最突出的表现是：1938年6月5日，侵华日军以铁塔为目标发动猛烈的炮火袭击，塔身中弹七八十发，塔身北侧遍体鳞伤，第八、九层被打穿了外壁，留下了两个两平方米大的深洞，而铁塔渗透着开封人的铮铮铁骨，像一位威武不屈的战士巍然屹立在古城大地。看到这里，我们对古代劳动人民的聪明才智肃然起敬。

1952年10月30日，一代伟人毛泽东主席来汴视察黄河时，顺便游览了铁塔和龙亭。游览铁塔时陪同毛泽东主席的河南省委原书记吴芝圃，在塔侧向毛主席介绍说："塔上的大窟窿是1938年日军侵占开封时，用大炮打的。"毛主席说："这座铁塔名不虚传，代表我们中国人民是打不倒的，他们把它打不倒，我们把它修起来。"在毛主席的关爱下，1953年7月，河南省文物局把维修铁塔列为名胜古迹重点修缮工程。1954年省文物局组织工程技术人员和考古人员对铁塔进行全面勘察设计，1956年成立了由开封市政府建设科工程师田延寿等人组成的铁塔修复委员会，由中央文化部和省计划委员会拨21万元专款，本着"修旧如旧"的原则，制定了维修方案。我们目前所看到的铁塔北面琉璃砖有一些不同就是当时修缮时留下的见证。

铁塔高耸入云，自古就有不少文人墨客对此进行写诗赞颂，最有名的当属元朝冯子振的诗句：

擎天一柱碍云低，
破暗功同日月齐。
半夜火龙翻地轴，
八方星象下天梯。
光摇潋滟沿珠蚌，
影落沧溟照水犀。
火焰逼人高万丈，
倒提铁笔向空题。

冯公笔下的铁塔给人以美的享受，也形象地印证了汴京八景"铁塔行云"的特色。

因此当时人们这么说：塔身内砌旋梯登道，可拾阶盘旋而上，直登塔顶。当登到第5层时，可以看到开封市内街景，登到第7层时看到郊外农田和护城大堤，登到第9层便可看到黄河如带，登到第12层直接云霄，顿觉祥云缠身，云雾扑面，犹若步入太空幻境，故有“铁塔行云”之称。

除了冯子振的诗句外，还有一首清代无名氏的七言律诗也是描述“铁塔行云”风景的：

浮屠千尺十三层，
高插云霄客倦登。
瑞彩氤氲疑锦绣，
行人迢递见觚棱。
半空铁马风摇铎，
万朵莲花夜放灯。
我昔凭高穿七级，
此身烟际欲飞腾。

此诗形象地描绘了登临铁塔之后的真实感觉，诗文最后两句就是写自己登临第7层时即感觉到似乎在天上飘飘欲仙的感觉，突出铁塔之高。

而今，为了保护千年铁塔不被损坏，建议人们不要随意登临铁塔，让这座千年高塔依然矗立在开封大地之上，继续向世人展示中国人民的聪明才智吧！

(六)灵感院

在接引殿的北面是灵感院。灵感院是为供奉白玉佛像而建。正殿内供奉的释迦牟尼“白玉佛像”，是1933年由旅居缅甸的一位女华侨捐赠。故事的缘由是这样的：女华侨家里世代经商，但是富不过三代，生意开始衰败，华侨很郁闷，出来旅游散心，到开封灵感院时，遇到一位高僧。高僧伸出三个手指又拿出一根木棍和一块石子点化女华侨。女华侨回去以后悟出这是高僧告诉她改行做玉石生意。改行以后，女华侨的生意蒸蒸日上，因感恩高僧的点化，便花重金购买了这尊玉佛，并捐献给寺庙进行供奉。佛像高约1米，由整块白玉精雕而成，秀丽端庄，晶莹洁亮，堪称佳品。这也昭示着好人有好报，向人们暗示一个道理：“穷人算命，富人拜佛。”其实，最根本的则是告诫人们，在日常做事时，要多做好事，积德行善，方可为自己乃至子孙后代造福。

灵感院

(七)其他建筑及景观

铁塔景区中除了铁塔、接引殿、灵感院和石碑、石牌坊之外，还有铁塔文物陈列馆和铁塔湖、盆景苑等景观，形成了繁花似锦、绿树成荫、亭台映波、风光旖旎的画卷。景区的东北部与开封古城墙等文物遥相呼应，为景区增添了文化韵味和自然美景相呼应的特色。特别是在铁塔景区每年举行的荷花节，引来八方宾客观赏，以及为了增加旅游者的参与感和视觉冲击力，由铁塔景区举行的文艺演出“铁塔光影秀”更是为景区平添了文化气息，使“天下第一塔”的挺拔高耸之雄壮美与园中盆景花草的秀丽美交相辉映，成为吸引中外游客的著名旅游胜地。

附：铁塔景区导游词欣赏

游客朋友：

大家好！在开封众多的文物古迹当中，铁塔是开封的标志性建筑之一，成了游客必到之地，就像人们所说的：“来开封不登铁塔，等于没来过开封。”

铁塔位于开封城内东北隅铁塔风景区内，以它精湛绝妙的建筑艺术和雄伟秀丽的修长身姿而驰名中外，秀丽挺拔，雄居中原，被人们誉为“天下第一塔”。

铁塔建于北宋皇祐元年，即公元1049年，因当年建在开宝寺内，又称开宝寺塔。又因其外表全以褐色琉璃砖镶嵌，远看近似铁色，加之本身坚固异常，犹如铁铸，故从元代起民间称之为“铁塔”。据史料记载，铁塔前身是一座木塔，系我国北宋时期著名建筑学家喻皓为供佛祖释迦牟尼佛舍利而建造的。据说，他经过八年的构想设计和建造，终于在公元989年把这座佛塔建成。木塔共八角十三层，高120米，上安千佛万菩萨，塔下作地宫，供奉佛祖的舍利子，木塔在京城诸塔中最高，造工精细，“其土木之宏伟，金碧之炳耀，自佛法入中国，未之有也”。因此该塔被称为“天下之冠”。初建成的塔向西北倾斜，有人问喻皓缘由，他说京师无山，又多西北风，离此地不远又有大河流过，用不到百年的时间，塔受风力作用和河水浸岸的影响，就自然会直过来了，并预言此塔可存在七百年不会倒塌。但令人遗憾的是，这个木塔在宋仁宗庆历四年，就是公元1044年夏天，便被雷火所焚，仅存在五十多年。到了皇祐元年，宋仁宗下诏在距此塔不远的夷山上，仿照木塔的样式建造了我们今天所看到的这座铁色琉璃砖塔。

铁塔因其卓绝的建筑艺术而闻名遐迩。铁塔现高55.88米，平面作八角形，十三层楼阁式，底层每面阔4米多，向上逐层递减，层层开设明窗，一层向北，二层向南，三层向西，四层向东，以此类推，其余皆为盲窗。设计明窗，除有采光、通风、瞭望之用，还能减缓强风对塔身的冲击力。明代嘉靖、万历年间，又在塔心柱正对明窗之处，镶嵌了琉璃佛砖，保护塔心柱免受风力侵蚀。

远看近观，铁塔仿佛是一座木塔，玲珑剔透。原来设计师在设计建造铁塔时，采用仿木结构，它以许多形状大小各异的“结构砖”相组合。这些结构砖，就像经过斧凿的木料一样，有榫、有眼，组装起来，严丝合缝。塔身的檐、椽、瓦等，也俱为琉璃砖所成。砖型的规格化是我国佛塔建筑的一大进步，可以砌出各种仿木结构，这些特点使铁塔在我国佛教建筑史上占有重要地位。

粗壮的塔心柱是支撑塔壁，抵御外力的核心部分。各种不同用途的外壁砖瓦构件通过登道与塔心柱紧密衔接，异常坚牢，浑然一体，具有很强的抗震能力。九百多年来，铁塔历经地震、暴风水患，特别是1938年5月，日军用大炮对铁塔进行轰炸，北面从第四层至第十三层的各级檐角、塔壁遭受到不同程度的毁坏，但仍然屹立不倒。对此，民间老人们解释说：铁塔作为一座佛塔，经历如此多的灾难而不倒塌，是受佛祖保佑的结果。佛教相信三世轮回，所以当地信佛的老人常告诉游客，如果你围绕铁塔左绕三圈，右绕三圈，佛祖将保佑你一生平安。

铁塔外壁镶嵌的花纹砖有五十余种，花纹图案包括飞天、降龙、麒麟、坐佛、玉佛、菩萨、狮子、伎乐、花卉等，造型优美，精妙生动，具有鲜明的宋代艺术风格。

铁塔原建于夷山之上，后来由于黄河泥沙沉积，将夷山及塔基淤没。据《如梦录》载，基座辟有南北二门，向南一门匾曰"天下第一塔"。基座下有一八棱方池；北面有小桥跨池而过，由小桥进北门入塔。由此可以想见，当年铁塔如同一株破水而出的芙蓉，亭亭玉立，更使塔身外观出落得挺拔灵秀，瑞丽舒展。

铁塔内遏砖砌登道，绕塔心柱盘旋而上，历一百六十八层台阶可至塔顶。登到第五层，可以看到城内景色；登到第七层，可以看到城外原野；登到第九层，可以看到浩瀚奔腾的黄河，领略到黄河号称"天河"的含义；登到第十二层，则祥云缠绕，云雾扑面，似入太空幻景。此即著名的古开封汴京八景之一的"铁塔行云"。诗曰："浮屠千尺十三层，高插云霄客倦登。润彩氤氲疑锦绣，行人迢递见觚棱。半空铁马风摇铎，万朵莲花夜放灯。我昔凭高穿七级，此身烟际欲飞腾。"每当风度云穿时，环挂在塔身檐下的每层八个共一百〇四个铁铃悠然而动，叮当作响，更让人心旷神怡、流连忘返。

细心的游客在欣赏这座卓绝的建筑艺术时，总能惊奇地发现眼前的铁塔是座斜塔，已向东南方向倾斜。看来，喻皓先生当年的设计并非多余！

铁塔胜景历来是文人骚客歌咏的对象。元人冯子振曾赋诗歌咏中秋节铁塔燃灯的壮观："擎天一柱碍云低，破暗功同日月齐。半夜火龙翻地轴，八方星象下天梯。光摇潋滟沿珠蚌，影落沧溟照水犀。火焰逼人高万丈，倒提铁笔向空题。"新中国成立后，1952年10月30日，毛泽东主席视察黄河后，曾亲临开封铁塔，当时被日军炸坏的铁塔尚未修复，是毛泽东主席亲自批准了铁塔的修复工程。1958年铁塔周围已辟为铁塔公园，占地51.24公顷，其中陆地面积41.62公顷，湖水面积9.62公顷。1961年3月4日，铁塔被国务院批准为我国第一批重点文物保护单位。现在，铁塔和周围建筑绿化得更美丽了，除铁塔和接引佛殿外，还有大型植物园、铁塔湖，置身景区里，绿树成荫，芳草萋萋，碧水荡漾，画舫穿梭。在我们欣赏景区之美时，更体会到古今劳动人民的勤劳与智慧。

游客朋友，我们在铁塔的参观活动就要结束了。愿壮丽雄伟的铁塔给大家留下美好的回忆，愿高大的接引佛给大家带来吉祥和福气！谢谢！

【情景模拟】

未来旅行社接待一个来自杭州的旅游团，在开封停留一日，下一站是登封少林寺。根据旅行社安排，小李负责接待这个旅游团，并且承担旅游团开封一日游的地陪导游讲解工作，主要参观开封铁塔景区和龙亭景区，为此小李做好了接待准备。假如你是小李，你该怎样向旅游团讲解铁塔景区呢？

【物质准备】

1. 学习笔记、导游旗帜、导游证、接待计划、实训评价表、多媒体课件。

2. 模拟导游实训室。

实训程序

第一步：按照项目任务，明确实训要点。

1. 检查学生掌握有关铁塔景区的知识情况；

2. 让学生结合模拟情况，写作铁塔景区的导游词。

第二步：按照 4 人一组，结合情景要求，分角色扮演导游人员和游客进行模拟练习，体验旅游接待服务的过程和对导游人员的要求。

第三步：模拟演练结束后，老师巡视指导，小组进行互评各自的优点和不足。

第四步：在互评的基础上，挑选一组进行公开展示，老师进行点评，并在评价记录表中填写成绩。

实训效果评价表

<table>
<tr><td rowspan="2">评价项目内容</td><td colspan="2">实训过程评价</td><td>结果评定</td></tr>
<tr><td>自我评定</td><td>小组评定</td><td>教师评定</td></tr>
<tr><td>铁塔景区的知识要点</td><td></td><td>A○ B○ C○ D○</td><td>A○ B○ C○ D○</td></tr>
<tr><td>写作铁塔景区导游词并进行模拟讲解</td><td></td><td>A○ B○ C○ D○</td><td>A○ B○ C○ D○</td></tr>
<tr><td>学习态度</td><td></td><td>A○ B○ C○ D○</td><td>A○ B○ C○ D○</td></tr>
<tr><td>团队合作</td><td></td><td>A○ B○ C○ D○</td><td>A○ B○ C○ D○</td></tr>
<tr><td>语言表述</td><td></td><td>A○ B○ C○ D○</td><td>A○ B○ C○ D○</td></tr>
<tr><td>礼节礼貌</td><td></td><td>A○ B○ C○ D○</td><td>A○ B○ C○ D○</td></tr>
<tr><td colspan="4">评定标准：A.准备充分，参与积极。认真实训，效果良好。
B.准备较充分，参与较积极。实训较认真，效果较好。
C.准备不充分，参与不够积极。实训不够认真，效果一般。
D.没有按照要求准备，实训效果不好。</td></tr>
<tr><td colspan="2">改进建议：</td><td colspan="2">综合评定：
A○ B○ C○ D○</td></tr>
</table>

任务七　开封府景区模拟讲解实训

【实训目标】

1. 掌握开封府景区的基本知识；

2. 利用景点景区讲解方法写作导游词，并进行模拟导游讲解实训。

【导学提示】

开封作为“八朝古都”，其丰富的文化积淀为旅游业的发展提供了得天独厚的条件，尤其是北宋时期，开封成为当时世界上最大的都市，形成了“汴京富丽天下无”的盛况。虽然后来失去了都城的繁华，但是独具特色的宋文化成了当下旅游业发展的重要人文资源，其中号称“南衙”的开封府就是宋文化的一个缩影。尤其是由于包拯包青天为民请命、不徇私情、铁面无私的“青天”形象深入人心，许多与之有关戏曲故事可谓家喻户晓。因此，重建的开封府，与位于包公西湖的包公祠相呼应，与碧波荡漾的三池湖水相映衬，形成了“东府西祠”、楼阁碧水的秀美景观。作为开封市的旅游接待服务人员必须熟练掌握开封府的景区知识，才可以满足作为开封地方接待服务的需要。

【情景导入】

李想完成了铁塔景区的导游模拟讲解服务后，自信心更足了，不仅了解了开封最著名的文物——铁塔相关的知识外，还从中了解了有关佛教的知识，尤其是对西方极乐世界教主阿弥陀佛，虽然不是佛教徒，但是从佛教中学习到做人的道理“诸恶莫做，众善奉行”，才可以得到好的结果，叫作“善有善报、恶有恶报”，不仅提高了自己的见识，也有利于今后更好地从事自己喜欢的工作，尤其是做一名导游，就要做一个让旅游者满意的知识渊博的好导游。而现在，随着老师的引导，又要了解另外一种虽然也是宋代的知名景观内容但却不属于文物保护单位的开封府，只属于人文景观，对于这类景区景点又该如何讲解呢？李想又开始了新的任务学习——开封府景区。

一、开封府的位置

开封府位于河南省开封市龙亭区包公湖东湖的北岸，与包公湖西湖西岸的包公祠遥相呼应，形成了“东府西祠”的建筑格局。

开封府位置

二、开封府的历史沿革

开封府又称“南衙”，最早建于五代时后梁开平元年（公元 907 年）四月，后经历五代时的后梁、后晋、后汉、后周以及宋、金、元、明、清各朝，至今已有千余年历史。虽然开封府内楼宇殿堂时废时兴，所辖属县时多时少、辖区时大时小、品级时高时低，但开封府一直是负责管理开封城区及周边各县行政、司法等事务的官署衙门。开封府最辉煌的时候是在北宋时期(960～1127年)，伴随着北宋王朝的政治、经济、文化的飞跃发展，开封府成为位居首都的“天下首府”，曾有过160余年的辉煌。其间，在开封府内曾经有宋太宗、宋真宗、宋钦宗等三位皇帝潜龙在此，又先后有寇准、包拯、欧阳修、范仲淹、苏轼、司马光等一大批杰出的政治家、文学家、思想家、军事家在此任职，不仅树立了“公生明”和“清、慎、勤”的道德正气，也形成了以“廉政刚毅”为鲜明特色的开封府官衙文化。开封府也因此深得民心，名垂青史，成为四海文明的中国古代官衙。尤其是包龙图权知开封府，扶正祛邪、刚直不阿，美名传于古今。一曲《包龙图倒坐在开封府》，令人荡气回肠，引起几多遐思神往。

开封府

重建的开封府依北宋《营造法式》建造，以正厅、议事厅、梅花堂为中轴线，辅以天庆观、明礼院、潜龙宫、清心楼、牢狱、英武楼、寅宾馆等五十余座大小殿堂。占地60余亩，建筑面积1.36万平方米，气势恢宏，巍峨壮观，与位于包公西湖的包公祠相互呼应，同碧波荡漾的包公湖湖水相映衬，形成了“东府西祠”楼阁碧水的壮丽景观。

三、开封府的景区特点及价值

作为主题景区，开封府坚持“动静结合、雅俗共赏、历史与演义相映成趣”的经营理念，形成了九大文化区：①以鸣冤鼓、戒石、大堂等为主体的府衙文化区；②以梅花堂包拯倒坐南衙为主体的包拯传说文化区；③以太极八卦台、三清殿为主体的道教文化区；④以典狱房、牢狱为主体的刑狱文化区；⑤以拱奎楼、桂籍堂为主体的教育科举文化区；⑥以英武楼、校场为主体的游艺文化区；⑦以清心楼历任府尹事迹为主体的府尹人文文化区；⑧以潜龙宫宋太宗、宋真宗的事迹为主体的帝王文化区；⑨以范公亭、曲桥、湖、山、石为主体的休闲文化区。从而形成了独具特色的国家4A级旅游景区，吸引着海内宾客前来观赏。尤其是在当下，其廉政文化仍然产生着极大的教育作用。

四、建筑布局

开封府作为中国府衙文化的代表景区，按照中国古代建筑的结构布局，循着景区的中轴线进入，认知了解景区的建筑及功用，依次有照壁、府门、正厅、议事厅、勤政堂、梅花堂以及其他文化区的内容。下面对景区的九大文化区进行逐一讲解。

(一)照壁

照壁位于开封府大门前，南面毗邻包公湖。照壁建筑高大，南面壁体上书写着“开封府”三个大字，遒劲有力；而面对着开封府大门的壁体上是大型石雕壁画，上面的内容是一只似鹿非鹿、似羊非羊的怪兽，目光炯炯，拭目以待，名叫獬豸(xiè zhì)，这是传说中的神兽，据说能辨别是非曲直、善恶忠奸。在这里刻上獬豸图案，是为了警示官员，要秉公执法、依法行政，假若徇私枉法，这个獬豸就会把他抵到十八层地狱。

照壁

(二)府门

沿着照壁对应的中心线上，即可看到开封府的府门，整个城门楼充分显示出宋代开封府作为“天下首府”的非凡气派，两尊石狮分立府门前，彰显开封府的威严，大门位于高大城墙中，红色高墙和高大的城门楼显示了整座建筑的显赫地位。大门前是平坦的府前广场，这里每天9点钟都要举行开园仪式——包公迎宾，场面宏大，由景区工作人员以真人秀的形式，突出包拯的清正廉明，给前来观光的游客留下深刻的印象。

开封府府门

(三)文城墙

走进开封府大门，登上城门楼即可看到开封府一奇——“文城墙”。说它奇主要是一般的城墙都有马道和防卫设施。而这里的城墙却是文绉绉的，既无马道也无防卫设施，为什么呢?这里面还有一个小故事：据说宋代开国皇帝赵匡胤的弟弟赵光义(也就是后来的宋太宗)做开封府府尹时，为掩盖他想当皇帝的念头，故意不在城墙上设置防卫，所以城墙也就有了天下独一无二的名字——文城墙，至于赵光义后来当上皇帝那就是后话了。

在文城墙上，不仅领悟到他的奇妙之处，同时还可以看到诸如报时鼓、报时钟、日晷、漏壶等我国古代计时计日的设施，从中可以领悟到我国古代劳动人民的勤劳智慧，也生动地反映了北宋"重文抑武"政策的影响。此时站在城墙上俯瞰整个开封府建筑群，会被其巍峨壮观的气势所震撼。

（四）碑亭

在开封府的城门楼里面，位于东西两侧，各有一座碑亭，其中位于左边的是《开封府尹题名记碑》，右边的是《开封府题名记碑》，其中右边的《开封府题名记》碑是开封府的镇府之宝，碑上记载着从公元 960 年至1105 年这 145 年间 183 任知府的名字、官职、上离任等情况，其中就包括包拯。找来找去怎么不见包拯的名字呢？瞧！在这儿呢！原来在碑正中偏右的位置有处浅浅的凹痕，上面的字迹已经磨光，隐约能看到包拯两字的笔画。几百年来，老百姓每到碑前都要用手指触摸他的名字，天长日久便留下了这道深深的指痕。开封民间还有一个传说：如果你不是贪官，用手指触摸包拯的名字手指就不会发黑；如果你是一个贪官触摸后的结果就不用说了，你自己也知道包公名不在碑而在有口皆碑，历史将永远铭记为人民做过好事的人。

（五）正厅门

与城门楼中轴线对应的建筑就是正厅门，也是开封府真正的大门，走进大门后，即代表进入开封府府衙里面。

（六）戒石铭

在正厅门大门到大厅之间的正厅院里，有一处"戒石铭"，是由一块巨石雕成的，铭石南面镌刻"公生明"三个大字，意在提醒官员只有公正，才能明察秋毫、清正廉明；北面刻的是"尔奉尔禄，民脂民膏；下民易虐，上天难欺"，意在告诫官员要洁身自好，为官一任，造福一方。这种把"戒石铭"作为官鉴，竖立在府衙之内的体制始于北宋，这也是我国政治制度史的首例。

戒石铭

（七）正厅

正厅也称大堂、"厅事"，是开封府最高长官在此发布政令、处理府内政务以及举行重大活动、审理大案要案的地方。这是北宋开封府衙的核心，也是历任各级开封府官吏的主要场所。北宋开封府机构庞大，官员众多。府尹一人总领府事，掌管京师的民政、司法、捕捉盗贼、赋役、户口等政务。

我们所熟知的戏曲《铡美案》就是在大堂上进行的。开封府内的整个大堂庄严肃穆，在大堂的上面匾额上书写着“勤政为民”“正大光明”“清正廉明”的大字，昭示人们在此审理案件的标准，昭然于天下，在大堂的厅案两侧立着“肃静”“回避”招牌，在大堂的厅案前摆放着三口铜铡刀，分别是龙头铡、虎头铡、狗头铡，威风凛凛，让人望而生畏，相传三口铜铡刀各有各的功用，龙头铡用于处死犯法的皇亲国戚，虎头铡用于处死违法的贪官污吏，狗头铡用于处死违法的刁民恶棍。这种威严的大堂布局，显示了开封府当年的官府作风，对于社会治安的稳定起着警示作用。

开封府正厅

（八）议事厅

议事厅位于开封府大堂的后面，其作用是开封府官员在此议事的场所，原名都厅。在开封府都厅里面陈设的是一组雕塑“商议宽简治京师”场面。条案正中端坐的是欧阳修，欧阳修接任包拯之后任开封府长官，以宽简治京师，与包拯治理京师的方法大不相同，于是有“包严欧宽”之说，其实说明一个道理：无论宽或严，只要能为老百姓办事，让老百姓满意，才能得到社会的认可。

（九）齐民堂

在议事厅后面的一个院落叫“齐民堂”，据有关的文献记载，“齐民”就是平民的意思，北宋时开封府的“齐民堂”就是取“以民为本”之意。

（十）梅花堂

在“齐民堂”之后，有一座蜡梅飘香的四合小院，这就是“梅花堂”。说起梅花堂，还有一段典故！包拯一生为官清廉，执法严明，但却与“开后门”有着不解之缘。相传，包拯在实行废“牌司”、开正门改革之后，京城百姓纷纷拍手称快，告状的人越来越多，包拯每天上班都有处理不完的诉讼案件，包拯于是下令，打开府衙的后门，允许百姓任何时间，都可以直入府内诉说冤情。我们面前的梅花堂相传就是包拯当年打开的后门，便服问案的地方了！因为当时开的是后门，所以人们都称包公“倒坐南衙”。所以，景区内还有包公倒坐南衙办案时的蜡像等。

（十一）潜龙宫

潜龙宫位于开封府内东北部，从梅花堂出来向东行走即可看到一个特殊的建筑，上覆黄色琉璃瓦，俨然是皇宫色调，这就是潜龙宫的所在位置。这在全国也是绝无仅有的建筑，现在看到的是潜龙宫，是宋仁宗为纪念他的父亲宋真宗曾任开封府尹而建造的，潜龙宫前身为射堂,是太宗为真宗修建的习箭之地。后来,仁宗将真宗任开封府尹时办公居住的廨舍修成了潜龙宫,府衙内设宫,开封府是全国唯一。

潜龙宫

(十二)明礼院

自从960年宋太祖赵匡胤“杯酒释兵权”后,北宋便进入到一个“重文轻武”的时代,从开封府“文城墙”已经看出,而在开封府中体现这一思想的便是“明礼院”了,这是对“重文轻武”政策实施的一个场所,就是把教育和科举管理作为开封府的一项重要职责。为了便于处理京城学子的教育、科举、集会、庆典等事务,根据“礼义明则家国兴”的传统理论,专门在开封府内建立了明礼院,作为举子进行科举解试和临时性讲学、集会的场所。

明礼院

明礼院中的第一座建筑的就是拱奎楼,楼的上层供奉的是主管科举考试的天神“魁星”而且这个四合院其他建筑都比“拱奎楼”要低,显出众星拱月之势,在拱奎楼中的告示牌上赫然写着“状元及第,金榜夺魁”。这是北宋时期人们的美好愿望的展示,因而开封府特别把这座用于解试的考场称为拱奎楼,其中的一楼就是北宋科举考场的解试考场,虽然无法复原北宋的考场模样,但在四周墙上用壁画很详细地描绘了宋代科举的全过程。据载,在北宋的开封府,由于这个魁星的保佑,曾经出现过20多名状元呢!

明礼院中还有一个很特殊的建筑叫“桂籍堂”,这实际上就相当于开封府“科举档案馆”,在“桂籍堂”一层,正堂北面靠墙处立塑的是孔子像,在其左右配的分别是孟子、子思、颜子、曾子,合称四配;在北墙上彩绘的是孔子的72位著名弟子,号称“七十二贤”,这些人物都是历代儒士们学习的楷模。这些绘画是根据传世的吴道子绘《七十二贤人图》绘制的。

在古代,儒学要求读书人要掌握“礼、乐、射、御、书、数”六艺,因此北宋时,开封府专设了这个“六艺斋”。在屋内主要陈列着编钟、拊鼓、竽等十余种乐器。从中可以看出宋代对人才的要求,不仅仅是注重经史学习,还要学会“射、御”的技术,相当于我们今天所要求的“德才兼备”了。

这些建筑实际上是开封府科举文化区的展示。

（十三）清心楼

清心楼是开封府内建筑群中最高的一座建筑，位于开封府的东北角，其建筑的奇妙之处为“外四内七”的样式，所以有时说“看到的未必是真的”就是这个道理，外面看是四层，实际上里面是7层。

“清心楼”的名字来自于包拯的明志诗中“清心为治本”，所以，在清心楼的一层供奉的是为民请命、执法如山的开封府府尹包拯，这里是一尊包拯的铜站像，重5.8吨，成为目前国内最高最大的铜站像了。

包公铜站像

在一层的东墙上刻着包拯的一首五言明志诗：

清心为治本，直道是身谋。
秀干终成栋，精钢不作钩。
仓充鼠雀喜，草尽兔狐愁。
史册有遗训，无贻来者羞！

这首诗表明了包拯的愿望和理想，包拯在做开封府府尹时也确实是按照这首诗来做的，所以他被百姓称为“包青天”。

在清心楼中，除了一层的包拯塑像和明志诗之外，楼上各层主要展示的是开封府历代府尹的简介和北宋的服装展示。让我们通过里的展示，了解开封府府尹的情况，认识开封府独有的开封府府尹文化概况。这对我们当今社会应该有一些触动和启示——为官一任，造福一方，才可以赢得人民的爱戴和赞颂。

（十四）天庆观

在开封府中还有一个令人感到奇特的建筑，那就是在一座开封府府衙中竟然还有一个道观，该观自成一体，建筑样式规整，而且是极尽豪华。作为开封府中一个建筑格局完整的道观建筑，首先是在道观的大门外有一座青石照壁，照壁东西方向，上覆绿色琉璃瓦，下面为青灰色装饰，其正面刻有天真道君所绘制的《五岳真形图》，分别代表中华五岳。这个宏大的“五岳真形图”是根据中华五岳的山脉纵横、高低盘曲、云林流水之象绘制而成的，是道观中必备的经典图案。《五岳真形图》系每岳一图，分为中岳嵩山、东岳泰山、西岳华山、北岳恒山、南岳衡山五图。图形似道家之符，但又弯曲盘绕，画迹诡异，自古以来无人通晓其中奥秘。道士们传说，佩此图入山不迷，平安大吉，世世奉此图为道家之宝。

天庆观

在开封府内建造一个道观，确实又是开封府一奇！为什么会在作为一个府衙内建造一座道观呢？大家知道，北宋的几位皇帝都崇信道教，道教在当时被尊崇为国教，宋真宗当政时曾下令天下所有的州县都要建立天庆观。当时，开封府兼管全国的佛、道教事宜，既然是“圣上有旨”，当然更得率先垂范。但因京城人口稠密，一时找不到合适的地方，就在开封府内辟出一块地方建起了这座道观，既把它作为开封府崇奉道教的圣地，又把它作为开封府管理全国佛道两教事务的管理机构和官员办公场所，其功能、地位大概与今天的全国佛教协会、道教协会相仿。

五岳真形图

在天庆观的大门上有一副对联：

道生一一生二二生三三生万物；

德承心心承性性承气气承太极。

这副对联反映的是中国道教的基本理论，上联是说，“道”是自然界万物的法则；下联是说，人类的精神世界来源于太极。

走进天庆观，首先映入眼帘的是太极八卦台，几乎占满整个庭院，其太极八卦是道教表现宇宙、哲学、社会思想的经典图案，具有非常丰富的文化内涵。中间为代表演化不止的浑圆太极（时间和两仪），其次是代表空间四象，外围是代表世界万物的八卦，构成了一幅宇宙图景。道士们认为在太极图上练内丹之功，能迅速使自己融入宇宙浩气之中，达到天人合一、超凡脱俗的境界。为了便于游人观赏，这里每天都会上演太极八卦剑表演。

天庆观中最核心的建筑是“三清殿”，里边供奉的是三清尊神：中间这位是“元始天尊”，左手虚拈，右手虚捧，象征着“无极”，即天地未形、万象未生时。他左边的“灵宝天尊”，双手斜捧一个阴阳鱼圆镜，象征从无极中刚衍生出“太极”。右边的“道德天尊”，双手执一把绘有变形阴阳鱼图案和八卦纹饰的宫扇，象征着太极化生世界万物万灵。

三清尊神

（十五）其他

在开封府内，分布着各具特色的九大文化区，所以，除了以上最主要的文化区外，还有诸如开封府的英武楼游艺文化区和府司西刑狱文化区等，从不同的角度向人们展示开封府所包含的文化内涵。

总之，在开封府景区内游览，不仅可以看到宏伟的宋式建筑、大批珍贵史料以及有关轶事的陈展，还能欣赏到精彩的文艺表演。府门前的《开衙仪式》是迎宾节目。通过开衙来表示开封府的威严肃穆，节目以皇帝下旨的形式赞扬包公的丰功伟绩，而包公的出场亮相则将该表演推向了高潮。

附：开封府导游词欣赏

在开封市风光秀丽的包公东湖北岸，有一片红墙碧瓦的宋式建筑群，它气势恢宏，巍峨壮观，十分引人注目，这就是我们今天的目的地、当年包龙图治理京师的地方——北宋开封府。

开封府又称“南衙”，初建于五代后梁开平元年（公元907年），距今已有1000多年的历史。在历代的官府中以北宋开封府规模最为宏大，是北宋管理国都及京畿地区的重要机构，相当于今天的北京市政府，地位非常显赫。开封府作为位居首都的“天下首府”，曾有过160余年的辉煌，宋太宗、宋真宗、宋钦宗三位皇帝，当皇帝之前都曾在这里当过府尹，并且先后有寇准、包拯、欧阳修、范仲淹、苏轼、司马光等一大批杰出人物在此任职，不仅树立了“公生明”“清、慎、勤”的道德正气，也形成了以“廉政刚毅”为鲜明特色的开封府官衙文化。开封府也以此深得民心，名垂青史，成为四海文明的中国古代官衙。我们现在所看到的开封府，是以宋代开封府为原形重新修建的主题文化景区，占地60余亩，建筑面积1.4万平方米，与位于包公西湖的包公祠遥相呼应，形成了“东府西祠”楼阁碧水的壮丽景观。

在建筑形式上开封府依照李诫的《营造法式》修建，布局规整，庄重典雅，高挑的屋脊，精细的彩绘，处处体现了宋代的建筑风格。它以府门、正厅、议事厅、梅花堂为中轴线，辅以天庆观、明礼院、潜龙宫、清心楼、牢狱、英武楼、迎宾馆等五十余座大小殿堂、楼宇，根据陈展内容的不同，分九个展区：①以鸣冤鼓、戒石铭、大堂为主题的府衙文化区；②以梅花堂包拯倒坐南衙为主题的包拯传说文化区；③以太极八卦台、三清殿为主题的道教文化区；④以典狱房、牢房为主题的刑狱文化区；⑤以桂籍堂、拱奎楼为主题的教育科举文化区；⑥以英武楼、校场为主题的游艺文化区；⑦以清心楼历任府尹事迹为主题的府尹人文文化区；⑧以宋太宗、宋真宗为主题的潜龙宫帝王文化区；⑨以范公亭、曲桥、明净湖、弦月山为主题的休闲文化区。

在开封府府门广场前有一方照壁，南面是“开封府”三个大字，北面是一只似鹿非鹿、似羊非羊的怪兽，目光炯炯，拭目以待，名叫獬豸（xiè zhì），这是传说中的神兽，据说能辨别是非曲直、善恶忠奸，在这里刻上獬豸图案，是为了警示官员要秉公执法，依法行政，假若徇私枉法，这个獬豸就会把他抵到十八层地狱。

开封府的城门楼充分显示出宋代开封府作为“天下首府”的非凡气派，从这里看开封府衙，巍峨壮观。您除了能看到报时鼓、报时钟、日晷、漏壶等我国古代计时计日的设施，每天上午九时还能在府门城楼上欣赏庄重而严肃的“开衙仪式”，别有一番风景。

登上城门楼，我们脚下的文城墙是开封府的一奇。说它奇，主要是一般的城墙都有马道和防卫设施，而这里的城墙却是文绉绉的，既无马道也无防卫设施，为什么呢？这里面还有一个小故事：据说宋代开国皇帝赵匡胤的弟弟赵光义（也就是后来的宋太宗）做开封府府尹时，为掩盖他想当皇帝的念头，故意不在城墙上设置防卫。所以城墙也就有了天下独一无二的名字——文城墙，至于赵光义后来当上皇帝那是后话了。

进入开封府大门，可以看到左右两边各有一个碑亭，分别立有《开封府题名记》碑和《开封府尹题名记》碑，东边的《开封府题名记》碑是开封府的镇府之宝，碑上记载着从公元960年至公元1105年这145年间183任知府的名字、官职、上离任等情况，其中就包括包拯。大家都来找找，怎么不见包拯的名字呢？瞧！在这儿呢！原来在碑正中偏右的位置，有处浅浅的凹痕，上面的字迹已经磨光，隐约能看到包拯两字的笔画。几百年来，老百姓每到碑前都要用手指触摸他的名字，天长日久，便留下了这道深深的指痕。开封民间还有一个传说：如果你不是贪官，用手指触摸包拯的名字，手指就不会发黑；如果你是一个贪官，触摸后的结果就不用说了，你自己也知道，包公名不在碑而在有口皆碑，历史将永远铭记为人民做过好事的人。

竖立在正厅院里的巨石是“戒石铭”，铭石南面镌刻“公生明”三个大字，意在提醒官员只有公正，才能明察秋毫，清正廉明，北面刻的是“尔奉尔禄，民脂民膏；下民易虐，上天难欺”，意在告诫官员要洁身自好，为官一任，造福一方，把戒石铭作为官鉴，竖立在府衙之内，始于北宋，也是我国政治制度史的首例。

经过“戒石铭”，便是开封府的正厅，又称大堂、厅事。是开封府长官发布政令、处理政务以及举行重大活动、审理要案的地方，大堂庄严肃穆，“清正廉明”的匾额昭然天下，“肃静”“回避”虎头牌列在公案两侧，特别是大堂前摆放的龙头、虎头、狗头三口铜铡，让人望而生畏。相传龙头铡用于处死犯法的皇亲国戚，虎头铡用于处死违法的贪官污吏，狗头铡用于处死违法的刁民恶棍。

梅花堂坐落在一个梅花飘香的四合小院之中。包拯每天处理完诉讼案件后，就下令打开府衙后门，允许百姓直入府内诉说冤情，这样一来，老百姓告状从后门要比从府门进入大堂方便得多，因为当时开的是后门，所以人们都称包公“倒坐南衙”，堂内有一组蜡像陈列。

我们现在看到的是潜龙宫，是宋仁宗为纪念他的父亲宋真宗曾任开封府尹而建造的。潜龙宫前身为射堂，是太宗为真宗修建的习箭之地。后来，仁宗将真宗任开封府府尹时办公居住的廨舍，修成了潜龙宫，府衙内设宫，开封府是全国唯一。

现在我们看到的是天庆观。也许有人会问，一个衙门内怎么会有道观呢？这也是开封府的一奇。大家知道，北宋几位皇帝都崇信道教。宋真宗当政时曾下令全国所有的州县都要建立天庆观。当时开封府兼管全国的佛、道教事宜，既然是“圣上有旨”，当然更得率先垂范。但因京城人口稠密，一时找不到合适的地方，就在开封府内辟出一块地方建起了这座道观，既把它作为开封府崇奉道教的圣地，又把它作为开封府管理全国佛道两教事务的管理机构和官员办公场所，其功能、地位大概与今天的全国佛教协会、道教协会相仿。

在开封府游览，不仅能看到宏伟的宋式建筑、大批珍贵史料以及有关轶事的陈展，还能欣赏到精彩的文艺表演。府门前的《开衙仪式》是迎宾节目。通过开衙来表示开封府的威严肃穆，节目以皇帝下旨的形式赞扬包公的丰功伟绩，而包公的出场亮相，则将该表演推向了高潮。

演武场迎宾是精心为游客准备的又一演出节目，每日上午和下午在演武场表演：“破阵金鼓”“豪迈奔放，声震中天”“兵器演练”“龙腾虎跃，刀光剑影”“变脸喷火”，精彩绝伦，令人目不暇接；“旗阵演练”，变幻莫测，暗藏玄机；宫廷舞蹈“踏歌”更是莺歌燕舞，飘逸潇洒……整个演出精彩纷呈，令人叹为观止。展现了大宋王朝鼎盛时期“万国咸通，八荒争凑”的繁荣昌盛景象，在演出场地还为游客安排了同“包大人”合影的机会。

朋友们！开封府的讲解就到这里，谢谢！欢迎大家再次光临开封府观光游览！

【情景模拟】

在开封清明文化节期间，未来旅行社接待了来自安徽的旅游团，一行 20 人，根据接待计划要求，参观开封府景区，小李被旅行社安排负责接待。请问，如果你是小李，该如何做好本次开封府游览活动的准备？

【物质准备】

1. 导游旗帜、导游证、接待计划书、学习笔记、耳麦、欢迎词、欢送词、实训评价表、开封府景区资料、多媒体课件。

2. 根据旅游团的情况，确定景区讲解导游词写作。

实训程序

第一步：按照项目任务，明确实训要点。

1. 检查学生掌握开封府景区的相关知识及写作讲解导游词等方面的技能要点；

2. 让学生结合各自的特长和景区的内容，确定讲解的导游词，写作后进行熟记讲解。

第二步：按照 4 人一组，结合情景要求，分角色扮演导游人员和游客进行模拟练习，体验旅游接待服务的过程和对导游人员的要求。

第三步：模拟讲解时，老师巡视指导；结束后，小组进行互评各自的优点和不足。

第四步：在互评的基础上，挑选一组进行公开展示，老师进行点评，并在评价记录表中填写成绩。

实训效果评价表

评价项目内容	实训过程评价		结果评定
	自我评定	小组评定	教师评定
开封府景区的知识要点		A○ B○ C○ D○	A○ B○ C○ D○
写作开封府导游词模拟讲解		A○ B○ C○ D○	A○ B○ C○ D○
学习态度		A○ B○ C○ D○	A○ B○ C○ D○
团队合作		A○ B○ C○ D○	A○ B○ C○ D○

续表

评价项目内容	实训过程评价		结果评定
	自我评定	小组评定	教师评定
语言表述		A○ B○ C○ D○	A○ B○ C○ D○
礼节礼貌		A○ B○ C○ D○	A○ B○ C○ D○
评定标准：A.准备充分，参与积极。认真实训，效果良好。 B.准备较充分，参与较积极。实训较认真，效果较好。 C.准备不充分，参与不够积极。实训不够认真，效果一般。 D.没有按照要求准备，实训效果不好。			
改进建议：		综合评定： A○ B○ C○ D○	

任务八　清明上河园景区模拟讲解实训

【实训目标】

1. 掌握清明上河园景区的基本知识；

2. 利用景点景区讲解方法写作清明上河园导游词，进行模拟导游讲解实训。

【导学提示】

清明上河园是河南省旅游局每年组织全国导游资格考试时进行现场导游考试（面试）的必考景点景区之一，也是开封市各个旅行社团队接待服务或者是散客旅游服务中旅游者必选的旅游景点，更是开封市重力打造的国际旅游品牌之一。作为将来在开封市要从事旅游接待服务的中职旅游服务与管理专业的中职学生，不仅要了解必需的旅游接待服务程序，应该学习、掌握开封市清明上河园景点景区的特点、特色，更应该熟练地进行景点景区的导游讲解服务工作，引导旅游者体验"一朝步入画卷，一日梦回千年"大宋主题公园的魅力；更感受一千年前的开封繁华气息。同时也从中认识宋代著名画家张择端及其画作《清明上河图》的价值，一张图打造一座国家5A级旅游景区，本身就是开封市对文化的传承，以此成为开封市向国内外宾客进行文化宣传的一张名片。此时作为开封人，你不应该感到自豪和骄傲吗？

【情景导入】

李想按照老师的要求又完成了开封市内一个景点"开封府"的学习任务，并且进行了实训模拟，虽然导游词还不是那么熟练，讲解还不是很到位，但是在老师的点拨后，还是有了质的飞跃，至少可以说，假如有一天真的成为一名导游，担任旅游接待任务讲解"开封府"景区的话，应该能够基本胜任，以后只要不断训练，向已经在岗的学姐、学兄们学习借鉴，相信自己一定可以成为一名合格的导游人员。“万丈高楼平地起”，打好基础是最重要的事情。今天，李想听到老师讲，品过开封小吃，今天将要品大餐了，呵呵，原来是要学习开封市唯一一家国家5A级旅游景区“清明上河园”呀！于是，李想带着好心情，跟随老师一同走进“清明上河园”学习……

一、清明上河园的位置

开封市清明上河园位于开封市城内西北部，开封市龙亭湖西岸，北与开封市翰园碑林相邻，西面毗邻开封城墙，东南面有开封水系相连接。

二、清明上河园景区概况

开封清明上河园整个景区的建设是以宋代著名画家张择端的《清明上河图》为蓝本，按照图中布局，采用宋代营造法式，结合现代建筑方法，按1∶1的比例原样建造而成。它集中再现了原图东京的景观和民俗风情，形成了一座大型的宋代民俗风情主题风情乐园，成为国家郑、汴、洛黄河旅游专线上的重点配套工程。

清明上河园景区

清明上河园景区，占地600多亩，水面积达180亩，大小古船50多艘，房屋400余间，景观建筑面积30000多平方米，形成了中原地区最大的仿宋古建筑群。景区内仿照《清明上河图》原图，设驿站、民俗风情、特色食街、宋文化展示、花鸟鱼虫、繁华京城、休闲购物和综合服务等八个功能区，并设有校场、虹桥、民俗、宋都等四个文化区。游人们游览清明上河园，可以跨虹桥，登上善门，游鸿福寺，浏览文绣院，下榻古驿站，就餐孙羊正店；可以尽情观赏民间杂耍、木兰织房、朱仙镇年画社园以及吹糖人、剪纸、风筝等民间工艺，当然还有闻名中外的开封小吃。因此清明上河园不仅以恢宏的气势再现了《清明上河图》的原貌，而且用巧妙的创意把历史“活化”，使游人仿佛穿越时空隧道，走进了一幅活动的历史画卷，有一种“一朝步入画卷，一日梦回千年”的时光倒流之感。尤其是每天上午九点钟的开园仪式，蔚为壮观，给游人留下深刻的印象。

三、清明上河园的历史沿革及价值

清明上河园是由开封市人民政府与海南置地集团公司合作建设的一座大型宋文化主题公园，国家5A级旅游风景区，是开封市旅游行业的品牌。园区于1992年7月正式动工创建，经过几年的设计、规划和建设，至1998年10月28日，一期工程建设基本完成，正式对外开放，成为开封市一座以宋文化为主题的大型民俗公园。2008年，清明上河园被河南省旅游局推荐为5A级景区创建试点。2009年，清明上河园成为中国世界纪录协会中国第一座以绘画作品为原型的仿古主题公园。2011 年，被国家旅游局正式评为首批国家 AAAAA 级旅游景区。向游人开放的景观分为三部分：迎宾广场、北苑和南苑。其中一期工程是迎宾广场和南苑部分，在南苑一期工程中，清明上河园对流传至今的宋代民间手工艺和民俗文化进行广泛征集，对失传的古老艺术进行挖掘、抢救，并在园内集中体现。游于园中可欣赏汴绣、木版年画、官瓷、茶道、纺织、面人、糖人等手工艺术的现场表演制作，以及曲艺、杂耍、神课、博彩、驯鸟、斗鸡、斗狗等民俗风情表演。新开放的清明上河园二期工程，反映了宋朝皇家园林建筑的宏伟，晚间的《大宋·东京梦华》大型专场水上实景大宋风情歌舞晚会，把穿越千年历史的游园活动推向高潮。

经过 16 年的磨砺，清明上河园景区以宏大的规模、丰富的宋文化内涵、全新的古代娱乐设施、新颖独特的表演剧目、全新的休闲度假理念，打造中国古代迪士尼乐园，引领中原文化旅游产业的发展方向，给游客一个全新的娱乐体验，成为国家郑、汴、洛黄河黄金旅游专线重点历史文化旅游景区，国家首批AAAAA 级旅游景区和中国非物质文化遗产展演基地，全国文明风景区示范点，更是开封市旅游景区的品牌之一。

四、清明上河园景区布局

清明上河园作为国家 5A 级旅游景区，其整个园区的建筑布局分为三部分：迎宾广场、北苑和南苑。为便于游览观赏，我们按照旅游参观游览的线路进行了解、熟悉和学习。

(一)迎宾广场及大门(掌握)

在清明上河园的东大门外，就是平坦的迎宾广场，这里是游客入园前进行集合的地方。清明上河园的牌子就坐落在园区售票处对面，每天 9 点，清明上河园都要在此准时举行入园仪式，是景区迎接八方游客的“必修课”，也是景区内所有表演剧目中最隆重的节目之一。每天上午九点钟，开园仪式准时开始，场面宏大，演员众多，演出程序井然，先是马队出场，骑手们个个精神抖擞，身着宋装，手举彩旗，在一片节奏整齐划一的冲天锣鼓声中呼啸而出，然后整个马队有序地分列两旁；紧接着就是奔腾而出的欢迎锣鼓，开封盘鼓手们同样是宋装打扮，把大大的盘鼓悬挂在腰间，动作整齐划一，鼓声震耳欲聋，鼓点欢快豪放。在马队分列、鼓声造势的氛围中，迎宾仪式的主角包拯在张龙、赵虎、王朝、马汉簇拥下上场了，只见他铁面黝黑，双日有神，大步向观众走来，包拯声音洪亮，向八方来宾拱手说道：“欢迎您到清明上河园游览！”此时，马队的旗手们旌旗挥舞，盘鼓手中大鼓

迎宾广场及大门

齐震，游客们在“包青天”的带领下，共同走进清明上河园。清明上河园游览的序幕由此而拉开了。

（二）张择端雕像及大型浮雕（掌握）

在清明上河园的迎宾门内侧，有一个大型的人物雕像，这就是《清明上河图》的作者张择端。张择端，字正道，号文友，山东诸城人，宋代著名的宫廷画家。年轻时游学于京师，擅长画舟、船、车马、集市、桥梁等景物，风格自成一家。他创作的《清明上河图》是以北宋东京开封为背景的长卷风俗画，真实地描绘了北宋都城东京城繁华盖世的城市风貌，这幅图的原作现存于北京故宫博物院。

张择端雕像及大型浮雕

《清明上河图》原图长 525 厘米，宽 25.5 厘米，主要描绘了北宋时期东京城东南部、汴河、虹桥沿岸至东水门内外的繁华景象，在这幅画卷上，所描绘的景物、生活场景，栩栩如生，据专家研究，图中绘有任务 684 个，牲畜 96 头，房屋 122 座，舟船25 艘，既有巨商富贾也有街头小贩，既有虹桥、城楼也有行舟路人，就连城中的算卦先生也能看得到。更惊奇的是，专家们发现了店铺中的算盘，所以可以肯定，这是世界上最古老的计算器，早在宋朝时就已经发明出来了，《清明上河图》为我们了解宋代的经济文化、建筑、科学等诸多方面，提供了最形象的珍贵材料。北宋灭亡后《清明上河图》流出皇宫，经无数人之手收藏，其中有 13 位收藏者为《清明上河图》做了 14 阙跋文，来表示对《清明上河图》的喜爱。

今天，在我们面前的大型雕像，高 6 米，重达 30 吨，是由我国著名雕塑家陈修林教授创作而成，取名为“情系东京”。此时的雕像中，张择端手捧巨幅画卷，凝视远方，炯炯有神的目光仿佛看透了 800 年来的风云变幻、世事沧桑，又像是在祝福咱们古老开封的再次辉煌。

雕像正后方的白色花岗岩浮雕，是园区斥巨资聘请能工巧匠按照 6 倍于原图的比例打造的石雕《清明上河图》，全长 33.32 米，高 2.23 米，是迄今为止世界上最大的一幅《清明上河图》石雕，与原图一样具有极高的欣赏价值，同时石雕也为我们的参观欣赏提供了极大的便利。这幅图描绘的是东京汴梁清明时节的繁荣景象，是当年繁荣盛世的见证，突出反映了当时北宋都城的城市面貌和各阶层人民的生活，图中描绘的是城郊农村的景象，广漠的田野，纵横的沟渠，河岸边的老树杈新芽未吐，薄雾轻笼，略显寒意。正是早春季节，而且是清明时节，图中有一支队伍，最先的三个人前呼后喊地追赶着一匹奔马，其后有一顶轿子，轿子上插满柳条，据载，在宋代有一种说法是“扫墓归来不插柳，大鬼小鬼跟着走”，可见图中展示的是扫墓祭拜先祖的习俗。也就是为什么叫《清明上河图》了！

(三) 东京码头(掌握)

沿着参观的道路向西行走后,向左看,这里便是东京码头了。在《清明上河图》中,东京码头一片繁忙景象,码头的下面就是被人们称为东京开封的“生命之河”——汴河。

东京码头

为什么说汴河是东京开封的“生命之河”?这还要从汴河的形成说起,汴河是我国最早开发的古运河之一,它的历史可追溯到春秋战国时期。公元前360年,战国七雄之一的魏国魏惠王为了称霸中原,在这里开挖了鸿沟,从现在的河南荥阳引入黄河水,向东经过开封,再到淮阳进入颍水,中原地区从此形成了以鸿沟为主体的水上交通网络,运输状况大大改善。到了秦朝末年,楚汉相争,西楚霸王项羽和汉高祖刘邦就曾划鸿沟为界。中国象棋里的分界线用的也是这条鸿沟。隋朝时,炀帝开通大运河,重新疏通了鸿沟,改名为通济渠,上起洛阳黄河,下至淮河泗水,直通长江,成为南北交通和文化交流的大动脉。当时的开封名叫汴州,且因为汴州位于运河的中心地带,进而得到兴盛发展;到了唐朝时,鸿沟被改名为汴河,安史之乱以后,长安、洛阳均遭到严重破坏,而开封的地位却更加突出,正是靠着汴河的通畅,使开封逐步取代长安和洛阳,尤其是北宋时期,汴河更是通达南北、勾连东西的交通通道,开封成了闻名于世的八朝古都。

现在呈现在游客面前的汴河,是景区根据《清明上河图》重新挖掘修筑的,全长3800米,游人如果有时间,可以坐一坐仿古的大宋游船,到园中一游。北国水城那“半园碧波满目情”的独特韵味油然而生,一定会令您流连忘返。

(四) 主题广场及仿宋货船(掌握)

主题广场及仿宋货船

从码头出来再向前走,右手边的一处景观极为显眼,为什么要在此设置一个大型水池,并且把一艘仿宋货船放置于此呢?

因为《清明上河图》中最重要的部分是汴河两岸的漕运景象,为了增加清明上河园的历史感,景区便在园中设置建造了主题广场,并在广场中央专门修造了一艘仿宋货船。在北宋时期,我国的经济重心从黄河流域已经转移到了长江以南,北宋政府每年要通过运河从南方运输数百万石粮食和大批布帛等物资到开封,以此供应皇室、官员和驻军日常生活之用，因此需要修建大批运输用船，所以北宋时期官办造船和民间造船业都相当发达。宋代造船的一大显著特点就是建造大型船舶的能力提高了，据记载，当时已经制造出载钱二十万贯、米一万二千石的大船，号称万石船。古时候的一石相当于现在的一百二十斤，您可计算一下，这样的船能载多少重量。并且，宋代货船种类很多，制造工艺也达到了前所未有的水平。

主题广场前的这艘仿宋货船，由人造喷泉喷涌出的水沿着船底缓缓涌出，使船产生在水中行驶的动态感，这预示着清明上河园为了弘扬祖国的优秀历史文化，将乘风破浪，不断前进。

广场上的白鸽是和平的使者，您可以去喂喂它们。它们可能会飞到您肩上以表示欢迎，请不要害怕。您可以拍照留念，作为到清明上河园一游的美好纪念。

（五）虹桥（掌握）

在张择端的《清明上河图》中，虹桥可谓整幅图中核心所在，原图中的虹桥是中国古代桥梁史上的一项重要的创造，被列为中国十大名桥之一，也是清明上河园中的一处主要景观。虹桥始建于1050年，为当时北宋京城的水陆交通运转畅通发挥出了巨大的作用，后毁于战火。为什么叫虹桥呢？因为该桥横跨“汴河”，其势如虹，上可走马过人，下可载货行舟。远看似一道彩虹横架在汴河之上，故名叫作“虹桥”。今天，游人面前的这座拱桥，是仿照原图建造的，这应归功于张择端真切地视像描绘，应当感谢他给了后人重睹北宋京都风景线的机缘。

虹桥飞架在汴河之上。据史书记载，汴河始于战国的魏，通于隋，畅于宋，上起河洛，下至淮泗，直通长江，为北宋南北贯通的大动脉。各地所产的粮食，所收的赋税，各种奇珍异果都是沿着这条河运到京城来的。汴河对于当时的北宋可谓至关重要。由于舟船往来，客商众多，于是在河的两边就出现了许多店铺，汴河两岸是最繁华热闹的地方，虹桥左右店铺林立，舟船如梭，商贾云集。

《清明上河图》中的虹桥

重建的这座虹桥于1998年建成，桥跨径25米，高5米，跨度比为1:5；桥的两边设有四根望柱和四根9米高的立柱，顶部有一圆盘，上面泊立白鹤鸟，随风转动，对照下面的十字交叉木就知道白鹤所指的方向，这是古代的风向标。

重建后的虹桥

登上虹桥，极目远眺，清明上河园美景尽收眼底，桥下的汴河上面，一艘小船徜徉其中，令人流连忘返。这里是进行拍照的好地方，让美丽的虹桥和着清澈的汴河水碧波，为游人的旅行带来永久的记忆。

（六）十千脚店（掌握）

虹桥自北向南下桥，在桥的右边，有一座牌楼，上面写着“十千脚店”。这是最集中展示宋朝文化之精华之笔。这个店名会引起游客的好奇，“脚店”的名字是什么意思呢？是洗脚的地方？还是歇脚的地方，答案都不是。其实，在北宋的时候，只卖酒不酿酒的酒店叫作“脚店”，而能酿酒又卖酒的酒店叫“正店”，“十千脚店”自然是只卖酒不酿酒的小酒店了！而“十千”又是什么意思呢？其实“十千”一词最早见于《诗经》，意思是数量之多，到了三国时期，三国著名诗人曹植在其作品《名都赋》中有“归来宴平乐，美酒斗十千”的诗句，于是，“十千”就引申为高等美酒的意思，后来，“十千”就成为“美酒”的代名词了。此处的小酒馆，用上“十千”显示其虽然小，但是却显示酒店的主人颇具文才。

（七）文绣院（熟悉）

文绣院位于“十千脚店”的隔壁，这里是展示北宋文化精华的地方。其精华名叫“汴绣”，“汴绣”和苏州的“苏绣”、湖南的“湘绣”、广东的“粤绣”、四川的“蜀绣”一起，并称为中国五大名绣。

在北宋时，刺绣非常盛行，绣品不仅帝王官员爱穿，连平民百姓也用它来装点婚丧嫁娶的衣物。到了北宋末年，宋徽宗喜欢书法绘画，独创出了“瘦筋体”的笔法。为了把他的书法绘画制成刺绣精品，北宋朝廷专门招募了 300 多名绣女，在皇宫中设立了文绣院为他制作，于是就产生了汴绣，因此又被称为“宫绣”或“官绣”。大宋汴绣的特点是古朴典雅、针法细腻、不露边缝。如今，汴绣艺人们在继承古代工艺的基础上，推陈出新，创造出独特的双面绣、乱针绣等技法，使古老的汴绣焕发出新的光彩。

在文绣院中，游人可以看到现代汴绣的代表作《清明上河图》，全图长 525 厘米，宽 25.5 厘米，815 个人物、174 棵树木、122 间房屋、96 头牲畜、8 顶轿子、28 艘船只、20 辆车子，个个栩栩如生。旁边桌子上的一幅汴绣作品，就是时任国家主席江泽民在 1999 年 6 月 22 日视察清明上河园时的亲笔题词。除此之外，请看这里用乱针绣法制成的世界名画，如拿破仑像、热拉尔的《普绪克与爱神》、凡•高的《向日葵》、米勒的《牧羊女》、安格尔的《泉》等，都准确地再现了西洋肖像画和人体艺术的写实性与立体感，显示了大宋汴绣非凡的艺术表现力。在另一面则是中国传统书画的代表，有任伯年的《祝寿图》、韩滉的《五牛图》、韩熙载的《夜宴图》等。

（八）醉杏楼与仿古驿站（了解）

从虹桥下来，左手边就是醉杏楼，其斜对面就是“十千脚店”。“醉杏楼”相传是北宋时亡国的昏君宋徽宗与名妓李师师幽会的地方。每天下午，都会在此演出“杨志卖刀”的精彩节目，为游人带来极富冲击力的视觉盛宴。

与醉杏楼相邻的南面就是仿古驿站。驿站是古时候供传递政府公文的邮差在旅途中休息的地方。清明上河园里的仿古驿站陈设有仿古家具，环境安静优雅，可供游客住宿。今天的仿古驿站就是一座名副其实的宾馆。

（九）虹桥寻胜雕塑（掌握）

与虹桥相对的地方有一组石雕，名叫“虹桥寻胜”，这是根据开封市民间艺术家李程远的长篇小说《宣和风流恨》中的有关情节雕刻而成的。《宣和风流恨》是《清明上河图传奇》的上卷，整个小说描绘了张择端传奇的一生，群雕所表现的是张择端在开封学艺时发生的故事。雕像正中那位手拿折扇、风度翩翩的公子，就是年轻时的画家张择端。而旁边的那位姑娘是他的恋人周秀姑。传说张择端在京师学艺的时候，看到开封繁花似锦的盛况，就画了一幅《东京繁荣图》。当时翰林院的一位老学士看了以后，觉得这幅画只画出了东京开封的脸面，却没有能画出开封的眼睛。张择端听后百思不得其解，就和周秀姑相约来到虹桥，仔细观察汴河漕运的繁忙景象和沿河市民的生活百态，激发出创作灵感。于是，他一拍折扇，大喊：“我找到了！我找到了！”旁边一个牵毛驴的老人奇怪地问：“你找到什么了？”张择端回答：“我找到东京的眼睛了。”不久后，他就创作出这幅流传至今的《清明上河图》。所以，我们就将这组雕像命名为“虹桥寻胜”，来纪念这位伟大的画家。

虹桥寻胜雕塑

（十）勾栏瓦肆（熟悉）

在虹桥览胜处向西不远处，有一座看似简陋的草棚，这就是仿建的北宋时期特殊的民间艺术舞台——“勾栏瓦肆”。这是在北宋时期生产力发展和社会文明不断进步的情况下产生的，当时由于都城人口众多，城市居民的生活变得丰富多彩，打破了唐朝时期

“坊”与“市”的界限，也就是居民区和商业区相分离的制度，实现了“坊市合一、相互渗透”的目标，人们在居住区就可以进行贸易，在这种大背景下，勾栏瓦肆应运而生，据史书记载，当时流行的评书、相声、杂技、相扑、傀儡戏、皮影戏等民间艺术就在这里表演。所以，可以通俗地说，勾栏瓦肆就是普通市民的娱乐场所，也称得上是现代歌舞剧院的前身。在这里可以欣赏到众多民间杂耍等节目表演。

（十一）农家磨坊

在勾栏瓦肆的西面，还有一个特殊的房舍，那就是农家磨坊，即使是在现在的农场也很少看到了，属于即将消失的时代产物。这里的展示重现了《清明上河图》中的北宋民俗风情，在农家磨坊中，可以看到北宋时期居民所使用的生活用具，如碾子碾米，风车筛糠，牲畜拉磨或者人推磨、脚蹬或者手锣筛面粉以及地锅烧柴做饭等农家特有的生活场景，可以体验北宋时农家生活的乐趣，真可谓“千载风情今又现，天开逸趣农家乐”。

（十二）大宋包公秤

从农家磨坊处右转向北走，有一处别样的风景，一杆大秤挂在那里，这就是景区一个别样的风景——“大宋包公秤”，相传是根据当年包拯陈州放粮时惩治贪官奸商时所用。实际上是人们对北宋时期著名的清官包拯包大人的尊敬与怀念。每天在这里会有很多人来此观光，一位身材魁梧的饰演包拯的演员在此进行现场称量，特别让人愿意参与的是演员的态度、笑容和那出口成章的解说词引来八方宾客的好奇，前来称量自己的体重，并得到“包大人”恰到好处的评判。游人的参与性极高，愿意让“包大人”的保佑为家人带来欢乐安康。

大宋包公秤

（十三）鸿福寺

从“大宋包公秤”处向北，有一处寺院建筑，这是仿建的北宋鸿福寺。在《清明上河图》中只画上一间山门，一个和尚披着佛衣站在门口，并没有标明寺院的名字，但是景区建设时，依据北宋东京当时佛教得到皇帝的青睐，香火最鼎盛的是东鸿福寺和西鸿福寺，于是就把西鸿福寺建在这里。据载，当时鸿福寺不仅是烧香拜佛的佛寺，也是春天人们外出踏青的休闲胜地，据元代孟元老《东京梦华录》中提到，当时人们在元宵过后，春天来临之时一定会到鸿福寺等地探春游玩。

复建的鸿福寺内，大殿供奉的是观音，东殿供奉的武圣关羽，西殿供奉的是送子观音，这些供奉的佛像特别请来开封大相国寺的高僧开光，以此保佑众生，给前来参观的客人带来吉祥平安的祝福。

鸿福寺

(十四)平桥观鱼和上善门

平桥观鱼是进入上善门之前的又一个景观，汴河上横架着平桥，在桥头护栏处即可观赏汴河中的彩色鲤鱼了。这些鱼是专门从日本引进的金鱼品种，叫作锦鲤，本来日本不产鲤鱼，后来由于我国的鲤鱼流传到了朝鲜，又由朝鲜传到日本，经过改良培养，就变成了现在名贵的锦鲤，因此也成为日本的国鱼。

上善门位于平桥的西面，是在《清明上河图》中画家浓墨重彩描绘的标志性建筑，气势巍峨。

复建的上善门，城门高21.6米，门洞高达8米，整个城楼建筑面积为1553平方米。巍峨的城门楼，加上金碧辉煌的彩绘，更突显了它的辉煌与壮观，因此人们称赞它是“勾梁画栋、气宇不凡”。众所周知，在封建社会，等级森严，建筑同样分不同的等级，从门钉上看，横7竖9，一共63颗，说明不是最高等级，不是皇家大院。最高级别的建筑应是横9竖9，高达81颗，81是阳数之首，有“至尊”之意，而上善门的门钉是63，表示虽然不是最高级，但是也是比较高的级别了。在《清明上河图》中，上善门起到了分界作用，恰好把城内的繁华建筑和城外沿河沿街市场一隔为二了。

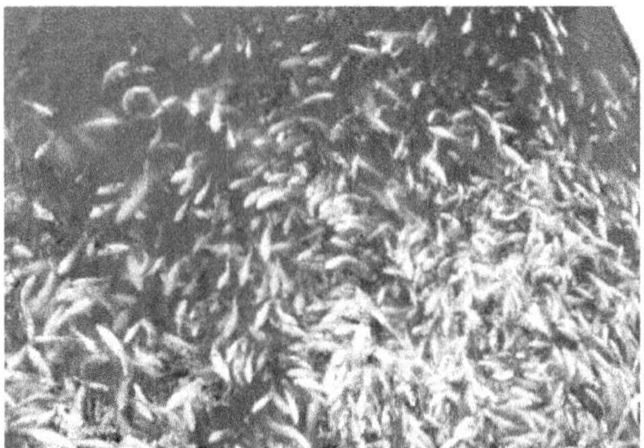

平桥观鱼

复建的上善门

（十五）孙羊正店

进入上善门，首先看到右手方向一座高大气派的酒楼，生意兴隆，锦旗飘飘，这就是“孙羊正店”，这是《清明上河图》中的又一处点睛之笔，在前面的“十千脚店”景观处曾经提到“正店”，通常是资金雄厚的大型酒店。据记载，“孙羊正店”称得上是北宋时东京开封72家正店中的佼佼者。

孙羊正店

复建的“孙羊正店”门前的装饰，叫作“欢门彩楼”，其作用相当于今天的霓虹灯，门前的4个色彩鲜艳、造型非常别致的灯笼，叫作“栀子灯”，因其醒目易于辨认，成为酒店的标志；门口的栏杆叫“拒马叉子”，在北宋时为了专门迎接皇帝圣驾，防止牲畜撞到墙上而设置的，后来演变成了一种习俗性的装饰品。在店前的广场上常有惊险刺激的喷火表演。“孙羊正店”里面餐饮设施齐全，集中了北宋时期的饮食精华，有宋代小吃、宫廷御宴等，为入园游览的客人提供了品尝开封名吃的场地和条件。

（十六）久住王员外家

与“孙羊正店”酒楼相对应的位置，就是清明上河园中最具有观赏性和参与性的景观，名叫“久住王员外家”。员外是古时候退休官员的统称。“久住王员外家”是《清明上河图》中的一个细节，“久住王员外家”实际上是一座北宋时期的客店。

招亲节目

在北宋时期，东京开封城内的流动人口较多，于是经营客店的人也很多，一些当官的人也跟着争相经营。“久住王员外家”就是由姓王的员外所开设的一家客店，“久住”实际上是一句广告词，用来吸引客人的，别小看这家客店，在整个园区中却是北宋民间文化的载体。为了增加旅游者的参与性和体验感，园区根据当时的情况设计出一个反映北宋民俗风情的“招亲”节目：王员外有个女儿，天生丽质，年方二八，有沉鱼落雁、闭月羞花之貌，又琴棋书画样样精通，但这位小姐性格倔强，不信所谓的“媒妁之言”，一定要自己给自己找一个如意郎君，于是王员外就搭起彩楼，用抛绣球的方式招亲，如果哪位小伙子有幸被打中，就可以上楼和王小姐“拜堂成亲”了。所以，每天这个地方游人很多，大家兴高采烈地等待着王小姐抛绣球呢！这种具有民俗风情的节目，为入园的游客们带来新鲜感，成为众多节目中最吸引人的一处景观。

（十七）南苑的其他建筑景观

由于清明上河园南苑的面积较大，所设置的景观还有很多，诸如张择端纪念馆、东京食街以及丰富多彩的节目，为旅游者带来丰富的视觉冲击。限于篇幅，不能一一详尽地进行介绍，更多的是留给旅游者亲自走进清明上河园区去发现、去体验、去感受大宋民俗主题公园的魅力。

（十八）北苑皇家园林景区概况

以牌楼为分界线，从南苑景区经过牌楼即进入北苑皇家园林景区了，北苑景区是清明上河园的二期工程，主要反映宋朝皇家园林建筑的宏伟以及宫廷娱乐的厚重奢靡。信步于皇家园林，可以在景区内欣赏到亭台楼榭，以及宣德、宣和二殿，茗春坊，四方院，抚云阁等仿宋建筑。北宋皇城，宏伟气魄，壮丽壮观，令人叹为观止，那"笙歌归院落，灯火下楼台"的帝王生活仿佛就在眼前，向你描述千年之前的宋都风流。

牌楼

（十九）拂云阁

在皇家园林内，整个园区内最高的建筑，就是"拂云阁"了。其建筑结构非常独特，叫作明四暗三结构，外面看是四层红楼依次而上，屋檐金瓦熠熠生辉，实际上在里面是三层楼阁，整座红楼建筑矗立在园区碧波之中。"拂云阁"的"拂云"有两层含义：其一是指楼阁高入云端，轻拂白云；其二是指吹拂掉历史的云烟，还宝图一个真迹。

登上拂云阁，整个园区风景尽收眼底，让人领略到清园设计师的用心和匠心，收获其他景区所没有的愉悦之情。

拂云阁

（二十）九龙桥

九龙桥也是清明上河园中的主要建筑主景之一。毗邻拂云阁，九龙桥是清明上河园园区中体量较大的砖构石桥，不仅为游人欣赏园中美景提供交通便利，同时也为后人留下了一座建筑艺术精品。桥旁的大银杏树，是宋代遗物，已有近千年的历史，银杏树用浓密的绿荫笼罩着九龙桥，登桥而上，小风吹拂，桥下流水，此时此刻，游人尽情陶醉在桥周围的美景之中。

（二十一）四方院

在皇家园林中建造一座富丽堂皇的四方院，毗邻园中临水大殿，可谓别有深意，其实它的作用是北宋时期皇帝和娘娘在园中小憩的地方。而今，在这里主要是为游客提供一个参与性节目：着古装、入号舍、答考题等科举项目，品味古代学子们为功名参加考试之艰辛，同时也享受金榜题名后的欢欣鼓舞之喜悦。

九龙桥

四方院

（二十二）临水大殿——宣德殿和宣和殿

在皇家园林中最能够反映建筑风格身份的是临水大殿——宣德殿和宣和殿了。两殿邻水而建，比肩而立，造型庄重巍峨，如同一对在水边私语的爱侣。其实，这两座大殿在宋代是男宾、女眷的两个大包厢，和对面的水心榭联结起来，就是一个功能考究的皇家歌剧院，与南苑的“勾栏瓦肆”形成鲜明的对比。登上大殿，俯瞰全园景色，眼前美景，层次分明，池中诸景，尽收眼底，在此观赏园中水上演出，一览无余。

（二十三）水心榭

在北苑景区内，有一个别致的建筑——水心榭。它四面临水，一桥相连，榭顶玲珑别致，仿如出水芙蓉，令人赏心悦目；榭中管弦吹调，丝乐缈缈，让人有“此曲只应天上有，人间哪得几回闻”之感。

临水大殿——宣德殿和宣和殿

水心榭

（二十四）《东京梦华》水上实景演出

在清明上河园中除了白天可以欣赏到的园区美景，晚上更有精彩节目演出为旅游者带来饕餮盛宴——《大宋·东京梦华》，这个节目是由清明上河园投资 1.35 亿元人民币、著名导演梅帅元策划的大型水上实景演出，整个节目的演出运用了大量的科技手段，制造出梦幻般的艺术效果，把人们的记忆拉向了1000多年前的“世界纽约”——北宋东京的辉煌时代。整场演出是根据北宋经典的宋词和一幅《清明上河图》串联起来的精彩画面，把精心选择的北宋印象涵盖进去，达到以此唤起民族兴亡的思考和渴望崛起的民族激情。节目以70分钟的时间与700多位演员的参与演出，在临水大殿前的水面上展示出来，成为中国实景演出的一大力作，产生了巨大的轰动效应，成为河南景区中实景演出的品牌作品。

【模拟情景】

2017年开封清明文化节期间，有一山东旅游团来汴游览，未来旅行社负责接待，旅游团一行28人，下榻于开封中州国际酒店，小李负责接待，旅游团不仅要参观游览清明上河园，而且还要参加晚上的清明上河园的实景演出。假如你是小李，你该如何进行接待服务？怎样进行讲解？

【物质准备】

1. 学习笔记、模拟导游旗帜、导游证、接团计划、耳麦、实训评价表、清明上河园导游词、多媒体课件。

2. 模拟导游实训室。

实训程序

第一步：按照项目任务，明确实训要点。

(1) 检查学生掌握地陪导游人员接待服务的要求及对清明上河园景区的知识点理解和记忆等的技能要点；

(2) 让学生结合自己的学习理解，写作清明上河园的导游词。

第二步：按照4人一组，结合情景要求，分角色扮演导游人员和游客进行模拟练习，体验旅游接待服务的过程和对导游人员的要求。

第三步：模拟演练结束后，老师巡视指导，小组进行互评各自的优点和不足。

第四步：在互评的基础上，挑选一组进行公开展示，老师进行点评，并在评价记录表中填写成绩。

实训效果评价表

评价项目内容	实训过程评价		结果评定
	自我评定	小组评定	教师评定
清明上河园的建筑布局知识		A○ B○ C○ D○	A○ B○ C○ D○
清明上河园导游词写作与讲解		A○ B○ C○ D○	A○ B○ C○ D○
学习态度		A○ B○ C○ D○	A○ B○ C○ D○

续表

评价项目内容	实训过程评价		结果评定
	自我评定	小组评定	教师评定
团队合作		A○ B○ C○ D○	A○ B○ C○ D○
语言表述		A○ B○ C○ D○	A○ B○ C○ D○
礼节礼貌		A○ B○ C○ D○	A○ B○ C○ D○
评定标准：A.准备充分，参与积极。认真实训，效果良好。 B.准备较充分，参与较积极。实训较认真，效果较好。 C.准备不充分，参与不够积极。实训不够认真，效果一般。 D.没有按照要求准备，实训效果不好。			
改进建议：		综合评定： A○ B○ C○ D○	

附：清明上河园导游词欣赏（依据现场导游考试5分钟讲解要求编写）

各位朋友，大家好！

我们现在游览的景点是开封大型民俗主题公园——清明上河园。许多熟悉中国历史和艺术的朋友可能都知道，《清明上河图》是我国宋代著名画家张择端的传世之作，画中描绘了宋代京都的生活和景色，是有关专家研究我国宋代历史的最形象的图文资料。开封清明上河园以《清明上河图》为蓝本，按照图中布局，采用宋代营造法式，结合现代建筑方法，集中再现了原图的景观和民俗风情。使您“一朝步入画卷，一日梦回千年”。每天上午九点，清明上河园都要举行热烈的开园仪式，蔚为壮观，不可错过。

（在清明上河园大门前）

清明上河园的开园仪式隆重热烈，具有浓厚的地方色彩。首先出场的是马队，旗手们个个身着宋式短装，手擎彩旗，在一片冲天锣鼓声中呼啸而来，分列场地两旁。紧接着奔腾而出的是欢迎盘鼓，盘鼓手也是宋装打扮，大鼓悬在腰间，动作整齐划一，鼓声震天，鼓点欢快豪放。最后出场的是在张龙、赵虎、王朝、马汉簇拥下上场的一代名相包拯包青天，只见他铁面黝黑，双目有神，大步向您走来，欢迎您到清明上河园游览。至此，马队旗手们手中旌旗挥舞，盘鼓手中大鼓齐震，游客们在“包青天”的带领下，共同走进清明上河园。清明上河园游览的序幕由此而拉开了。

在清明上河园，迎面可以看到一幅长16米、高3米的大型浮雕，浮雕前是汉白玉巨石人像雕塑《情系东京》，一代名师张择端手捧恢宏历史长卷《清明上河图》欢迎您来到清明上河园。让我们先来认识一下一代名师张择端和他的《清明上河图》吧！

张择端字正道，号文友，生于北宋，卒于南宋。年轻时游学京师，擅长绘画，曾任翰林图画院得诏。为纪念张择端，我国著名雕塑艺术家陈修林、庞王宣教授取中华石材之乡山东莱州的白色花岗石雕塑了这尊高大塑像，石像后面则为浓缩《清明上河图》芸芸众生的浮雕，栩栩如生地再现了太平盛世时开封的繁华市景、民俗生活。《清明上河图》中所画的生活景物几乎无所不包，真实地描绘了北宋东京开封城的繁华景象。在这幅长525厘米、宽25.5厘米的画卷上，有各种人物684个，牲畜96头，房屋122座，舟船25艘，既有巨商富贾，也有街头小贩；既有城楼虹桥，也有行舟路人，就连算卦先生也能看得到。专家们甚至还发现了店铺中的算盘。算盘这个世界上最古老的计算器究竟何时发明，目前我们还无法考证，但是《清明上河图》中出现的算盘却是在目前发现的古代图文资料中第一次出现。《清明上河图》是我们研究宋代经济、文化、建筑、科学等珍贵的历史资料，原作现存中国国家博物馆。

清明上河园景区，占地500亩，其中水面120亩，总建筑面积1万平方米。仿照原图，设驿站、民俗风情、特色食街、宋文化展示、花鸟鱼虫、繁华京城、休闲购物和综合服务等八个功能区，并设有校场、虹桥、民俗、宋都等四个文化区。游览清明上河园，可以跨虹桥，登上善门，游鸿福寺，浏览文绣院，下榻古驿站，就餐孙羊正店。游览清明上河园，您可以尽情观赏民间杂耍、木兰织房、年思社，还有吹糖人、剪纸、风筝等民间工艺，当然还有闻名中外的开封小吃。

清明上河园可看景物繁多，让我们先去看看著名的虹桥吧！

展阅《清明上河图》，我们可以看到一造型优美的木顶拱桥。据专家研究，《清明上河图》中的虹桥为中国十大古桥之一，是著名的木拱桥，始建于1050年，为当时北宋京城的水陆交通运转畅通发挥出了巨大的作用，后毁于战火。今天展现在我们面前的这座拱桥，是仿照原图建造的。我们能够重登飞架的虹桥，应归功于张择端真切的视像描绘，应当感谢他给了后人重睹北宋京都风景线的机缘。重建的这座虹桥1998年建成，桥跨径25米，高5米，跨度比为1:5，桥的两边设有四根望柱和四根9米高的立柱，顶部有一圆盘，上面泊立白鹤鸟，随风转动，对照下面的十字交仪木就知道白鹤所指的方向，这是古代的风向标。

虹桥飞架在汴河之上。据史书记载，汴河始于战国的魏，通于隋，畅于宋，上起河洛，下至淮泗，直通长江，为北宋南北贯通的大动脉。各地所产的粮食、所收的赋税、各种奇珍异果都是沿着这条河运到京城来的。汴河对于当时的北宋可谓至关重要。由于舟船往来，客商众多，于是在河的两边就出现了许多店铺，汴河两岸是最繁华热闹的地方，虹桥左右店铺林立，舟船如梭，商贾云集。今天的虹桥下面，是东京码头，诸位感兴趣的话，可以荡起宋式木船，饱览北国水城的万顷碧波。

清明上河园是一所集民俗展示和历史风情为一体的主题公园，各种表演展示遍布全园各处，前方有上善门，城楼群内有仿古编钟。再往前是孙羊正店，当时为北宋东京著名酒店，可提供饮食。沿途有许多店铺，您可以选购自己喜爱的工艺美术品，园内还有许多杂耍艺人、饮食店铺。园内一些表演节目有固定时间，如王员外招婿、梁山好汉劫法场等，可以供大家自由观赏。好了，朋友们，今天关于清园的讲解至此结束，接下来大家自由参观，谢谢大家！

任务九　焦裕禄纪念园模拟讲解实训

【实训目标】

1. 掌握焦裕禄纪念园景点景区的建筑布局及知识；

2. 根据景点景区知识写作导游词并进行模拟讲解训练。

【导学提示】

焦裕禄纪念园是河南省旅游局组织的2016年全国导游资格考试中现场导游考试必考景点之一，也是作为红色旅游资源河南省唯一一个景点，不仅具有旅游资源的特色，更多的是景点所包含的思想教育意义，更是当今我们国家开展的“两学一做”党员活动的内容之一。一个县委书记的好榜样——焦裕禄的故事影响了几代人，更多的是“全心全意为人民”的共产主义精神，至今仍然值得我们所有人学习、敬仰，更是进行中小学生爱国主义教育、思想道德教育的楷模。作为开封中职旅游专业学生学习和掌握焦裕禄纪念园的知识进行景点景区讲解活动，也是对我们进行的一次集中的思想教育活动，同时，也是对我们进行的一次人生观、价值观、世界观的教育。“立德树人”是我们永恒的话题，通过学习，要全面、正确地认识焦裕禄及焦裕禄精神的内涵，用实际行动缅怀先烈，做一个对社会有用的人。

【情景导入】

今天，李想在老师的带领下认识另外一个当代的名人、优秀共产党员焦裕禄，缅怀之情油然而生，这是又一张宣传开封的名片，是开封人的骄傲，刚好在开封市清明节期间举行“清明文化节”活动。在老师的带领下，把清明祭扫活动与景点讲解结合起来，一举两得，所以，李想做好了准备，前往焦裕禄纪念园去学习、祭拜！

一、焦裕禄纪念园的位置

开封焦裕禄纪念园位于兰考县城明末清初的黄河故堤的沙丘上，即兰考县城关镇建设路88号。纪念园始建于1966年2月，距离开封市区50多公里，交通较为便利。

二、焦裕禄纪念园景点景区概况

焦裕禄纪念园占地91.7亩，主要建筑物有革命烈士纪念碑、焦裕禄烈士墓、焦裕禄同志纪念馆等，属中轴对称纪念性园林，为纪念县委书记的好榜样——焦裕禄而兴建的纪念园。焦裕禄同志是一位心里装着兰考人民，唯独没有他自己，为兰考人民鞠躬尽瘁，死而后已，被誉为当代人民公仆，县委书记的好榜样，让兰考及全国人民无限敬仰。到焦裕禄纪念园参观，是一次最有意义的学习活动。

焦裕禄纪念园

三、焦裕禄纪念园的历史沿革及价值

焦裕禄是山东淄博人，1962 年 12 月出任中共兰考县委书记，上任后，焦裕禄身体力行，为改变兰考县贫穷落后的面貌，他带领兰考县的干部群众向风沙、盐碱、内涝等三害作坚决的斗争，但终因积劳成疾，于 1964 年 5 月 14 日因肝癌医治无效逝世，终年 42 岁。焦裕禄在兰考工作加起来只有短短的一年零三个月时间，他用实际行动践行了一个共产党员的诺言。逝世后，其高尚的品行受到广泛称赞，被誉为县委书记的好榜样。毛泽东同志亲自为焦裕禄的逝世题词纪念。焦裕禄逝世后，于 1966 年 2 月，河南省政府追认焦裕禄同志为革命烈士，根据焦裕禄生前“我生前没有把沙丘治好，死后也要把我埋在兰考的沙丘上，看着兰考人民把沙丘治好”的遗愿，把焦裕禄的遗体从郑州烈士陵园运回兰考，安葬于此，建立了焦裕禄烈士陵园，2007 年更名为焦裕禄纪念园。

焦裕禄

现在的焦裕禄纪念园先后被评为“全国重点烈士纪念建筑物保护单位”“全国重点文物保护单位”“全国爱国主义教育示范基地”“国家 AAAA 级旅游景区”“河南省大、中、小学生教育基地”等。

焦裕禄烈士墓

纪念园自兴建以来，一直受到党和国家领导人的亲切关怀，习近平、江泽民、胡锦涛、乔石、李岚清、李铁映、李长春、贺国强等中央领导亲临纪念园视察，对纪念园的工作给予充分肯定，并号召全党、全国在新时期进一步弘扬焦裕禄精神。近年来，接待前来瞻仰纪念的群众达

50多万人次，接待10多个国家和地区的友人、华侨1万多人次，纪念园已经成为全国各族人民学习纪念焦裕禄精神、进行爱国主义教育的重要基地。

四、景区建筑布局

整个园区属于中轴对称的纪念性园林，主要建筑物有革命烈士纪念碑、焦裕禄烈士墓、焦裕禄同志纪念馆等。

（一）革命烈士纪念碑

焦裕禄纪念园中的革命烈士纪念碑位于纪念园南部的中心部位，于1993年5月落成，占地面积为400平方米，纪念碑由碑座和碑体两部分组成，碑高19.64米，其寓意为纪念焦裕禄同志1964年逝世。在纪念碑的正面（面南），镌刻着毛泽东主席当年亲笔题"革命烈士永垂不朽"八个大字，在碑座的正面，有三块浮雕，分别是"解放兰考""访贫问苦""查三害"等画面；"解放兰考"的浮雕内容反映的是中国人民解放军在解放兰考时不怕牺牲、浴血奋战的英雄主义精神；"访贫问苦"浮雕内容反映的是焦裕禄上任后，在风雪夜下乡访贫问苦、为贫苦农民送温暖的情景，表现了焦裕禄同志关心群众疾苦、与人民群众心连心的公仆精神；而"查三害"浮雕反映的是焦裕禄同志带领干部深入基层调查研究，和兰考人民一道查三害、战三害的斗争精神。这些画面赞颂了以焦裕禄为代表的革命者所具有的英雄主义精神、公仆精神和斗争精神，纪念碑的背面则是纪念碑的碑文。

革命烈士纪念碑

革命烈士纪念碑的碑体与碑座连接处是一双手捧着泡桐花与松柏枝叶编织的花环造型，寓意焦裕禄精神像松柏一样万古长青，像泡桐花一样永远开在兰考人民的心中。纪念碑在周围苍松翠柏的掩映下，显得洁净无瑕，庄严肃穆。

（二）焦裕禄烈士墓及墓碑

在纪念园"革命烈士纪念碑"的北侧是焦裕禄同志的墓葬位置，占地200平方米，有墓碑、墓周护栏和墓后屏风墙三部分组成。焦裕禄同志墓碑位于墓区的最高处，由大理石雕砌而成，碑高2.75米，正面镌刻着"焦裕禄烈士之墓"，焦裕禄同志的遗像镶嵌在墓碑上部，墓盖由汉白玉镶嵌，墓碑的背面为焦裕禄烈士的生平简介，墓的四周由不锈钢柱与钢环相连接，构成围栏状。在幕后的屏风墙上镶嵌着毛主席题词"为人民而死，虽死犹荣"九个金光闪闪的大字。整个墓区广场达2000平方米，平整开阔；整个墓区，松柏参天，庄严肃穆。在墓碑的两侧分别刻有我国著名诗人、文学家郭沫若和开过元勋董必武等撰写的诗文。焦裕禄同志永远地安眠于此，为今天兰考人民已经治理好三害而安息。

焦裕禄烈士墓及墓碑

（三）焦裕禄纪念馆

在焦裕禄同志墓区的西侧，是1994年4月建成的焦裕禄纪念馆。该纪念馆是一座现代化建筑，也是目前河南省最大的个人革命烈士纪念馆。纪念馆主体高21米，建筑面积为2100平方米。纪念馆的正面三层大门的正上方横额上，镶嵌着原国家主席江泽民亲笔题写的“焦裕禄同志纪念馆”八个大字。纪念馆内部分为序厅、展览厅、贵宾厅、焦裕禄同志纪念园室和放映厅等部分；其中序厅中的正面，端立着焦裕禄半身铜像，焦裕禄铜像为铜铅合金，铜像高1.5米、宽1.2米、重约600公斤。像座上的“焦裕禄”三个字，是邓小平同志1990年为大型纪实文学《焦裕禄》题写的书名。在铜像的后墙上镶嵌着江泽民同志的题词“向焦裕禄同志学习，全心全意为人民服务”十七个大字，金光闪闪。

焦裕禄纪念馆

在1300平方米的展览厅内，主要展出了焦裕禄同志生平内容的五个部分：分别是“青少年时代”“走上工作岗位”“干部楷模”“人民公仆”“焦裕禄精神长青”等，设计照片版面260块、遗物89件，全方位地展示了焦裕禄同志全心全意为人民服务、鞠躬尽瘁死而后已的平凡而又伟大的一生；在纪念馆内还珍藏有江泽民、李鹏、乔石、李瑞环、刘华清、薄一波、李岚清、李铁映、温家宝、陈云等中央领导的题词等。

这座纪念馆详细地介绍了焦裕禄同志一生感人的事迹，观看过焦裕禄同志的生平事迹，您会真正理解一位共产党人全心全意为人民服务的风采，从中领悟到一个道理：任何时候，凡是为人民做出无私贡献的人，人民永远不会忘记他，焦裕禄同志永远活在人民心中，活在兰考人民的心中。

【情景模拟】

在开封 2017 年“清明文化节”期间，未来旅行社接待了来自山东的一行 31 人大学生红色旅游团，在开封参观旅游的安排中有到兰考县焦裕禄纪念园的参观活动。小李作为地陪导游人员负责接待，4 月 4 日，清明节期间，乘坐旅游大巴前往焦裕禄纪念园参观。假如你是小李，你该怎样进行途中讲解和景点景区讲解。

【物质准备】

1. 学习笔记、导游旗帜、导游证、耳麦、欢迎词、焦裕禄纪念园导游词、模拟实训评价表、多媒体课件等。

2. 模拟导游实训室。

实训程序

第一步：按照项目任务，明确实训要点。

(1) 检查学生掌握焦裕禄纪念园景点景区的建筑布局及相关知识的要点；

(2) 让学生结合自己学习理解，写作焦裕禄纪念园的导游词及途中讲解导游词。

第二步：按照 4～6 人一组，结合情景要求，分角色扮演导游人员和游客进行模拟练习，体验旅游接待服务的过程和对导游人员的要求。

第三步：模拟演练结束后，老师巡视指导，小组进行互评各自的优点和不足。

第四步：在互评的基础上，挑选一组进行公开展示，老师进行点评，并在评价记录表中填写成绩。

实训效果评价表

评价项目内容	实训过程评价		结果评定
	自我评定	小组评定	教师评定
焦裕禄纪念园的景点景区知识		A○ B○ C○ D○	A○ B○ C○ D○
焦裕禄纪念园导游词写作与模拟讲解		A○ B○ C○ D○	A○ B○ C○ D○
前往纪念园途中的讲解		A○ B○ C○ D○	A○ B○ C○ D○
学习态度		A○ B○ C○ D○	A○ B○ C○ D○
团队合作		A○ B○ C○ D○	A○ B○ C○ D○
语言表述		A○ B○ C○ D○	A○ B○ C○ D○
礼节礼貌		A○ B○ C○ D○	A○ B○ C○ D○

续表

评定标准:A.准备充分,参与积极。认真实训,效果良好。 B.准备较充分,参与较积极。实训较认真,效果较好。 C.准备不充分,参与不够积极。实训不够认真,效果一般。 D.没有按照要求准备,实训效果不好。	
改进建议:	综合评定: A○ B○ C○ D○

附:焦裕禄纪念园导游词欣赏

各位朋友:你们好!

欢迎您来兰考观光旅游,到焦裕禄纪念园瞻仰学习。在这里安息着一位让人民群众无限敬仰;心里装着人民,唯独没有他自己;为人民鞠躬尽瘁死而后已的共产党人,他,就是被誉为当代人民公仆、县委书记的好榜样——焦裕禄。

焦裕禄纪念园,位于兰考县城明末清初黄河故堤的沙丘上,始建于1966年2月,占地面积91.7亩,现为全国重点烈士纪念建筑物保护单位、国家级重点文物保护单位、全国爱国主义教育示范基地先进单位、国家AAAA级旅游景区。园内主要建筑物有革命烈士纪念碑、焦裕禄烈士墓和焦裕禄纪念馆。

进入园内,大家首先看到的是革命烈士纪念碑,它建成于1993年5月,占地400平方米,碑高19.64米,寓意纪念焦裕禄同志1964年逝世。纪念碑由碑体和碑座两部分组成。碑体正面刻有毛泽东主席手题"革命烈士永垂不朽"八个大字,碑座正面三块浮雕分别刻有"解放兰考""访贫问苦"和"查三害"的画面,背面为碑文。浮雕"解放兰考"反映了人民解放军战士为解放兰考不怕牺牲、浴血奋战的英雄精神;浮雕"访贫问苦"记录了焦裕禄风雪夜下乡访贫问苦,为贫苦农民送温暖的感人情景,表现了焦书记关心群众疾苦,与人民群众心连心的公仆精神;浮雕"查三害"反映了焦书记带领干部深入基层调查研究,和群众一起查三害、战三害的斗争精神。碑体与碑座连接处是一双手捧着泡桐花与松柏枝叶编织的花环造型,寓意焦裕禄精神像松柏一样长青,像泡桐花一样永远开在兰考人民心中。整个纪念碑在四周苍松翠柏的映衬下,显得洁净无瑕。

接下来,请大家跟随我参观焦裕禄烈士墓。焦裕禄虽然在兰考只工作了一年零三个月的时间,但他却带病带领兰考人民根治了风沙、盐碱、内涝三大自然灾害。终因积劳成疾,不幸于1964年5月14日在郑州病故,时年仅四十二岁。由于当时天气炎热,最初将焦裕禄的遗体安葬在郑州市烈士陵园。1966年,河南省委、省政府根据焦裕禄生前"活着我没有把沙丘治好,死后也要把我埋在兰考的沙丘上,看着兰考人民把沙丘治好"的遗愿及兰考人民的迫切要求,于2月26日用专列将焦裕禄的遗体从郑州运回兰考,安葬在县城北的一个大沙丘上,现在陵墓经过两次重修已经初具规模。

焦裕禄烈士墓,汉白玉结构,占地200平方米,有墓碑、墓周护栏和墓后屏风墙三部分组成。墓碑高2.75米，正面镌刻着“焦裕禄烈士之墓”，碑阴为烈士生平简介，墓后屏风墙上镶嵌有毛泽东主席题词“为人民而死，虽死犹荣”。墓区广场2000平方米，平整开阔。墓前两侧树立着两座题词牌，分别刻有董必武和郭沫若撰写的歌颂焦裕禄的长诗，整个墓区松柏参天，庄严肃穆。

最后，请大家再到焦裕禄纪念馆参观。焦裕禄纪念园自兴建以来，一直受到党和国家领导人以及社会各界人士的关心和支持。1993年，为了迎接“纪念焦裕禄同志逝世三十周年纪念活动”，兰考县委、县政府在各级领导的大力支持下修建了焦裕禄纪念馆新馆。该纪念馆是一座现代化建筑，也是目前河南省最大的个人革命烈士纪念馆。纪念馆主体高21米，占地面积2100平方米。馆正面三层，大门正上方镶嵌的“焦裕禄同志纪念馆”为江泽民同志亲笔题写。馆内由序厅、展览厅、贵宾室和放映厅组成。纪念馆内陈列焦裕禄的遗物八十九件，版面、照片二百余幅，生动地展示了焦裕禄同志全心全意为人民服务、鞠躬尽瘁死而后已、平凡而伟大的一生。馆内珍藏有江泽民、李鹏、乔石、李瑞环、宋任穷、刘华清、薄一波、李铁映、陈云、温家宝、李岚清等党和国家重要领导人的题词。纪念馆落成于1994年5月14日(焦裕禄逝世三十周年纪念日)，胡锦涛同志曾为纪念馆开馆剪彩及焦裕禄铜像揭幕。焦裕禄铜像为铜铝合金，铜像高1.5米、宽1.2米、重约600公斤。像座上的“焦裕禄”三个字，是邓小平1990年为大型纪实文学《焦裕禄》题写的书名。铜像后面红色幕布上镶嵌着江泽民同志的题词：“向焦裕禄同志学习，全心全意为人民服务。”

这座纪念馆详细陈展了焦裕禄一生的感人事迹。观看过他的生平事迹，您会真正理解一位共产党人全心全意为人民服务的风采。纪念馆自建成以来，一直受到党和国家领导人的亲切关怀和高度重视，江泽民、胡锦涛、乔石、李岚清、李铁映、李长春、贺国强等中央领导亲临纪念馆参观，对纪念馆的建设给予了充分肯定，并号召全党、全国在新时期进一步弘扬焦裕禄精神。近几年纪念馆每年平均接待全国各地的人民群众达50万人次，特别是近期举国上下开展保持共产党员先进性教育活动以来，全国各地来参观学习的团队与日俱增。

目前，焦裕禄纪念园已成为全国各族人民学习焦裕禄精神、进行爱国主义教育、接受红色教育的重要基地，是我党广大党员干部进行“三个代表”重要思想教育、保持共产党员先进性教育的重要阵地，焦裕禄纪念园作为红色旅游景区，在新时期、新阶段正在发挥着更大的育人作用，焕发着更加璀璨的光芒。

各位朋友，焦裕禄纪念园的讲解到此结束，祝福您旅途愉快！

任务十 开封翰园碑林模拟讲解实训

【实训目标】

1. 掌握开封翰园碑林景点景区布局知识；
2. 依据对景点景区布局的知识，写作导游词并进行模拟讲解训练。

【导学提示】

开封市人文景观众多，从不同的角度呈献给旅游者丰富多彩的旅游资源，开封市翰园碑林则不同于其他景区的人文景观资源，是一座从“当代愚公”李公涛倾全家之财、集全家之力筹资兴建的一座碑林到无偿捐献给开封市政府的国家4A级旅游风景区，是对中华民族历史文化的有力传承，虽然不是历史文物，但却具有文物一样的魅力，整个景区已经成为河南省文化产业示范基地，国内书法名园之一，是一座集书法、绘画及山水、湖泊、飞瀑等为一体的大型主题文化公园，被誉为“世界之最”“东方文化艺术宝库”。作为开封旅游行业的后继者，我们必须了解和熟悉碑林的建造历史、文化价值，宣传碑林的创始人李公涛“当代愚公”的精神，为开封市文化传承做出应有的贡献。

【情景导入】

李想在老师的引领下，通过两周的学习了解清明上河园景点景区的知识，进而进行导游词的写作，又经反复修改、讲解等环节的尝试，基本上完成了第一步工作——实际训练的准备。这个景点不仅仅是旅游者关注度最高的，而且是每年导游资格证考试必考的一个景区。现在，老师又要带领学生认识一个新的景区——开封翰园碑林，这是在一个饕餮大餐后的一道风味小吃，但作为主题公园，同样是文化传承的范畴，因此，当老师告知李想要学习新的景区开封翰园碑林时，他紧张的心情放松了。翰园碑林的景区虽然面积不小，但是更多的是便于游客参与性的项目，唯一难的就是园区北部的碑廊的内容，知识较多，涉及面广，需要认真了解、熟悉和掌握，可以概括为“南俗北雅”。为此，李想在老师的带领下又开始向新的景区进发，领略开封文化神韵之处！

一、开封翰园碑林的位置

中国开封翰园碑林坐落于古城开封风景秀丽的龙亭湖风景区内，东临龙亭西湖，西、南两面与国家AAAAA级民俗主题公园——清明上河园一路相隔，北临龙亭北路，交通便利，风景优美，是开封市民和中外宾朋节假日期间云集的地方。

二、开封翰园碑林的景区概况

开封市翰园碑林占地120亩，是一座融山水艺术景观和古典园林建筑艺术为一体，集古今中外诗词、书画、碑刻艺术之大成的文化园林。园内山水奇峰竞秀，景色迷人，瀑布跌宕，喷泉丛生，宛如人间仙境。景区分为南北两部分，南面为山水景观艺术展示区，北面为古典园林艺术景区，主要汇集历代书法名碑名帖、当代书画巨匠名篇大作的3500块碑刻，枯润险奇，异彩纷呈，分类镶嵌于古典迷宫式碑廊之中，展线长达6华里。综艺舞台每日两场的精彩演出让你体会雅俗共赏的游园乐趣。每年均在此举行一届春季花鸟鱼虫博览会、翰园金秋文化旅游艺术节以及独具特色的春节庙会等，让您深刻领略文化旅游的超前理念，全新感受过节度假的时尚之风。

三、开封翰园碑林的沿革及价值

中国翰园碑林是由开封市退休干部、年逾花甲的李公涛先生带领全家，节衣缩食，于1985年自筹资金创建的。秉着初心，李先生立下家训：只许投入，不许索取，直至碑林建成无偿交给国家。他这种艰苦奋斗、无私奉献的精神感染了海内外无数炎黄子孙。2004年10月25日翰园碑林被评为省爱国主义教育示范基地工作先进单位；2005年翰园碑林被评为国家AAAA级风景旅游区；2006年又被省命名为河南省先进文化示范基地，李公涛先生被开封市人大常委会授予“当代文化愚公”的称号。李公涛先生被大众誉为“当代文化愚公”。20年来，此壮举被海内外新闻界1000多家媒体报道了6000多次，拍摄专题片20多部。中国翰园碑林名扬海内外。

江泽民、胡锦涛、李长春、曾庆红、李克强、吴仪等党和国家领导人及韩国前总统金泳三、日本前首相海部俊树、泰国公主诗琳通等外国政要亲临翰园视察和参观，高度评价了中国翰园艰苦奋斗、无私奉献的创业精神和所取得的巨大成就。

四、开封市翰园碑林的建筑布局及景观

开封市翰园碑林的景区布局，基本上是坐北朝南，正门面向南，后门在景区的背面，按照参观游览的路线，自南向北进入景区，主要有以下景点景观。

（一）景区大门

开封市翰园碑林的大门位于景区的南面，面向5A级旅游景区清明上河园，整个大门建筑是一座仿宋建筑牌楼，典雅古朴，壮观雄浑，四柱三门牌楼式建筑，上覆黄色琉璃瓦，采用庑殿顶式结构，富丽堂皇，端庄肃穆，在中间牌楼的横额上由中国翰园碑林的创建人李公涛先生书写的“中国翰园”四个大字，金光闪闪，遒劲有力，刚健沉稳，而两旁的横额上还有开封市著名书法家牛光甫先生书写的“艰苦奋斗、无私奉献”八个金字，字迹流畅，笔力雄健，代表了中国翰园的创业精神。

门前是一座三孔的玉带桥横卧水面，玉石栏杆，古朴端庄，桥面由青石铺就，为整个景区的大门增添了历史感。

（二）轩辕黄帝塑像

人文始祖轩辕黄帝塑像，位于翰园碑林的南大门内、仿宋建筑牌楼的后边。轩辕黄帝塑像高达17米，重为20吨，是雕塑家陈修林用白花岗岩精雕而成。黄帝姬姓，号轩辕氏，也叫有熊氏，他是中国统一的奠基人和古老文明的开拓者，历来受到人们的尊崇，称他为中华民族的始祖。在黄帝像的基座上的龙头雕像象征炎黄子孙是龙的传人，整个黄帝像静坐在环形山丘之上，苍松翠柏之间，更显得威武雄伟。成为前来园区游览的客人祭拜的对象。

（三）园内假山风景

开封作为“北方水城”，湖泊众多，但缺少山脉景观与水相互映衬。翰园碑林在建设中，为弥补缺少山脉的遗憾，在园区中建造了一些假山，分别是仰圣山、文萃山和翰园山。其中仰圣山的建造体现出了山的文化品位，集聚了“雄、险、奇、秀”的气势与美感，凝聚了人们对世界名人孔子和古代先贤的敬仰与思慕，落差达18米的仰圣山瀑布，飞

流直下；有 7 条小径可通达山顶，登山而望，周围景色尽收眼底。

除了仰圣山之外，还有文萃山和翰园山，也都以各自不同的造型和位置，体现了山的气势和美景，为游人带来登山的体验和欣赏山水相互映衬的秀丽景色，与仰圣山一同形成了群山竞秀，与园区内花草树木形成百花争艳的美轮美奂的多彩景色。

翰园山是翰园碑林的主体建筑，由原假山改造而成。翰园山有山峰 5 座，最高峰达 28.5 米。山景集雄、险、奇、秀于一身，峡谷陡峭，怪石嶙峋，瀑布垂落，松柏苍翠。山下西南部为中华文字发展史馆，山北为碑坛。

（四）碑坛

在山水景区的北头，一座建筑奇特的碑坛处于南区和北区的中间，这是翰园碑林中的主体建筑之一，碑坛为三层梯田式建筑，各层环墙嵌满碑刻，坛内为一展览大厅，厅内展出翰园碑林所藏碑刻的原作及其他书画家的作品。

假山风景

碑坛

（五）主题碑廊

在翰园碑林北区主要是碑林的主展区，主题碑廊是其中的主要建筑之一，整体建筑面积为 1 万平方米，给人以气势恢宏、雄伟壮观的感觉，其主要内容包括有十大碑廊，以书法艺术为主，集诗、书、画、印精华之大成，展现在游客面前，如同一部刻在石碑上浩瀚的中国文化发展史和书法艺术发展史，欣赏这一块块无声的石碑，让人有穿越时空之感，上下五千年的中华文明史在碑廊的文字间浮现出来！整个碑廊的设计按照时间顺序逐一展示：

1. 碑廊《前言》

碑廊《前言》由当代书法家田英章书写，简要地叙述了开封翰园碑林创建的过程及概况。其书法字体端正平稳，清丽古雅。

2. 历代书法碑廊

历代书法碑廊是主题碑廊的核心，按照时间顺序依次排列，自殷商甲骨文开始至清朝末年，历代书法家的作品均有所展示。

殷商甲骨文是指刻在龟甲、兽骨上的文字，距今已有 3000 多年的历史，是中国文字的鼻祖。甲骨文揭开了中国书法艺术的序幕，其文字发现于 1898 年，地点是在安阳小屯村，是由清代著名金石学家王懿荣发现的，而后在安阳小屯村进行发掘，先后发掘出土 15 万片以上，5000 多字。至今，研究甲骨文已经成为一门学问。

金文是殷商时期镌刻在各类青铜器上面的铭文，也叫钟鼎文。因为商周时期是我国的青铜时代，其青铜器中的礼器是以鼎为代表的，乐器是以钟为代表的，所以钟鼎就成为青铜器的代名词。又由于在周朝以前称铜也叫金，所以，刻在青铜器上的铭文就叫作“金文”，而此类青铜器中以钟鼎上的字数最多，故过去又叫作“钟鼎文”。

篆书是秦代时期的文字，秦代是我国书法史上具有承前启后、诸体创新的时期。著名书法家、秦相李斯创立了小篆体。该体为秦朝统一文字后使用的字体。他书写的碑刻《泰山琅琊》《权量诏版》等作品，字体修长，横成列，竖成行，为今天我国方块汉字的形成奠定了基础。

书法碑廊

汉朝是我国书法艺术发展的奠基时期，其代表字体是隶书，逐渐发展定型，成为汉朝具有统治地位的字体。与此同时，行书、草书和楷书也从隶书发展而来，至此，我国汉字的各种字体都已经成型。

魏晋南北朝时期，我国书法艺术的发展达到高峰期。其代表人物有钟繇、王羲之等，我国的书法艺术发展到一个前所未有的高度。王羲之的代表作《兰亭序》被誉为我国“天下第一行书”，因此，在大唐盛世时，王羲之的《兰亭序》被视作国宝，成为唐太宗李世民的殉葬品，而流传后世的《兰亭序》都是它的摹本，当时，王羲之和他的第七子王献之并称为“二王”，他们的书法对后世的书法艺术影响极大。

唐朝是我国书法艺术的鼎盛时期。出现了一大批书法家，颜真卿、柳公权、欧阳询成为楷书大家，对后世影响极大！以张旭为代表的草书达到了又一个高峰，因此张旭被称为“草圣”，和另一个书法家怀素并称为“颠张狂素”。

宋代是我国书法艺术的一个变革创新时期，出现了以黄庭坚、米芾、苏轼、蔡襄为代表的宋代书法四大家。其中苏轼的《寒食诗帖》被当时称为“天下第三行书”，对后世书法艺术发展同样产生了巨大的影响。

明代是我国书法艺术的又一个发展时期，唐伯虎、沈周、文徵明、仇英等被称为“明四家”。他们同样为我国书法艺术的发展起到了推动作用。

清代是我国书法艺术的“书道中兴”时期，出现了一大批书法名家，如王铎、傅山、邓石如、郑板桥、赵之谦、康有为等书法大家，尤其是“扬州八怪”之一的郑板桥书写的《难得糊涂》《 吃亏是福》等作品对后世书法艺术影响极大。

郑板桥的书法

历代书法碑廊把历代书法名家的作品通过碑刻的方式，展示在游人面前，不仅是对我国传统文化艺术的继承，也是对我国国粹的集中展示。

3. 现代碑廊

历史的传承最好的体现就是现代碑廊。这是近现代我国书法家书法艺术的展示，碑刻的排列是按照篆、隶、楷、行、草五种字体排列的，较为全面地反映了我国自新中国成立以来到现今的现代书法艺术发展的辉煌成就和整体面貌，特别是我国 20 世纪 80 年代以来，书法名家辈出，不仅有毛泽东、郭沫若等老一辈革命家，也有像舒同、启功、王学仲、欧阳中石、沙孟海、沈鹏等书法名家，也有我国港、澳、台等书法名家的书法作品，较好地反映了我国当代书法名家的书法艺术造诣。

翰园碑林的主题碑廊是我国一部书法艺术的大典，汇集了我国历代书法名家的作品，是对我国书法艺术的最好传承。参观了主题碑廊，无异于通过时间隧道做了一次“穿越”。

（六）碑林的其他建筑

翰园碑林除了主题碑廊之外，还建有中山碑廊、篆刻碑廊、绘画碑廊、国际人十书法碑廊、少数民族书法碑廊、名人题词和名人书法碑廊等，是对主题碑廊的补充，构成了书法荟萃、琳琅满目的景象。

这些书法艺术的集中展示，得感谢“当代愚公李公涛”所做出的贡献，目前已经形成了 3700 多块镶碑刻，形成了翰园碑林文化品位高、园林层次高、中国碑林一流的景区特色，成为我国当代最大的民办碑林，长期享有“世界之最”称号的大型文化旅游胜地。

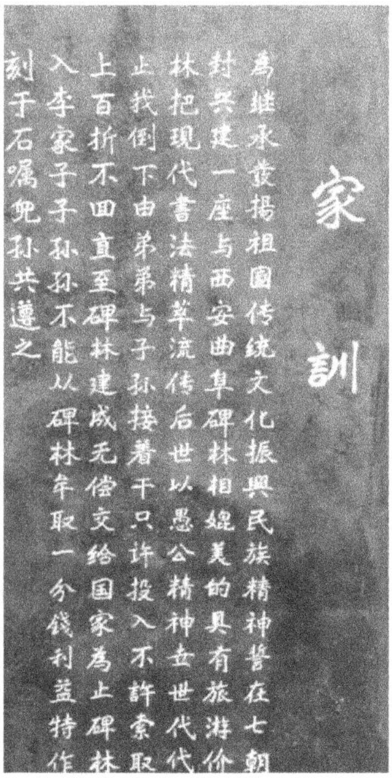

碑刻：家训

(七)认识李公涛其人

李公涛(1927～2016),河南省巩义市人,1951 年参加工作;1953 年参加全国供销社系统先进工作者大会;1957 年被错划成右派,被打回巩义老家达 21 年;1979 年恢复公职,任开封市供销社农村饮食服务公司负责人;1985 年退休后,年逾花甲的李公涛先生带领全家,节衣缩食,要求全家只许投入、不许索取,并立家训刻碑,开始筹建中国翰园碑林。李公涛的这种艰苦奋斗、无私奉献的精神感染了海内外炎黄子孙,对翰园碑林建设进行了大力支持。中国开封翰园碑林也因此被河南省教育厅及 20 多家大中小学定为德育教育基地,李公涛也被开封市政府誉为"当代文化愚公",被中国书法家协会命名为迄今唯一的中国书法名园"中国翰园碑林之父";2011 年被中国文学艺术工作者联合会授予"国家艺术家"称号等。李公涛是开封人民的骄傲,为开封书法艺术的传承做出了巨大贡献,值得每一个参观翰园碑林的客人尊敬。

【情景模拟】

2017 年 4 月,开封市文化旅游学校组织春游活动,春游的地点是开封翰园碑林。根据学校要求,决定安排 15 级导游班学生分别为学校各个班级的同学进行义务导游活动,其中安排小李为汽修专业学生进行义务导游讲解活动。假如你是小李,你将怎样准备为学生进行义务讲解呢?

【物质准备】

1. 学习笔记、翰园碑林导游词、耳麦、模拟实训评价表;

2. 模拟导游实训室。

实训程序

第一步:按照项目任务,明确实训要点。

(1) 检查学生掌握开封翰园碑林景点景区的基本知识要点;

(2) 让学生结合自己学习理解,写作导游词,做好讲解准备。

第二步:按照 4 人一组,结合情景要求,分角色扮演导游人员和学生进行模拟练习,体验旅游接待服务的过程和对导游人员的要求。

第三步:模拟演练进行中,老师巡视指导,小组进行互评各自的优点和不足。

第四步:在互评的基础上,挑选一组进行公开展示,老师进行点评,并在评价记录表中填写成绩。

实训效果评价表

评价项目内容	实训过程评价		结果评定
	自我评定	小组评定	教师评定
开封翰园碑林的景点景区知识		A○ B○ C○ D○	A○ B○ C○ D○

续表

评价项目内容	实训过程评价		结果评定
	自我评定	小组评定	教师评定
开封翰园碑林模拟讲解实训		A○ B○ C○ D○	A○ B○ C○ D○
学习态度		A○ B○ C○ D○	A○ B○ C○ D○
团队合作		A○ B○ C○ D○	A○ B○ C○ D○
语言表述		A○ B○ C○ D○	A○ B○ C○ D○
礼节礼貌		A○ B○ C○ D○	A○ B○ C○ D○
评定标准：A.准备充分，参与积极。认真实训，效果良好。 B.准备较充分，参与较积极。实训较认真，效果较好。 C.准备不充分，参与不够积极。实训不够认真，效果一般。 D.没有按照要求准备，实训效果不好。			
改进建议：		综合评定： A○ B○ C○ D○	

附：开封翰园碑林景点景区导游词欣赏

各位朋友大家好！欢迎来到中国开封翰园碑林参观游览！

翰园碑林位于开封西北隅，是一座大型文化艺术宝库，被誉为“中国第一座最大的民办碑林”。

现在我们来到了翰园碑林，走过雄伟高大的仿宋建筑牌楼，矗立在我们面前的是人文始祖轩辕黄帝塑像。塑像高 17 米，重 20 吨。黄帝姬姓，号轩辕氏，也叫有熊氏，他生活的年代距今已有近五千年，黄帝以统一华夏部落与征服东夷、九黎族而统一中华的伟绩载入史册，成为中华民族统一的奠基人和古老文明的开拓者，历来受到人们的尊崇，称他为中华民族的始祖，所以我们也自称是炎黄子孙或华夏子孙。

开封有“北方水城”之称，因而湖泊很多，但是缺山。因此，翰园碑林为了弥补这个不足，在南部风景区建造了仰圣山、文萃山和翰园山。仰圣山体现了山的文化品位，具有雄、险、奇、秀之气势与美姿，也体现了人们对世界文化名人孔子和古圣先贤的敬仰和思慕。飞流而下的瀑布十分雄伟，落差 18 米。通向山顶，有 7 条小道可以攀登。站在山巅，举目远望，附近景观尽收眼底。仰圣山南面是翰园山，山高 36 米，与仰圣山相互映衬，形成了群山竞秀、百花争艳的乐园。

欣赏过翰园碑林的山水景区，令人心旷神怡，翻过一座小桥后，我们一同参观翰园碑林的重点内容：碑林——中国书法艺术宝库。

这座主体碑廊建筑面积达 10000 平方米，雄伟壮观，气势恢宏，其内容包括十大碑廊，以书法艺术为主，集诗、书、画、印精华之大成，如同一部刻在石碑上的中国文化发展史和书法艺术发展史。

在碑廊里，我们首先看到的是由楷书名家田英章书写的《前言》，简要叙述了翰园碑林的创建过程和概况，字体平稳端正，清丽古雅。

接着参观历代书法碑廊。这是主题碑廊的核心所在，整座碑廊从殷商甲骨文开始到清末，刻有历代书法名家的墨宝，这是按朝代顺序镶嵌的。

殷商甲骨文是刻画在龟甲、兽骨上的文字，它出现在距今3000多年前的殷商时代。甲骨文是中国书法艺术的源头，公元1898年在河南安阳小屯村殷墟被发现，先后出土15万片以上，5千余字，至今，研究甲骨文已成为一门学问。

金文是殷商时代镌刻在各种青铜器上的文字，古代称铜为金，所以称为金文。

秦代是我国书法史上承先启后、诸体出新的开创性时期。李斯创小篆体，他书写的《泰山琅琊》《权量诏版》等，字体修长，横成列，竖成行，为今天方块汉字奠定了基础。

汉代是书法奠基时期。程邈整理的隶书，逐渐发展定型，成为汉代占统治地位的书体，行书、草书、楷书都从隶书中演变而来。至此，汉字各种书体都已具备，为书法艺术的发展奠定了基础。

魏晋南北朝是书法艺术的高峰时期。钟繇、王羲之的崛起，使书法艺术达到了一个前所未有的高度。王羲之的《兰亭序》被誉为"天下第一行书"，在唐代被视为国宝。唐太宗李世民将它作为殉葬品，埋入昭陵，留传后世的是它的摹本。王羲之和他的第七子王献之并称"二王"，其书法艺术对后世影响极大。

唐代是书法艺术的鼎盛时期。颜真卿、柳公权、欧阳询成为楷书大家。张旭称为"草圣"，他和怀素并称为"颠张狂素"。

宋代是书法艺术变革创新时期。苏轼、黄庭坚、米芾、蔡襄为宋四大家，苏轼的《寒食诗帖》被称为"天下第三行书"。

明代有唐伯虎、沈周、文徵明、仇英，被称为"明四家"。

清代是中国"书道中兴"时期，出现了王铎、傅山、邓石如、郑板桥、赵之谦、康有为等众多的书法名家，"扬州八怪"之一的郑板桥书写的"难得糊涂""吃亏是福"，在世上影响很大。

参观历代书法碑廊，似乎有穿越时空之感，上下五千年的中华文明史全部展现在我们的面前，令人叹为观止。下面我们欣赏现代书法碑廊的内容。

现代书法碑廊是按篆、隶、楷、行、草书体排列，比较全面地反映了自新中国成立迄今，现代书法艺术发展的辉煌成就和整体面貌，特别是20世纪80年代以来，名家辈出，可谓群星灿烂。这里刻有毛泽东、郭沫若、舒同、启功、王学仲、欧阳中石、沙孟海、沈鹏等以及港、澳、台等书法名家墨宝。

开封翰园碑林除了上面的历代书法碑廊和现代书法碑廊之外，还建设有中山碑廊、篆刻碑廊、绘画碑廊、国际人士书法碑廊、少数民族书法碑廊、少儿书法碑廊、名人题词和名人书法碑廊等，真乃书法荟萃、琳琅满目。翰园碑林永远刻碑不止，继续丰富充实碑廊内容，并加速园林建设，任重而道远。李公涛先生全家决心在开封市委、市政府领导下，把翰园碑林建成一座文化高品位、园林高层次、中国碑林第一流、长期享有“世界之最”称号的大型文化旅游胜地。

参观过翰园碑林，我们不能不为当代文化愚公李公涛先生点赞，又不能不为中华民族丰富的书法艺术的博大精深而自豪。开封翰园碑林让开封走向了世界，又让世界了解了开封。开封翰园碑林的讲解到此结束，剩下时间请大家自由参观，欢迎大家再来开封翰园碑林观光旅游！谢谢！再见。

项目五　河南省导游资格考试公共景点模拟讲解实训

任务一　郑州康百万庄园模拟讲解实训

【实训目标】

1. 掌握郑州康百万庄园的景点景区建筑布局知识；

2. 依据学习掌握的康百万庄园景点景区知识，写作导游词并进行模拟讲解实训。

【导学提示】

郑州康百万庄园被河南省人民政府公布为重点文物保护单位；后又被评为国家重点文物保护单位、国家AAAA级旅游景区。郑州康百万庄园是我国十七、十八世纪华北黄土高原封建堡垒式建筑的代表，也是河南省全国导游资格考试现场导游考试的必考内容之一。因此，作为中职导游专业的学生，为了顺利地考取全国导游资格证，就必须熟练地掌握康百万庄园景点景区的知识，并且熟练地进行模拟讲解，从而在训练中提高讲解的能力。由于康百万庄园属于人文景观的精品，其内容涉及封建社会的官府、儒家思想、封建社会的建筑风格等内容，对于具有中职水平的学生来说，有一定的难度，但只要熟练地掌握景点景区的内容，仍然可以进行实训提高。

【情景导入】

在项目四中，李想同学熟练地掌握了进行人文景观导游讲解的方法技巧，更多的是通过人文景观的学习提高了自己的鉴赏能力和分辨能力。通过人文景观的学习，他不仅掌握了一些景点知识，在模拟实训中又锻炼了自己的口头表达能力，为将来顺利地进行导游活动创造条件。现在又开始学习省内著名的人文景观康百万庄园，李想感到非常兴奋，所以，当老师引导同学们学习这一景点时，很主动地用网络途径找寻康百万庄园的资料进行了解！

一、康百万庄园的地理位置

康百万庄园地处离巩义市城区2公里处的康店镇，始建于明末清初。“康百万”是明清以来人们对“中原活财神”康应魁家族的统称，康氏家族前后十二代人在这个庄园生活，跨越明、清和民国三个时期，共计400余年，庄园也从初建的山腰处建到了山顶，形成了一处典型的17～18世纪封建堡垒式建筑，因整个庄园背依邙山，面临洛水，因而有“金龟探水”的美称。

康百万庄园地理位置

二、康百万庄园的景区概况

康百万庄园作为一处中国十七、十八世纪的堡垒式建筑，占地240余亩，共由19个部分组成，庄重气派，典雅华丽，是一座集“古、大、雅、美”于一体的气势恢宏的明清建筑群，被誉为中国十七、十八世纪华北黄土高原封建堡垒式建筑的代表。该庄园始建于明朝中叶，到了清朝初年，才初具规模。在不断建造的过程中，建筑规模不断扩大，逐步形成了寺沟、张沟等明代楼院，龙窝沟、寨上主宅区、南大院、栈房区、店铺、饲养区、祠堂、木材厂、造船厂、金谷寨等不同功能的清代建筑，辅以碑楼、牌坊、花园等建筑，从而形成了一个依山傍水、错落有致、功能齐全、气势宏伟的大庄园。目前康百万庄园属于国家AAAA级旅游景区。和四川的刘文彩庄园、山东的牟二黑庄园并称为全国封建社会三大庄园；和山西晋中乔家大院、河南安阳马氏庄园并称“中原三大官宅”，被人们誉为豫商精神家园，中原古建典范。

三、景区的历史沿革及价值

康百万庄园的建造历经400多年，始建于明代，从最初洛河旁的一家小客栈“康家店”发家，到康氏家族先祖第六代传人康绍敬时期读书中举做官后，家境开始富足；清朝时，康氏家族借助清廷镇压白莲教之际，通过各种手段取得了长达十年的与布匹有关的军需品订单，积累了大量的财富，曾经垄断了陕西的布市，同时，康氏家族又开始依靠造船业发财、靠土地致福，人称“百万富翁”，经过康家几代人的努力，小小的“康家店”变成了一座占地240余亩、19部分功能区的庞大庄园，康家依山筑窑洞，临街建楼房，靠河修码头，集农、官、商于一体，共建有33个庭院、53座楼房、73孔窑洞、1300多间房舍。整个庄园的庭院建筑是豫西典型的两进式四合院，兼有园林艺术和宫廷艺术特色。在康家繁盛时期，庄园内的木材厂、砖厂、造船厂等人来人往，使康家人足不出户就可以满足生活的一切需要。到清朝后期，康家已经富甲一方，康家对原有庄园进行扩建，将房舍增加到山顶，构成了这座具有中世纪风格的城堡。到晚清八国联军入侵北京时，慈禧太后带领光绪皇帝逃难从西安返回北京路过康店镇时，康家掌柜“康鸿猷”雪中送炭，向清政府捐资一百万两，慈禧太后一句“没承想，这山沟里还有百万之家”被广为流传，并赐其为“康百万”的封号，于是“康百万”就成了康氏家族的统称，因此康家的庄园变成了“康百万庄园”。

新中国成立后，党和政府对这个庄园进行了改造，使其延续了“明时楼院清时廊”的旧貌。20 世纪 50 年代，整个庄园被充公，其中三分之一的房屋被征用作政府办公、学校和邮局，其余三分之二的房屋分给了当地贫农。60 年代后，由当地政府接管的三分之一部分就形成了现在人们所看到的康百万庄园景区，而分给当地贫农的房屋早已被水泥和瓷砖所代替了。1963 年 6 月，康百万庄园被河南省政府公布为重点文物保护单位；2008 年当地政府根据《康百万文物保护规划的要求》，投入资金 3400 万元对栈房区、南大院、作坊区、戏台等建筑进行修复，并对其他建筑进行修缮，所有的修缮均按照“修旧如旧”的原则，力图展现康百万庄园的原貌。因此，我国著名建筑专家李传泽评价康百万庄园“全国硬山式建筑中最完整、最典型的代表”。2001 年 6 月，康百万庄园被国务院公布为全国重点保护单位。2005 年，康百万庄园被国家旅游局授予 AAAA 级旅游景区。

四、景点景区的建筑布局

康百万庄园目前保存下来的主要有主宅区、栈房区、作坊区、南大院、祠堂区等十大部分。有 33 个庭院，53 座楼房、73 孔窑洞、97 间平房，共计 571 间，建筑面积 64300 平方米。按照旅游的线路设计，重点了解目前最能反映庄园概貌的主要景点，目前开放的有主宅区、南大院、栈房区、作坊区四个部分。

（一）庄园大门

康百万庄园的庞大建筑群仅有一个入口，其建筑风格如同古代城门，别具风采，外面是一个平坦的广场，一块巨石立于大门的左侧，上面刻有“豫商家园”四个红色的大字，彰显了康百万庄园的历史价值和对后世的影响力。

康百万庄园大门

（二）主宅区

通过 30 多米长的隧道进入康百万庄园的主宅区，主宅区是主要人口生活、起居的地方，占地 8000 多平方米，是康百万庄园目前保存最完整的一部分，位于邙山的半山腰上，相当于修筑在乌龟背上，曾有“金龟探水”的美称。这种建筑布局是有原因的，据传说，当年康家家旺人丁不旺，财旺官运不旺，于是就选址于此建造宅院，想以此独占鳌头，人财两旺。进入主宅区，即看到“康百万庄园”五个大字，进入主宅区，共有三道防御设施：第一道就是进入主宅区先要穿过的一条隧道，上面是高墙和墙垛，大门一关，就有“一夫当关，万夫莫开”之妙；第二道防御设施是上面的巡逻通道，康家家丁在上面日夜巡逻，保卫康家的安全；第三道防御设施是最上面的看家园，家丁居高临下时刻保卫着庄园的安全。

主宅区建筑群坐北朝南，由东向西分为南院和北院，南院有两个院落，北院有五个院落，依次排列，分别是“花楼重辉院”“秀芝庭院”“克镇厥猷院”“知所止院”和“芝兰茂院”。院落的布局是中国古代典型的前堂后寝三进式四合院，院落之间既相对独立各成体系又相互联系，前院采用古代园林艺术传统的“障景”法设计建造，以假山、曲廊、月亮门及花墙增加层次感，用葡萄、石榴、竹林等作为点缀，达到移步换景的艺术效果，而通过侧门与各个院落相连通；后院则用传统的“衬景”方法，以小衬大，以幽衬深，各院落之间用狭窄的通道相连接，通过过道进入庭院，豁然开朗，欲扬先抑，增加层次感。前后院曲径相连，能开能合，开则浑然一体，合则各成体系。

住宅区的房屋大都是砖木结构，窑洞则为青砖砌成，外面均装饰为各类木雕、砖雕、石雕图案，华丽典雅，非常庄重气派，因此可以说，康百万庄园历代经营的是财富，而上下传承的是历史、是文化，为后世留下一份极为珍贵的古代庄园鲜活的、厚重的文化遗产，主要体现在康家建筑上的大量匾额、楹联和碑刻等。

1. 叶氏井

在主宅区的前面有一口古井，名叫“叶氏井”。为什么在康家会有一口叶氏井呢？原来叶氏井所在地原为叶家人的土地，康家请来风水先生勘察地的时候看中了这块地，想买的时候，叶家人却坚持卖地不卖井，因为水代表着财源，所以没有卖财这样的说法。后来，康家用黄金堆满整座井台，叶家人还是坚持不卖。到后来，两家达成协议，康家人可以用叶氏井，但是叶氏井的所有权还是归叶家所有。

叶氏井

2. 老院

老院是康家第十二代庄园主康大勇于乾隆初年建造的，俗称“老院”，是中国典型的前堂后寝三进式四合院，院中的一副楹联非常醒目：上联是，志欲光前唯是读书教子；下联是，心存裕后莫如勤俭持家。这副楹联的意思是：想要光宗耀祖，必须读书教子；要造福后代，最好的办法是勤俭持家。这种楹联的治家方式不仅是一种文化的体现，更是康家教育子孙的最好的思想传承。

3. 康家主客厅及留余匾

在豪华轩敞的康家的主客厅，首先看到醒目的匾额——留余匾。俗话讲：“进入康百万，先看留余匾。”留余匾是康家庄园文化的象征，更是康百万庄园的镇院之宝，也是康家的家训匾。

留余匾

在“留余匾”上，前面两个篆书“留余”二字，它上面的文字是：“留耕道人《四留铭》云，留有余，不尽之巧以还造化；留有余，不尽之禄以还朝廷；留有余，不尽之财以还百姓；留有余，不尽之福以还子孙。”这里引用了南宋留耕道人王伯大的四句座右铭来告诫子孙凡事都要留有余地，人生在世，不要把福禄寿财都享尽用尽占尽，把它留给需要它的人，又引用明朝进士高景逸的两句话：“临事让人一步，自有余地；临财放宽一分，自有余味。”可以说把留余思想发挥到了极致。其实不仅仅是匾额的内容，还有一个独到之处就是它的造型很独特，从正面看这块匾额，就像一面迎风招展的旗帜，其寓意是，康家的主人希望“留余”的思想像一面旗帜一样代代流传；而更为独特的地方是，“留余”二字上留余天，下留余地，康家以此告诫子孙，要上对得起国家朝廷，下对得起黎民百姓。

当然仁者见者，智者见智，有人从读书的角度看出来，这块留余匾就像是一幅展开的书卷，让人想起“开卷有益”的意思，这块匾是由巩县文状元牛瑄于 1871 年所题写，现在这块匾已被列入中华名匾之一。其实以留余匾为代表的康家庄园文化，折射出博大精深、源远流长的儒家文化乃至河洛文化，“留余”是灵魂，诚信是核心，勤俭是根本，忠孝节义为准则，和谐和睦是目的。这些理念至今仍值得我们借鉴。

4. 顶子床

在康家主人的卧室，一张顶子床堪称精品。它是由金丝楠木雕刻的，据记载，顶子床由 10 个能工巧匠，耗费了 1700 多个工时，做了将近 5 年时间才算完工，在顶子床上面，采用了透雕、镂空雕等雕刻方法，汇集了 80 多个图案，从上到下，从里到外，采用各种雕刻方法而成。其中床柱的雕刻采用竹节型，象征竹报平安节节

顶子床

高；中间雕刻的有福寿三星，象征“三星高照、福寿安康”，最上面的一层雕刻有一官员骑着高头大马，两边是整齐的仪仗队，象征着“青云直上”；第二层雕刻的内容是春夏秋冬，象征四季平安；第三层雕刻的是礼让、课读、对弈图等人物故事，下面雕有小孩戏金鹅、麒麟送子图，象征“吉祥如意”。总之，整个床上雕刻的图案象征意义是多子、多福、多寿，是人们良好心愿的反映。这张床的另外一个精妙之处，是它可以自由拆卸，它由37个部分组成，通体没有用一颗钉子，完全是卯上去的，相当于我们现在的组合家具。结合在一起可以使用，不仅有供主人休息的地方，也有供丫鬟伺候主人的地方，下人临时休息的地方就在脚踏板前面长方形的这一块地方，因为他们侍奉老人要随时听候老人使唤，所以就睡在老人床前，随叫随到。这张床可以说是木雕的杰出代表。从中可以看到康家当时奢侈的生活景象，以及在雕刻中所透露出的文化信息。

5. 活文物——葡萄树

在主宅区还有一个活文物——葡萄树，该树种植于清朝康熙年间，具有300多年的历史，葡萄树作为藤类植物能够长成树是极其罕见的，而园中的一棵葡萄树越墙而过覆盖两个院子，在全国其他地方绝无仅有，这棵葡萄树虽然经历300多年的沧桑巨变，却依然枝繁叶茂，硕果累累，不能不说是一种奇迹了。

活文物——葡萄树

6. 藏宝洞

在康百万庄园中，藏宝洞是一项隐蔽工程，这项工程是在2003年被发现，并发掘出来，起因是根据康家第十九代康素禅女士口中所言信息，经过有关人员的勘察测量，出于安全考虑，这项隐蔽性建筑只挖掘了50多米，从挖掘出的藏宝洞发现，其设计精巧，用途有二：富时藏宝，乱时出逃，形成了洞中套洞，窑中套窑，巧设机关。为安全起见，该藏宝洞有两个出口：一个是窑洞直通到两公里之外的康家军事要塞——金谷寨上，另一个洞口通往邙山岭上，这种设计充分体现了古代中原地区战争年代居民的处境与建筑的特色。时机成熟之时，景区将继续开发，到时大家可以一睹藏宝洞的神秘风采。

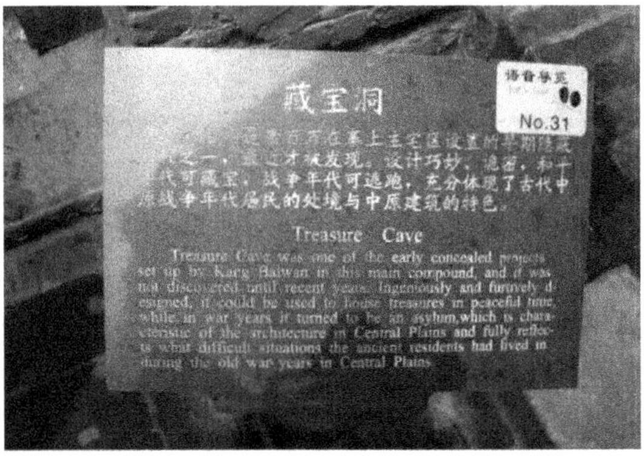

藏宝洞

7. 窑楼

窑楼在秀芝庭院中，这种形式的窑楼在中原乃至全国都极其罕见。从外观上看，这座建筑上下三层，上面的两层均用木制棚板上下隔开，上面用来放置货物，而在一楼则用来住人。

（三）栈房区

栈房区是康百万庄园商业活动的大本营，其功能集仓库、办公和做生意于一体，修建于清光绪十一年至十八年（公元 1885～1892 年），原有 6 个大院和一个占地 25 亩的饲养棚和遛马场，总占地面积 3600 多平方米，历经风雨，现保存下来的由东至西依次为“顺记”“魁记”“崇义德”等三个基本完整的大院，大约 2000 平方米，栈房区的建筑特点是 17～18 世纪清晚期典型的豫西建筑风格，属于二进式门院。

当年康家利用门前洛河之便做漕运生意，而栈房最早是作为船只行驶到各地之后装载货物用的停靠点，后来康家的生意越做越大，鼎盛时期康家栈房遍及全国各地，东到日本，西到兰州，南到上海、杭州，北到京城、天津。目前的康店栈房就是康家的一个总栈房。当年的康家面向全国招揽人才，统称为相公，相公又分为四老相公，八大相公，三十二小相公，形成了一金字塔式管理机构，逐级管理全国各地的栈房。在栈房区有一个大算盘引人注意，算盘长度 9.99 米，寓意康家的生意长长久久，而从算盘所挂的地方就是提醒来访的客人，前方是康家的财务重地，无关人员不可随意出入。

栈房区

另外，在栈房区最有价值的是木、石、砖雕。这些雕品相互通融，雕梁画栋，寓意深远，很多具有民间传说的石雕在栈房区随处可见，虽经历百年历史，石雕依然完好无损，雕刻的字体轮廓依然清晰可见；再就是那些无处不在的楹联匾额，折射着浓郁的豫商文化气息，显示了主人的身份与地位，成为栈房区的突出特色。

（四）南大院

康百万庄园中与北院相对的建筑是南大院，这是当年康家接待地方达官贵人的场所，也是康家发展鼎盛时期的象征，同时也是康家展示品位与修养，展示康家在处理农、商、官等相互关系中所处的独特地位及处事风格的场所，是康百万庄园中唯一的一座结构严谨、规模宏大的官式建筑，当年的康家曾经在这里同当时 30 多位知县商议接驾慈禧的相关事宜，康家的富足和繁华在这里可一览无遗。整个院落包括“中直主院”“书带生庭园”“敬直仪方院”三部分，在这里，康家所秉承的处世家风、传承家学、子女教育的特点十分明显，从这里可以了解康家富足上下传承 12 代的秘密，打破了当时“富不过三代”的魔咒，所以，从南大院的建筑布局和各类匾额、楹联中体会到康家主人的治家之道，从中还能领悟康家财富继承的奥秘以及感悟这里的建筑体现的“含而不露、直中藏幽”的河洛建筑文化的气息。

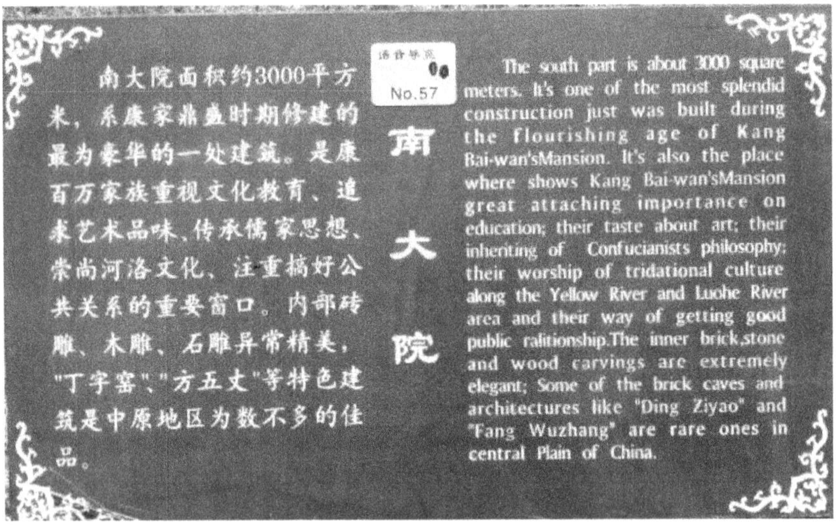

南大院

（五）作坊区

作坊区是康家当年发展经济的主要生产区域，当年康家的工匠们在此进行各种生产，为康家提供必需的日常用品。目前的作坊区内，主要恢复了康家当年纺花、织布、酿酒、舂米等的生活场景，富有浓厚的生活气息，给人以沧桑的历史感。

（六）其他

现在恢复的康百万庄园只是新中国成立后政府占用的三分之一的建筑，而另外三分之二的建筑都被重新改建，从目前保存下来的建筑中，除了主宅区、栈房区、南大院、作坊区等布局外。在康百万庄园，不少建筑中保存下来大量的石雕、木雕、砖雕、楹联、牌匾等内容，具有极其重要的艺术价值，以及从建筑中所体现出的科学价值和历史价值。其中最著名的石雕精品“门枕石”、砖雕“藏字游戏”等，栩栩如生，寓意深刻，此外还有“三大活财神”：木雕版年画、窑洞极品“窑楼”、节孝流芳王氏牌坊等吸引着游人的眼光。

【情景模拟】

2017年五一黄金周期间，Z市未来旅行社接待一个来自山西的一行30人的企业旅游团。该团参观巩义市康百万庄园，旅行社安排小李负责接待工作，并担任地陪导游。小李接受任务后，认真地进行了准备，在熟悉景点的基础上，结合自己的工作实际，对导游词进行了调整。假如你是小李，你准备怎样进行讲解？请你把准备好的景点导游词向大家展示！

【物质准备】

1. 学习笔记、导游旗帜、导游证、康百万庄园导游词、模拟实训评价表、多媒体课件等。

2. 模拟导游实训室。

实训程序

第一步:按照项目任务,明确实训要点。

(1) 检查学生掌握康百万庄园景点景区的建筑布局及景点知识的情况;

(2) 让学生结合康百万庄园景点景区的建筑布局,选取参观线路,写作导游词,并进行模拟讲解。

第二步:按照4人一组,结合情景要求,分角色扮演导游人员和游客进行模拟练习,体验旅游接待服务的过程和对导游人员的要求。

第三步:模拟演练结束后,老师巡视指导,小组进行互评各自的优点和不足。

第四步:在互评的基础上,挑选一组进行公开展示,老师进行点评,并在评价记录表中填写成绩。

实训效果评价表

评价项目内容	实训过程评价		结果评定
	自我评定	小组评定	教师评定
康百万庄园的景点知识准备		A○ B○ C○ D○	A○ B○ C○ D○
康百万庄园景点景区导游词写作与模拟讲解		A○ B○ C○ D○	A○ B○ C○ D○
学习态度		A○ B○ C○ D○	A○ B○ C○ D○
团队合作		A○ B○ C○ D○	A○ B○ C○ D○
语言表述		A○ B○ C○ D○	A○ B○ C○ D○
礼节礼貌		A○ B○ C○ D○	A○ B○ C○ D○
评定标准:A.准备充分,参与积极。认真实训,效果良好。 B.准备较充分,参与较积极。实训较认真,效果较好。 C.准备不充分,参与不够积极。实训不够认真,效果一般。 D.没有按照要求准备,实训效果不好。			
改进建议:		综合评定: A○ B○ C○ D○	

任务二 洛阳龙门石窟模拟讲解实训

【实训目标】

1. 掌握龙门石窟景点景区的知识要点；

2. 在掌握龙门石窟景点景区知识的基础上，写作导游词，并进行模拟导游讲解。

【导学提示】

全国导游人员资格考试中，洛阳龙门石窟是必考的景点景区之一，作为全国AAAAA级旅游景区，有着特殊的历史地位和价值，与甘肃敦煌莫高窟、山西大同云冈石窟并称为中国三大石窟艺术宝库，如果加上甘肃麦积山石窟，则并称为中国四大石窟艺术宝库，世界文化遗产之一，具有得天独厚的文化艺术价值。所以，导游专业学生了解、熟悉并掌握龙门石窟景点景区的知识是进行模拟讲解的基础，也是参加全国导游资格考试的必会内容之一，因此，有效地组织学生参与活动，可以为学生毕业时顺利地参加全国导游资格考试中“科目5”——现场导游讲解考试创造条件。

【情景导入】

李想同学在跟随老师学习的过程中，逐步理解了“师傅领进门，修行在个人”的含义。因此，为了实现自己的“导游梦”，他坚持做到“每天进步一点点”，高质量地完成课堂上学习的景点景区知识，并进行课下模拟讲解活动，进而自信心不断增强，讲解能力不断提高，对语音语调的把握越来越好，对自己的未来越来越充满了信心。现在，他又按照老师的引导，在基本熟练掌握开封市常见景点景区讲解的基础上，又开始学习了解省内每年全国导游资格证考试必考的公共景点知识。在学习中，他发现省内的景点知识学习与市内景点相比，具有一定的难度——无法亲自进行实地了解，所以对其中的建筑布局或者线路安排不是很熟练，为了减少学习的困难，李想坚持做到课上认真学，课后多查阅资料，充分利用网络资源，帮助自己完成对新景点知识的学习和掌握。今天，李想又开始跟随老师跨越时空，走进河南省十三朝古都洛阳的龙门石窟去认读世界文化遗产、国家AAAAA级旅游景区的文化精髓。

一、龙门石窟的地理位置

洛阳龙门石窟位于洛阳市城南13千米处的伊阙峡谷之中，这里西山与香山相对，伊河中流。

二、龙门石窟的名字由来及景区概况

龙门石窟因为处于东山和龙门山之间，远望这里，犹如一座天然的门阙，所以，在古代这里叫作“伊阙”。隋朝时，隋炀帝杨广曾经登上洛阳北面的邙山，远远望见南面的伊阙，就对他的随从说道：“这不是真龙天子的门户吗？古人为什么不在这里建都呢？”一位随从大臣急忙向杨广谄媚道:“古人非不知,只是在等陛下您呢!”隋炀帝听后龙颜大悦,就下令在洛阳兴建起了隋朝的东都城,并且把皇宫的大门正对着伊阙,于是,人们就习惯把“伊阙”称作龙门了。这就是龙门的由来。

龙门石窟景区图

龙门石窟所在的位置,可谓山清水秀、景色宜人,自古以来“龙门山色”就被列为洛阳八大景之冠。唐代大诗人白居易曾经说过:“洛都四郊,山水之胜,龙门首焉。”意思是说,在洛阳的四面郊野中,其山水风光最优美的地方,龙门应该排在第一位。龙门石窟就开凿于山水之间的峭壁之上,最早开凿于北魏孝文帝年间。公元 493 年,孝文帝改革时,把首都从平城,即今天的山西省大同市迁都到洛阳,同时开始了在龙门石窟的兴建工作。

三、龙门石窟的历史沿革和价值

龙门石窟始建于北魏孝文帝迁都洛阳后,其石窟的开凿经历了北魏、东魏、西魏、北齐、北周至隋、唐和北宋等朝代,雕凿的石窟佛龛前后经历了 400 多年,其中北魏和唐代进行了大规模的凿建达 140 多年,因而,在现存的龙门石窟中尤以北魏和唐代的雕刻最多,其中北魏洞窟占 30%,唐代洞窟占 60%,其他的朝代洞窟约占 10%。据统计,在东、西山现存的洞窟共计 2345 个,佛塔 70 余座,碑刻 2860 块。其中久负盛名龙门二十品和褚遂良的伊阙佛龛之碑,分别是魏碑体和唐楷体的典范之作,堪称中国书法艺术的上乘之作。

龙门石窟

1961 年,龙门石窟被国务院列为国家级重点文物保护单位。1982 年,被国务院公布为全国第一批国家级风景名胜区。2000 年 11 月,被联合国教科文组织列入《世界遗产名录》。现在是国家 AAAAA

级旅游风景名胜区，中国第一家智慧旅游景区。

四、龙门石窟景点景区结构布局

（一）景区大门

洛阳龙门石窟景区的大门是依据龙门大桥桥下两个相连的桥洞拱形门造型而建，在两个门洞的上面横额处有一块黑色方匾，匾上有阴文石刻的大字“龙门”，其书法遒劲有力。而在其外面还有一座后来仿建的宫殿式建筑。

（二）潜溪寺石窟

进入龙门石窟景区看到的第一座石窟寺建筑就是潜溪寺，这是位于龙门西山最北端的第一座石窟。该石窟修建于1300多年前的唐朝初年，石窟的高和宽各有9米多，洞内造像为一佛、二弟子、二菩萨、二天王。供奉的主佛是阿弥陀佛，端坐在须弥台上，面部丰满，胸部隆起。主佛的衣纹斜垂在胸前，身体的各个部分比例匀称，神情睿智，给人以静穆慈祥的感觉。在主佛的左侧是大弟子迦叶，右侧为小弟子阿南，在两个弟子旁边分别是观世音菩萨、大势至菩萨。在两个菩萨中，尤以大势至菩萨造像著称，丰满敦厚，仪态文静，在故宫博物院设置有大势至菩萨1:1的复制品陈列，显示其造像艺术的高超。在潜溪寺供奉的主佛阿弥陀佛和两尊菩萨并称为西方三圣，即掌管西方极乐世界的三位圣人，这是佛教净土宗信仰的主要对象。另外二天王是在洞门内各刻一护法天王，高颧大目，身披铠甲，足踏夜叉，威武有力。总之，在造像艺术上发生了不同于北魏时代造像风格的变化，潜溪寺中的造像已揭开了盛唐那种丰腴、典雅的造像风格的序幕。

龙门石窟景区大门

潜溪寺石窟

（三）陈抟老祖碑

在龙门石窟除了佛龛之外，还有碑刻存世，“陈抟老祖碑”就是其中一块。陈抟老祖是何许人也？陈抟（公元872～989年）是五代末宋初的著名道学者，字图南，号扶摇子，赐号希夷先生，他当初考取进士不中，傲不成官，就隐居山林，研究道学及书法，成为道教的传奇人物，其为人放荡不羁，将无极和八卦结合到一起，故在汉字的写法上也有体现。在龙门石窟的崖壁上就保留着陈抟老祖的亲手书写镌刻石碑，上面写着“开张天岸马，奇逸人中龙”，其意思是说：做马就要做奔向天上的神马，做人就要做人中龙。其书法不拘一格：“岸”字少一横，“逸”字缺少一点，“中”字则上下颠倒，足以反映出陈抟老祖为人放荡不羁。现存的“陈抟碑”的书法很有特点，成为书法爱好者必赏之作。

陈抟老祖碑

说到陈抟老祖还有一个动人故事。话说距今千余年前，正值中国历史外的残唐五代时期，赵匡胤还是一个普通的军中一卒，喜欢游手好闲，平日里喜欢与人弈棋，加之勇谋双备，棋艺精进，等闲好手均败于此，于是便滋生傲慢之气，夸口自己是天下第一高手，常常感慨难逢敌手。有一次，赵匡胤随军到陕西，路过华山时听说华山有一道士，人称陈抟老祖，象棋下得极好，赵匡胤不觉棋艺技痒，就登上华山找老道下棋，陈抟老祖见赵匡胤只是一个小军卒，就不愿与之对弈，赵匡胤一听就急了，便说要以整座华山作为赌注，岂料棋到残局时，他因操之过急而漏杀一子，反被陈抟老祖反败为胜，从此陈抟老祖便开始呼呼大睡，而每当老祖醒来之时便问道：“现在谁是皇帝啊？”当人们回答不是赵匡胤时，老祖又倒下大睡，这样，老祖一等就是 50 年。当赵匡胤成为皇帝后，便把华山赐给了陈抟，而赵匡胤本人也在下了这局残棋后汲取了教训，很少动怒，也许这就是下棋能修身养性的原因吧！

（四）宾阳三洞（重点）

宾阳三洞是龙门石窟中著名的洞窟，始凿于北魏，最初名为“灵岩寺”，到了明清之后又易名“宾阳洞”，取名的原因据说是根据道教吕洞宾的字（洞宾）和号（纯阳）得来的，而另据清顺治年间洛阳县令武攀龙在《重修宾阳洞碑记》中所说“寻为宾阳，盖取寅宾出日之意”则为另一含义了。无论其名字来历怎样理解，但是，宾阳三洞却因为有北魏皇帝统一规划开凿，故布局排列在一起，从公元 500 年开始开凿到公元 523 年结束，历时 24 年仍未完工。据有关史书记载，当时开凿洞窟用工达 80 多万个，包括宾阳中洞、宾阳北洞、宾阳南洞。

1. 宾阳中洞

宾阳中洞位于宾阳三洞的中间位置，是北魏宣武帝为亡父孝文帝所营造的石窟，是北魏后期我国石窟艺术的代表作。石窟从北魏景明元年（公元 500 年）至正光四年（公元 523 年）建成，石窟高约 9 米，宽与深约 11 米，窟内供奉 11 尊大像，即正壁主佛一组 5 尊和南北两壁各一组 3 尊，分别代表佛的过去、现在和未来，即佛教的竖三世佛，其中的主佛是现在佛“释迦牟尼”，是佛教的创始人，原名叫乔达摩·悉达多，原是古印度净饭王的儿子，他和我国文圣人孔子生活在同一个时代，年龄比孔子要年长 12 岁。他在 29 岁的时候出家修行，经过 6 年的颠簸经历后，在菩提树下修行悟道成佛，创立了佛教。

到北魏时，佛教对当时的中国影响较大，由于北魏统治者的推崇，开始在大同云冈石窟雕刻佛像。由于北魏时期崇尚以瘦为美，所以主佛释迦牟尼的佛像面颊清秀，脖颈细长，体态修长，衣纹密集，其雕刻手法采用的是平直刀法。又由于北魏孝文帝迁都洛阳后，实行了一系列汉化政策，因此在龙门石窟的宾阳中洞中主佛的服饰就有与云冈石窟不一样的改变，一改偏袒右肩式袈裟为身着宽袍大袖的袈裟。

在宾阳中洞内供奉的主佛，造像上下通高 8.4 米，身上着褒衣博带式袈裟，结跏趺坐，高鼻大目，微露笑意，主佛左手下屈三指，右手向前仰伸，其手势表示佛祖在说法，故称“说法印”。在主佛的两边，分别立着二弟子、二菩萨，也是一副温雅敦厚的面部表情，栩栩如生。而在南北两壁的两组造像，都是一佛二菩萨，身着褒衣博带式袈裟，站立于覆莲座上。可惜的是，南壁左胁侍菩萨和右胁侍菩萨的头像都已被盗，现被分别收藏于日本大阪市立美术馆和东京国立博物馆，成为中国人民的耻辱，至今也没有让佛头与佛身合体现天日。

在宾阳中洞的后壁上，还雕饰着众菩萨和弟子们闻法的浮雕像，在穹隆顶中央，则雕刻着 8 个伎乐天和 2 个供养人（供养人也叫飞天）。在佛教艺术中称为“香音人”，他们能奏乐，善飞舞，衣带飘逸，飞舞在莲花宝盖周围，呈现出“诸天伎乐，百千万神，于虚空中一时俱作，雨众天华”的场景。

2. 宾阳北洞

宾阳北洞完工于唐代初年，洞中的布局和南洞大体一样，主佛也是阿弥陀佛，高近 10 米，结跏趺坐，双手平分指天地，佛教中称为“施无畏印”，佛座呈方形，周围有三个托坛力士，左右两侧雕刻着二弟子和二胁侍菩萨，四周散刻着一些小的佛龛，在洞的前壁南北各浮雕一尊天王，其造型威武有力，显示了唐代雕刻艺术的特色。

宾阳中洞

宾阳北垌

3. 宾阳南洞

宾阳南洞原是北魏宣武帝于景明元年（公元 500 年）为亡母文昭皇太后营造的石

窟，后因中途辍工，一直到唐朝贞观十五年（公元 641 年），唐太宗李世民的第四子魏王李泰，为了给其母文德皇后追福才开始继续开凿，属于过渡时期的作品，雕造了石窟内的五尊大佛：一主佛、二弟子、二菩萨，主佛为阿弥陀佛，身高约 8 米，脸型稍长，胸部微隆，两侧侧立着二弟子、二菩萨，其中左侧的弟子迦叶雕工十分精细，满脸皱纹，目不斜视，双手合十，生动地显示了一个饱经风霜、深谙世故的形象；外侧侍立着的二菩萨，身着披巾，装饰瓔珞，造型古朴，仍然保留着北魏造像的风格。在洞中的四壁上，还布满了大小 130 多个隋唐年间的佛龛，窟顶上雕刻着莲花宝盖，莲花四周有两个手捧果品的供养人和 6 个手持不同乐器的伎乐人。

宾阳南洞

（五）伊阙佛龛之碑

在宾阳中洞和南洞之间，有一块高耸的石碑，即是“伊阙佛龛之碑”，也叫褚遂良碑。于唐朝贞观十五年雕刻于龙门石窟宾阳中洞内，因为这里有伊水东西两岸的香山和龙门山两相对峙，如同天然的门阙，故称“伊阙”，到了隋唐之后，人们习惯称之为“龙门”。唐太宗年间，李世民的儿子李泰和李承乾争夺太子位，李泰借故为母亲开窟造像做功德，实为自己捞取政治资本，这通碑原为北魏宾阳中洞的造窟碑，而李泰为了节省费用，就把原有碑文抹去，重新雕刻成唐碑的。

“伊阙佛龛之碑”通高 5 米，宽 1.9米，由唐代中书侍郎岑文本撰文，谏议大夫褚遂良书写，是褚遂良早期的楷书代表作，是目前国内所见褚遂良楷书之最大者，字体端庄，宽博古质，是标准的初唐楷书，碑刻上面的字共 32 行，满行 51 字，共计 1600 多字。

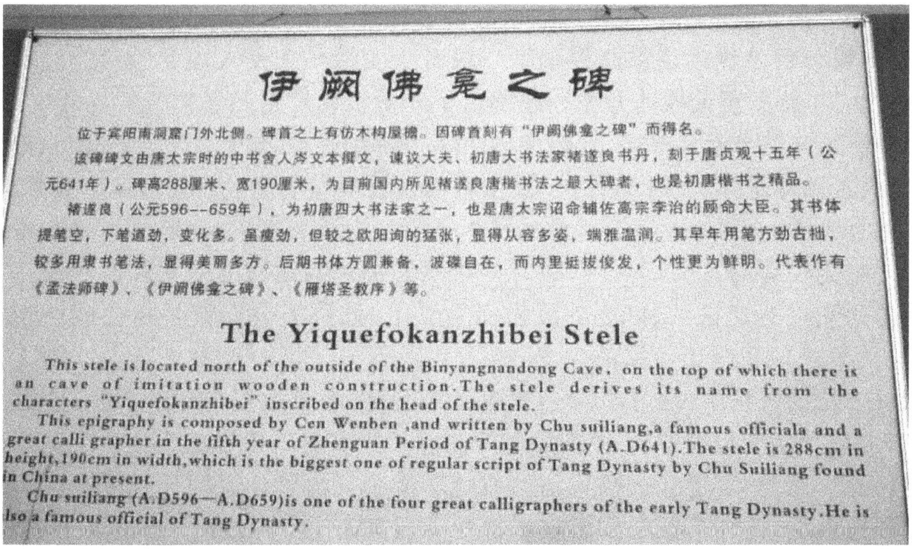

伊阙佛龛之碑介绍

此石碑虽说是碑刻，实际上是摩崖石刻，两者的功用相同，都是为了歌颂功德的，但创造的条件却不同，一个是光平如镜，一个是凹凸不平；书写的环境也不同，摩崖石刻的特征就不言而喻了，因为无法近观，于是便在气势上极力铺张，字形比碑志大得多，舒卷自如，开张跌宕形成了一种典型的摩崖书风。

（六）摩崖三佛龛

摩崖三佛龛位于宾阳三洞的南面，该窟无题记，属于唐代雕刻的作品，初凿于唐武周时期（公元 684～704 年），所造的三佛代表过去、现在和将来，是典型的竖三世佛题材，因为石窟临山摩崖造像，且题材为三佛而称为摩崖三佛龛，佛龛高 7.3 米，宽 16.85 米，进深 8 米，是一个依山开凿的敞开式的露天造像龛，这种造像组合在我国石窟寺中极为罕见。

摩崖三佛龛

摩崖三佛龛共有七尊造像，其中三身坐佛，四身立佛，中间主佛为弥勒，高约 6 米，着敷搭双肩袈裟，结跏趺坐于台座上，左手平伸抚膝，右手伸展于胸前，面容丰满圆润。坐于方台之上，头顶已经被破坏，仅雕出轮廓，未经打磨。据佛经记载，弥勒佛是未来佛，是释迦牟尼的接班人。当时，武则天利用弥勒信仰为其登基做皇帝制造舆论，登基后又自称“慈氏”（即弥勒），以利于稳固政权，从而推动了社会信仰弥勒的风气。龙门石窟的摩崖佛龛就是在这样的历史背景下开凿的，因武氏晚年发生了张柬之策动的政变，武周政权结束，随着武周政权的垮台，摩崖三佛龛的开凿也因此停工。所以，展现在人们面前的这组造像就以半成品存世了，窟中造像仅为毛坯，比较粗糙。但是这组造像却展示了一块石头变成一个受人顶礼膜拜的神佛的制作过程，为我们了解石窟造像的开凿程序提供了一份极为宝贵的实物资料。

也许看到这里会感到奇怪，通常佛教中三世佛都是以释迦牟尼居中，但在摩崖佛龛中，中间的主佛却是弥勒佛；另外，一般主佛两侧是胁侍菩萨，而这里却是两尊立佛，以佛为胁侍的造像十分罕见，在这里显然是为了更加突出弥勒的权威，这种造像在龙门石窟中也是绝无仅有的，这是为什么呢？如果我们把这些细微的变化和当年唐王朝的宫廷演变的历史结合起来，微妙之处就显而易见了：武则天公开宣扬自己就是当今的弥勒，并取代了唐王朝李氏政权的位置，成为中国历史上第一位女皇帝。武则天在当年“革唐命称周”的过程中，凸显了相当的胆略与远见，据有关资料记载，她从 14 岁入宫，封为才人，唐太宗李世民临死前问武则天在他死后有什么打算，武则天答道：“削发为尼，以报天恩于万一。”这让一向崇信佛教的李世民打消了让武则天殉葬的念头。唐太宗李世民去世后，武则天被送到长安城感业寺出家，一下子从宠妃沦落为僧尼，伴着青灯古佛，武则天参透了政治和宗教的微妙关系，等唐高宗李治继位做了皇帝，又把武则天接回宫中，武则天就充分利用佛教为自己鸣锣开道，自称是弥勒的化身，一步步打通了通向政权顶峰的道路，利用弥勒未来佛的故事，为自己登基做皇帝制造舆论。因此在龙门石窟的佛龛造像中，很多是以弥勒为主佛的，成为武则天时期石窟造像的一个典型特征。同时，也随着武则天退位病逝，人们再也不相信弥勒佛下世的传说了。

摩崖三佛龛的造像有特殊的唐代风格，从中折射出一定的人生道理，让人们去参悟！

（七）万佛洞

万佛洞位于宾阳三洞的南面，处于龙门西山中部的崖壁上。佛龛完工于唐朝永隆元年（公元 680 年）十一月，是专为唐高宗、武则天做“功德”而开凿的功德窟龛，因窟内两壁所雕 15000 尊小坐佛而得名，每尊小佛只有 4 厘米高。窟龛高 5.7 米，宽 5.8 米，进深 6.7 米，窟内造像为一佛、二弟子、二菩萨、二天王、二力士、二狮子，正壁主佛为阿弥陀佛，高约 4 米，头饰波状发髻，面相丰满圆润，结跏趺坐在八角形束腰须弥莲花座上，神情安详肃穆。在窟龛的后壁上雕刻着 54 枝莲花，而每支莲花上各坐一尊菩萨或者供养人，构思奇特新颖。在南北两壁上雕刻着伎乐人和舞者，伎乐人手持各种乐器，形象生动传神，似乎陶醉在自己演奏出的天籁之音中；舞者衣袂飘逸，婀娜多姿，仿佛在进行演绎最美最曼妙的舞蹈。在窟龛的外面南壁上雕刻有观世音菩萨像，右手执拂尘，左手提净玉瓶，表现出“万法皆空归南海，一尘不染静禅心”的佛家最高境界。整个窟龛金碧辉煌，向世人展现出西方极乐世界的理想净土，烘托出一种热烈欢快、万众成佛的气氛。

万佛洞

实际上，万佛洞的整体布局与人物形象的刻画，极具有世俗性，宗教的主题与“皇帝即佛”的创作意图，在很大程度上造成了天国主宰即是人间君主的至高无上的气概，万佛洞的营造是统一规划雕琢的，其整体布局无不显示出大唐盛世的雄风，其满壁生辉的万佛和洞窟群像的雕刻，相互映衬，洋溢着令人敬畏的气氛，昭示着人们，只要遵照佛的意愿行事，就一定能够成为佛国中的一员。万佛洞这一大型洞窟，无论是群像的布局还是人物的刻画，都达到了神形兼备的艺术效果，它是古代匠师把丰富想象同现实生活紧密相结合的产物，使大唐帝国繁荣昌盛与文化艺术的高超造诣展现得淋漓尽致。

（八）莲花洞

莲花洞得名的原因是因为窟龛顶部浮雕一朵莲花，开凿于北魏孝昌年间，即公元 525～528 年，属于北魏后期的作品。该洞窟高 6.10 米，宽 6.15 米，进深 9.6 米，窟龛正壁造有一佛、二弟子、二菩萨，在洞窟外有二力士。其中主佛采用了高浮雕手法，两侧的弟子迦叶、阿难采用浅浮雕手法，两者形成了鲜明的对比。主佛释迦牟尼手持钵，光脚，呈站立状，这是整个龙门石窟最大的站立式释迦牟尼雕像，象征着佛祖长途跋涉游说传法的形象。左侧的弟子迦叶，身披厚重的袈裟，手持锡杖，脖颈的筋骨凸显，极为细致地刻画了这位佛教继承人长途跋涉、风尘仆仆的苦行僧形象。他右手所拄锡杖上面带有9个响环，震地有声，据说这是佛教的一种法器，人们听到响环的声音，就知出来叩拜，倾听佛法，但让人惋惜的是这尊龙门石窟中最精美的释迦造像头部在20世纪二三十年代被盗，现存于法国吉美博物馆。

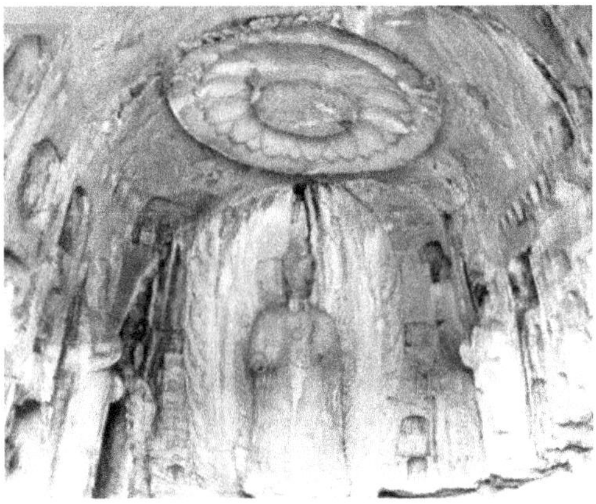

莲花洞

莲花洞中除了造像外，就是窟顶的莲花浮雕了。莲花是佛教的象征名物，因其洁白无瑕，出淤泥而不染，濯清涟而不妖，能使人心情愉悦而被佛教广泛使用，以此象征着吉祥、高雅、清净、一尘不染。一般的佛教洞窟中，大多以莲花作为装饰，但莲花洞顶一朵直径达3米多、硕大无比的精美高浮雕装饰，在龙门石窟这样的装饰并不多见。这种洞顶的装饰为莲花藻井，共分为三层，中心是莲蓬，莲蓬外是双重的莲瓣和单叶忍冬纹，都是浮雕，莲花周围有体态轻盈、细腰长裙的飞天们环绕其间，她们手捧供果和其他器皿，洒脱飘逸，整个洞窟的窟顶给人一种“宝华降祥，敞五云之色，天乐振响，夺万籁之音”的感觉，据佛经记载，飞天是佛教中的香因神，说是诸天伎乐、百千万神于虚空中一时俱作，表现了佛教中飞天和伎乐人营造出来的欢乐和谐的场面。

在莲花洞上还有值得注意的是，在南壁上面排列的高不盈寸的小千佛，仅有2厘米高，五官清晰，刻画细腻，栩栩如生，堪称龙门一绝；另外，在南壁上面还排列着很多的佛龛，佛龛龛楣上的装饰各有不同，有的是帷帐式，有的是火焰纹，既有文殊与维摩诘对坐辩法的形象，也有礼佛图形象，丰富多彩。

（九）奉先寺

奉先寺位于龙门西山南段，佛龛南北宽30米至33米，东西进深38米至40米，高20多米。始建于武则天被立为皇后的永徽六年（公元655年），完工于唐上元二年（公元675年）费时共计21年，窟龛供奉的主佛是卢舍那佛，“卢舍那”的意思是智慧广大、光明普照，因此民间又称他为报身佛。这是唐代石窟雕刻艺术最具代表性的作品，是一个伟大时代的象征，主要供奉的佛像有一佛、二弟子、二菩萨、二天王、二力士等九尊大佛像。奉先寺佛龛是龙门石窟中规模最大、最具代表性的露天佛龛，其形态各异、刻画传神的造像，显示了大唐盛世雕塑艺术的最高成就，成为我国石雕艺术史上的一大奇观。

奉先寺的主佛卢舍那大佛像，依山而坐，居高临下，通高17.14米。其中头部高4米，两耳高1.9米，是龙门石窟中最大的造像。前来瞻仰的人们需要登到半山腰才能看到大佛，无形中增添了人们对其的敬畏之感。

卢舍那大佛

走进佛龛，看到卢舍那大佛，发髻呈波纹状，面部丰满圆润，双耳长且略向下垂，下颌圆而略向前突，圆润和谐，安详自在，身着通肩式袈裟，衣纹简朴无华，一圈圈同心圆式的衣纹，把头像烘托得异常鲜明圣洁。主佛眉如弯月，目光慈祥，双目稍向下俯视，其目光恰好与前来礼佛朝拜的人仰视的目光交汇在一起，无论从哪个方位看卢舍那佛像，她都好像在对你微笑，因此，微笑的卢舍那被称为“东方的蒙娜丽莎”，大佛端坐于八角束腰莲花座上，身披袈裟，衣纹简洁清晰而流畅，背光华美而富于装饰性，烘托出主像的严整圆润，一千多年来，她一直默默地俯视众生，向每一个角度观望她的人展露出意味深长的笑意。她的表情含蓄而神秘，严肃中带有慈祥，慈祥中透着威严，威严中又有着一种神圣与威武，是一个将神性和人性完美结合的典范。

传说当年武则天捐出了 2 万贯脂粉钱建造奉先寺，因此卢舍那大佛就印上了武则天的风范——婉约端丽的姿态、摄人心魄的美目、浅笑盈盈的双唇，此乃集唐人之美于大成。据卢舍那大佛左侧的《大卢舍那像龛记》记载：大唐高宗皇帝之所建也，佛身通高 85 尺，二菩萨 70 尺，迦叶、阿难、金刚神王各高 50 尺，十一尊造像，高度逐渐降低，就形成了众星捧月的艺术效果。饱经沧桑、老成持重的大弟子迦叶，温顺聪慧的二弟子阿难，表情矜持、雍容华贵的菩萨，威武雄健的天王以及咄咄逼人的二力士和主佛卢舍那大佛一起构成了一组极富表情态质感的美术群体形象。

整个奉先寺内，其雕刻的规模、艺术的设计、人物的造型、雕像的造型等诸多方面都具有突出的特色，反映了大唐艺术家的审美时尚、美学理念和大唐美术所达到的艺术水平，同时在一定程度上也反映了当时的统治阶级艺术家心目中的神化“圣贤”形象，从另一个侧面折射出大唐盛世及佛教发展的盛况。因此说，奉先寺卢舍那大佛的窟龛的群像雕刻，既是盛唐雕刻艺术的代表，也是人类美术史上的杰作，具有永恒的艺术魅力和重要的美学价值。

(十)古阳洞

古阳洞位于龙门西山南段中部,它开凿于公元493年或此之前,据考证是北魏孝文帝为其祖母冯太后营造的功德窟,距今已有1500余年的历史,是龙门石窟中开凿最早的一个石窟,洞内小窟十分多,造型精巧富丽,是研究北魏石窟艺术的珍贵资料。洞内的题记书法质朴古拙,是研究书法史的珍品。

古阳洞

古阳洞窟龛高11.20米,宽7.27米,进深11.83米,是龙门石窟开凿时间最早、时间延续最长、内容最为丰富的一个窟龛,也是北魏皇室贵族发愿开凿造像最为集中的窟龛,窟龛四壁及窟顶雕刻着各式佛龛,数量达1000多个,碑刻题记达800多品,是中国石窟中保存造像、题记最多的一个窟龛。闻名宇内的魏碑作品"龙门二十品"有十九品出于古阳洞。字形端正大方,气势刚健质朴,结体、用笔在隶楷之间,堪称魏碑精品,以其独特的魅力受到国内外书法爱好者的青睐。清代康有为在对龙门二十品进行了深入细致的研究之后,予以极高的评价,认为它有十美:"魄力雄强、气势浑穆、笔法跳跃、点画峻厚、意态奇逸、精神飞动、兴趣酣足、骨法洞达、结构天成、血肉丰美。"

在古阳洞窟龛洞内,正壁造一佛二菩萨,主佛为佛祖释迦牟尼,通高7.82米,头作高肉髻,面相长圆(今面部已毁),身躯较为瘦削,着褒衣博带式袈裟,双手叠压呈禅定印,结跏趺坐于方座上。主佛的两侧是胁侍菩萨,像头戴宝冠,面容清秀,表情文静端庄,姿态优美,是北魏时期的代表作品。洞内四壁及窟龛顶部开凿的佛龛琳琅满目,在龛楣和背光处等的雕刻更是精细繁缛,其内容表现了礼佛的场面、建筑的样式和龛楣装饰图案富于变化,展现了当时社会的绘画与雕刻技巧的高超水平。因此,窟龛内大小佛龛内的造像,都是北魏后期流行的瘦削型的秀骨清像,是具有时代特征的造像作品。

药方洞

(十一)药方洞

药方洞位于龙门西山奉先寺和古阳洞之间,始凿于北魏,到了北齐和唐代仍有雕刻,前后历时长达200多年,是龙门石窟中唯一有北齐造像的较大石窟。因窟龛内雕刻有唐代药方而得名"药方洞",这些药方有150多种,涉及内科、外科、妇科、儿科、五官科、神经科等,其制剂方法有丸、散、膏、汤等,涉及的药物有120多种,包括有植物、动物和矿物等,是唐代初年我国医疗学、药物学的珍贵遗产。

药方洞深 4.3 米，高 4.1 米，宽 3.6 米，窟龛内的造像为一佛（释迦牟尼）、二弟子、二菩萨。主佛位于正壁，其身躯粗壮，造型厚重敦实，主佛和菩萨的躯体衣服宽松，褶纹稀疏，其造像的风格特征、雕刻刀法和衣服纹饰都具有响山堂石窟像的基本特征。洞中佛像身躯硬直少曲线，脖子短粗，身体硕壮，菩萨头冠两旁的带子很长，下垂到胳膊上部，这些都是北齐造像的特征。

关于药方洞还有一些传说，值得了解：

传说一　和尚造像说

据传，在公元 650 年的一天，洛阳龙门寺院中一群僧人在商议一个问题：如何把千辛万苦从民间收集来的药方永久地保存下去，最后决定把这些药方雕刻在石窟中。但就在即将动工之前，和尚们又碰到一个棘手的问题：把这些药方雕刻在哪个洞里最好呢？就在大家无所适从的时候，一个小和尚站起来说道："前几日我偶然在一个石窟中看到一块石碑，碑中这样写道：'自非倾珍建像，焉可炻彼遗光，若不勤栽药树，无以治滋聋瞽。'意思是说，出资开龛造像，就好像勤种药树，可以解除耳聋眼瞎等疾病的痛苦，我看这洞中石碑的寓意和咱们刻药方救人的善意刚好吻合，干脆就把药方刻在这个洞口的石壁上。"听完小和尚的这番话，其他的和尚都纷纷点头赞许，一致决定把药方镌刻于小和尚所说的那个洞窟中，并且将其取名为"药方洞"。就这样，龙门寺的和尚们背起药方、雕刻刀，登上石窟开始工作，一连数月，他们在龙门石窟中吃住，终于将 140 多个药方完整地雕刻好了。从此以后，在当地许多无钱看病的老百姓纷纷来到此洞寻找药方，老百姓因此恢复了健康，自此以后，药方洞的名字也开始被人们所熟知。

传说二　神鹿衔草救人说

话说在北魏时期，洛阳有一户王姓人家，其世代以卖鹿肉为生，有一天王姓人家主人的母亲有病在身，但是多次吃药医治无效，日渐沉重，为治病寻遍中原名医，却都不见效果。姓王的主人是一个大孝子，就向世人许下全力为母亲治病的大愿，于是就到东郊伊阙龙门山上拜神求签，可当行走至龙门山半山腰的时候，突然看见一只母鹿卧在一棵树下，王氏正准备搭弓射箭时，却发现母鹿没有受到惊吓也没有逃跑，于是王氏就非常好奇，悄悄地向母鹿靠近，原来是一只有病的母鹿，于是就动了恻隐之心，没有伤害母鹿。可是，就在王氏刚刚离开一箭之地时，又看到一只小鹿，口中衔以又圆又长的赤红色草，慢慢地向母鹿跑去，王氏非常好奇，就返回来偷偷观看，发现小鹿用口中所衔的草喂母鹿。第二天、第三天，每天都是这样，早晚不间断，到了第四天，有病的母鹿身体好了，站立起来可以走动了，王氏躲在树上偷偷观察了四天，非常感动，心里感叹：人们说鹿是有神灵的动物，可以精通人性，果然如此呀！

王氏忽然醒悟：如果能够用赤红色的草医治自己的母亲，难道没有效果吗？就这样，第五天，王氏携带着弓箭再次上山，藏在小树的后面，准备用箭射杀小鹿夺取红色之草，可是却没有看到小鹿出现，等到天黑时，正在徘徊不觉时，发现小鹿口衔红色之草，朝着小树跑来，把红色的草丢弃在小树下，而后就飞快地跑掉了，王氏就从树上下来捡拾红色的草，连夜赶回家，把红色的草分作五份，每日一份煎汤给母亲服用，母亲果然一天比一天好转，还未到一周时间，母亲的病痛渐轻，等到了第十天，就可以下床行走了；半个月不到，就已经病痛痊愈了。

王氏男子感恩小鹿衔草救母之恩，就决定关掉自己祖传的鹿肉馆，终身不再射杀鹿，专心上山采药行医了，以此救助很多的病人。此后经历了三十多年，王氏在民间收集上百个有奇特功效的偏方，救助当地的无数老百姓。为了把这些药方永续后传，王氏就发下大愿，在东郊伊阙山崖之上修建一座药方洞，并将自己收集的民间药方刻录在洞中，同时王氏还叮嘱后人，世代不断地补充药方。就这样，王氏后人经历了200多年，到了唐朝武则天年间，才把药方洞刻满，共计刻录药方147个，且主要是用一两味药的单方或简单的药方。当时许多无钱看病的百姓听说这件事，就纷纷来此洞内寻求药方，并且用后效果灵验，故这个药方洞闻名天下，可谓家喻户晓。于是后人就有诗赞曰："宝神鹿衔芝救母，药方洞普度终生。"

无论传说是否有之，但是药方洞的存在却是事实，为我们保存了唐代极其珍贵的药学知识，成为不可多得的医学财富。

（十二）其他景点

龙门石窟景区，除了西山的龙门石窟景区外，还包括东山景区：东山石窟、白园和香山寺。其中白园是唐代大诗人白居易后半生居住生息的地方，1961 年被国务院公布为全国重点文物保护单位，1982 年由洛阳市政府投资重建并辟为公园，按照"墓如其人，园如其人"的特点，体现诗人性格和唐代风采，集地方特色与自然景观于一体。而香山寺则与东山石窟和白园一脉相连，并肩耸立，香山寺始建于北魏熙平元年（公元 516 年），距今已有 1400 多年，历史上先后经历过五次大规模的修复，创造了我国佛教寺院建设速度之最。

【情景模拟】

2017年洛阳牡丹花会期间，某旅行社接待一个来自甘肃一行25人的佛教修学旅游团，按照修学计划该团要到洛阳龙门石窟景区进行参观学习。根据接待需要，旅行社委派地接导游小李担任地陪导游人员，本来对佛教就有较深了解的小李，为了较好地完成任务，提前做了充分的准备工作。假如你是小李，你将从哪些方面进行讲解？

【物质准备】

1. 导游旗帜、接待计划书、导游证、学习笔记、模拟实训评价表、多媒体课件等。

2. 模拟导游室。

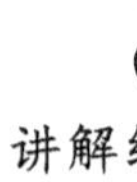

实训程序

第一步：按照项目任务，明确实训要点。

(1) 检查学生掌握龙门石窟景点景区基本知识的情况；

(2) 让学生结合自己学习理解和模拟训练要求，确定讲解内容，写作导游词并进行讲解练习。

第二步：按照4人一组，结合情景要求，学生分角色扮演导游人员和游客进行模拟练习，体验旅游接待服务的过程和对导游人员的要求。

第三步：模拟演练结束后，老师巡视指导，小组进行互评各自的优点和不足。

第四步：在互评的基础上，挑选一组进行公开展示，老师进行点评，并在评价记录表中填写成绩。

实训效果评价表

评价项目内容	实训过程评价		结果评定
	自我评定	小组评定	教师评定
龙门石窟景点景区基本知识点把握		A○ B○ C○ D○	A○ B○ C○ D○
模拟讲解龙门石窟情况		A○ B○ C○ D○	A○ B○ C○ D○
学习态度		A○ B○ C○ D○	A○ B○ C○ D○
团队合作		A○ B○ C○ D○	A○ B○ C○ D○
语言表述		A○ B○ C○ D○	A○ B○ C○ D○
礼节礼貌		A○ B○ C○ D○	A○ B○ C○ D○
评定标准：A.准备充分，参与积极。认真实训，效果良好。 B.准备较充分，参与较积极。实训较认真，效果较好。 C.准备不充分，参与不够积极。实训不够认真，效果一般。 D.没有按照要求准备，实训效果不好。			
改进建议：		综合评定： A○ B○ C○ D○	

任务三　安阳殷墟景点景区模拟讲解实训

【实训目标】

1. 掌握AAAAA级世界文化遗产安阳殷墟景点景区的知识；
2. 掌握并熟练运用安阳殷墟景点景区的知识，写作导游词并进行模拟讲解。

【导学提示】

安阳殷墟是河南省第一家世界文化遗产，国家5A级旅游风景名胜区。安阳作为中国八大古都之一，是中国历史上第一个有文字可考的都城，其丰富的文化内涵构成了安阳旅游资源的核心。因此，作为河南省中职旅游服务专业的学生必须对安阳殷墟景点景区的知识进行了解、熟悉和掌握运用，从而完成一年一度参加全国导游资格考试人员现场导游考试的任务，同时又常常是全国旅游院校导游技能大赛必选的景点之一。安阳殷墟的景点知识是每一个河南省导游服务人员必须认真学习掌握的重点之一。尤其是青铜器、甲骨文和都城三大内容，是学习的重中之重。

【情景导入】

李想同学跟随老师学习了解了洛阳龙门石窟景点景区的知识后，他被博大精深的龙门石窟雕刻艺术所震撼。根据景点景区的知识写作导游词并进行模拟讲解的活动的开展，他更增添了学习的动力，因为，要想成为一名合格的河南省地陪导游人员，不仅仅需要一定的地理历史知识，还要学习了解艺术欣赏知识、美学知识以及建筑、宗教、园林等诸多方面的知识；不仅具有理论方面的修养，还要有实际鉴别欣赏的能力。从龙门石窟的讲解中可知，大唐盛世石雕和北魏石雕的显著区别，刚好反映的是当时社会政治经济的现状，尤其是药方洞内容所折射出的人文历史知识。所以，李想自己明白了"学然后知不足"的内涵，现在，又跟随老师引导，走进河南省第一座世界文化遗产——安阳殷墟，去领略八大古都之一的安阳所蕴含的另一种文化魅力。

一、安阳殷墟景点景区的地理位置

安阳是我国八大古都之一。安阳殷墟是中国商朝晚期的都城遗址，位于安阳市西北郊小屯村殷墟路北段，距离安阳市区中心5000米，是中国历史上第一个有文献可考并为考古学和甲骨文所证实的都城遗址。

二、景区概况及历史价值

安阳殷墟古称"北蒙"，甲骨文卜辞中又称"大邑商""邑商"，是中国商代晚期的都城，距今已有3300余年的历史，是中国历史上第一个有文字可考的都城遗址。殷墟宫殿宗庙遗址景区建在殷墟宫殿宗庙区内，是世界文化遗产、国家AAAAA级旅游景区，中国考古学的诞生地，甲骨文的发祥地，中宣部公布的爱国主义教育示范基地之一，首批全国旅游景区级青年文明号，国家历史遗址类型的全国重点文物保护单位。

安阳殷墟总体布局严格规整，以小屯村殷墟宗庙遗址为中心，沿洹河两岸呈环形分布，现存遗迹主要包括殷墟宫殿宗庙遗址、殷墟王陵遗址、洹北商城、后冈遗址以及聚落遗址、家族墓地群、甲骨窖穴、手工作坊等。总面积约36平方千米，遗产地保护区核心面积414公顷，缓冲区面积为720公顷。

殷墟景区

三、殷墟名字由来及历史沿革

殷墟是商朝后期都城，大约在公元前 1046 年，周武王姬发灭商后，这里的都城开始衰败，9 年后，周朝摄政王周公旦平定了三监之乱后，把殷地人口大量外迁，终于导致了这座具有 270 年历史的都城变成了一片废墟，后人因此称之为“殷墟”。直到 1898 年，“一片甲骨惊天下”，殷墟才被人重新认识和了解。除了甲骨文的重大发现之外，这里还发掘出青铜器和都城遗址，从此使安阳天下闻名。1961 年，安阳殷墟被国务院公布为全国重点保护单位；1988 年，中国古都协会将安阳列入中国八大古都；1997 年安阳殷墟被定位为全国首批百个爱国主义教育示范基地；2001 年 3 月，殷墟被评为“中国 20 世纪 100 项考古重大发现”之首；2006 年 7 月 13 日，殷墟因为具有全球突出普遍价值和良好的管理与展示，在联合国教科文组织第 30 届世界遗产委员会会议上被列为《世界遗产名录》；2010 年，安阳殷墟被列入国家首批 12 家考古遗址公园；2011 年，被国家旅游局评定为全国首批“5A 级旅游区”。

四、景区布局

安阳殷墟闻名世界主要有三个因素，分别是甲骨文、青铜器和都城遗址，走进安阳殷墟景区，从认识甲骨文开始。

（一）安阳殷墟的独特苑门

安阳殷墟景区的大门非常独特，是由北京著名的古建筑专家杨洪勋教授专门设计的，它是仿造甲骨文“门”字的写法而建的，看似简单，却是中国最原始的大门，可以称作是华夏“门”的鼻祖，其门框上浮雕着凤、虎、饕餮和蝉等动物的花纹，在门楣的横额上是著名历史学家周谷城先生题写的苑名，从而使苑门显得庄严大方，古风古韵，古香古色。在苑门两侧的苑墙上浮雕着殷商时代的龙形玉玦，昭示着我们都是龙的传人。因此，安阳殷墟宫殿公庙遗址大门和仿殷大殿建筑的人文景观就成了古都安阳的象征。

安阳殷墟的独特苑门

(二)司母戊方鼎

司母戊方鼎

司母戊方鼎于1939年在殷墟商代晚期墓中出土,因方鼎内壁上铸有“司母戊”三字而得名,是商王武丁的妻子戊死后,她的儿子为纪念她而建造的。也有人研究并解释为“后母鼎”。后母戊,即商王武丁妻子之一妇妌。该鼎造型庄严雄伟,有长方形的腹,每一面的边上及鼎足上部都有装饰的兽面纹,有双耳,双耳的外侧分别装饰双虎噬人首纹,方鼎的四足中空,鼎高1.33米,口长1.10米,重达875千克,其铸造的合金比例为铜占84.77%,锡占11.6%,铅占2.76%,其他物质占0.87%。司母戊鼎是目前已发现的中国古代形体最大和最重的青铜器,其铸造之精、重量之大都是世界上仅见的,反映出商代青铜冶铸业具有极高水平。在此展示的是一件复制品,其真品现珍藏于中国国家博物馆。

(三)仿殷大殿

仿殷大殿是安阳殷墟中宫殿宗庙遗址内一座重要的建筑之一,大殿东西长51米,由于东侧尚有20米长的地方尚未挖掘,所以仿殷大殿只是复原了31米,整座大殿,面积阔大,这是当年商朝的国王与大臣议事的场所。由于当时的安阳处于中原地带,其建筑的材料主要以土木为主。所以,当时殷商的人们建造房屋使用茅草来盖顶,把黄土夯实用作台阶,建成后房屋多是双重檐,四面斜坡,这样整体上看去,显得十分宏伟、庄严,其建筑风格被概括为“茅茨土阶,四阿重屋”。造型庄严肃穆,典雅质朴,具有浓郁的中国宫殿建筑的特色,反映出中国古典建筑的均衡感、秩序感的审美意趣,集中体现了殷商时期宫殿建设的格局、建筑艺术、建筑方法、建筑技术,代表了中国古代宫殿建筑的先进水平。

仿殷大殿

(四)甲骨文

甲骨文是我国最早的成熟文字,与埃及的纸草文、巴比伦的泥版文字等同为人类社会的珍贵遗产,甲骨文发现于安阳小屯村一带,是商王盘庚迁殷后到殷纣王亡国时的遗物,距今已有 3300 多年的历史。所谓甲骨文就是刻在龟甲或兽骨上的文字,殷商人崇尚占卜,在占卜后,把占卜的日期、占卜者的名字、占卜的事情用刀刻在卜兆的旁边,学者们把这种文字叫作甲骨卜辞。

甲骨文

甲骨文的发现要感谢清代著名的金石学家王懿荣,其发现的经过还有一段可讲。相传在小屯村脚下还是农田的时候,周围的村民就经常至自己的田地里挖掘出一些骨片,但当时村民们并不知道这些骨头是什么,后来,一个偶然的机会,村里的剃头匠李成常因自己技术不佳,总是把客人们的头皮剃破,可又无钱买药,便把这些从田里挖出的骨头磨成粉末涂在顾客的伤口上,谁知奇迹出现,这些伤口的血真的止住了,这时才知道是中药中的一味,叫作“龙骨”,于是人们便开始大量地收购“龙骨”卖到药店,可大多数的药店在收购时只收购没有文字的“龙骨”,许多村民就把有文字的“龙骨”上的文字刮掉后再卖给药店。恰好,作为清朝国子监祭酒的王懿荣在一个偶然的机会到药店买“龙骨”,发现了上面的文字,经过研究发现,这就是传说中的“甲骨文”。“一片甲骨惊天下”,从此,王懿荣的发现揭开了安阳殷墟的神秘面纱,把中国古代文明向前推进了几千年。

在殷墟遗址中,游客可以通过纪念馆中一个甲骨文展柜了解一下甲骨文的知识。最著名的是 H127 甲骨片堆积坑,于 1936 年出土,是目前在殷墟发现甲骨文最多的一次,共计 17096 片。

商朝人是怎样进行占卜的呢?商人十分迷信,几乎无事不占卜,商王占卜一般是由专人来进行的,他们先在已经选好的龟甲或者牛肩胛骨的背面凿上一排整齐的小圆孔,在圆孔的旁边再凿一条长槽,然后把燃烧的木炭放在小洞里面烧,骨头受热后就会随着“卜”的一声出现了裂纹,商王就会根据这些裂纹来判断事情的吉凶,那么在甲骨上的文字就是占卜祸福吉凶的一些记事,其内容涉及星象、农业、历法、军事等方面的内容,H127 甲骨文堆积坑被认定为世界上最早的“图书馆”和“档案库”。

(五)甲骨文碑林

安阳殷墟甲骨文碑林是由我国著名的甲骨学家王玉信、杨生南先生精选,用原甲骨片的形状放大后刻成石碑进行展示,其内容涉及商代的军事、文化、农业、天象、狩猎、鬼神崇拜等,是对甲骨文文化传播的最好展示,每一通碑刻都分为两面,一面是甲骨文原文,另一面是对原文的翻译。正反对照,让人们从中了解商代甲骨文记事的精妙,方便大家对照译文明白这些内容。这里面涵盖了当年殷商时期很多领域的知识和民俗，让过了数千年后的我们能够更深刻地了解当时的社会情况。碑林面积不大，一条狭长区域，一共两排露天的石碑，碑的形状不规则，但甲骨文拓片的样子，给人一种历史沧桑感。

在碑林中最有名的要数“甲骨之王”的碑刻，上有文字达 125 个，是在一块完整的龟板上出现的，据说，在当年卖这块甲骨文的人，用卖来的钱买了 20 亩地呢！

甲骨文碑林

(六) 甲骨文长廊

甲骨文长廊

在殷墟景区中不仅有甲骨文碑林，还有一条甲骨文长廊，位于殷墟宫殿宗庙遗址的西北侧，长廊的长度近 200 米。甲骨文基本上反映了我国古代文字的象形、会意、形声等造字的方法，开创了我国后世汉字的先河，据统计，目前发现的甲骨文有 5000 多个，已经被识读出来的仅有 1000 多个。甲骨文的写意书法就是在保持甲骨文原有字形的前提下，运用毛笔书写的特点，更加形象地表达出甲骨文的本义，使普通人也能够容易认读接受。通过这一长廊上书写的甲骨文字，让人仿佛伸手触摸到殷商文明，成为殷墟博物苑一道新的风景。

(七) 车马坑

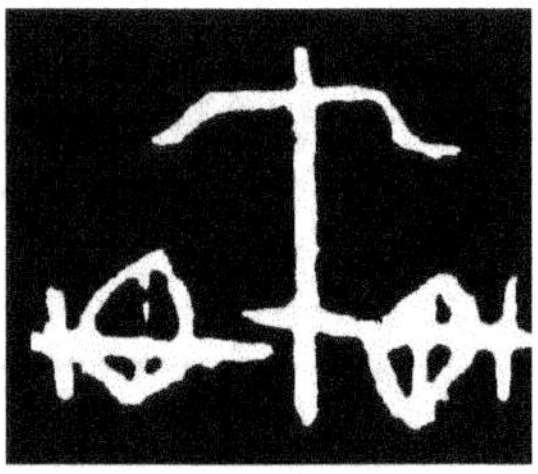

甲骨文中的“车”字

在殷墟宫殿宗庙遗址展区还有出土的商代车马坑展示。截至目前，发现的商代马车有 70 多辆，这些马车的结构基本是一致的，从展示的车马坑出土的马车情况看，一辆马车由一个车衡、两个车轭、一个车辕、两个车轮以及一个车厢等部件组成。从车马坑出土的马车的构成再来看看右图甲骨文“车”的写法，由此可知，车字是一个象形文字，经过历代文字演变才有今天所用的“车”字。

从展示的情况看，车马坑保存基本完整，具有较高的学术研究价值及展示价值，经过有关单位的研究证明，殷商时代的马车造型美观，结构牢固，车体轻盈，运转迅速，重心平衡，乘坐较为舒适。这些殷商时代的马车不仅展示了上古时代畜力车制度的文明程度，也反映了奴隶社会的杀殉制度，比如车马坑中有 5 个坑中皆殉葬有两匹马以及殉葬的人等，成为我国最形象的历史教科书。

车马坑

（八）妇好墓

妇好是中国历史上第一位有文字可考的女将军，根据甲骨文的记载，她是商王武丁众多妻子中的一位，曾多次率兵出征，深得武丁的宠爱和臣民们的敬仰。据记载，妇好曾率领 1.3 万人的军队抵御前来侵犯的鬼方，大获全胜凯旋。受武丁的派遣，她曾向北讨伐土方，向东南讨伐夷，向西方打败巴军，为商王朝拓疆辟土立下赫赫战功，尤其是与巴军一战，妇好率军设伏，在巴军退路上设下埋伏，待武丁带兵从东向西攻击巴军，巴军溃败后进入妇好的伏击圈时，妇好率兵乘势杀出，与武丁前后夹击，获得战争的全胜。这次战役被认为是历史上有记载的最早的伏击战。妇好在当时不仅能征善战，还先后主持过各种类型和不同名目的祭祀、占卜活动，因此，商王武丁对妇好宠爱有加，不仅授予她独立的封邑，还经常向鬼神祈祷保佑她的健康。妇好由于积劳成疾而死，商王武丁就把妇好安葬于宫殿区，她的墓葬才得以保全，为后面的考古工作留下了珍贵的资料。

妇好墓出土的文物

妇好墓于1976年被考古工作者发掘，是殷墟唯一保存完整的商代王室墓葬，该墓葬长5米多，宽约4米，深达7米多，在墓葬上面建造有被甲骨卜辞称为“母辛宗享堂”，据说“享堂”原是商王武丁为祭祀妻子妇好而建的宗庙建筑，尊享庙号为“辛”。妇好的墓室虽然不大，但是保存完好，随葬品极为丰富，共出土青铜器、玉器、宝石器、象牙器等不同质地的文物达1928件。其中出土的青铜器468件，刻有铭文青铜器将近200件，有“妇好”铭文的就有109件。两件青铜器大铜钺最为瞩目：一件以龙纹为饰，一件以虎纹为饰，每件重达八九千克，其铜钺在商代是王权和军队的象征，看到铜钺让人可以想象当年妇好驰骋疆场英姿飒爽的形象。

妇好雕像

在妇好的享堂前面，立着汉白玉的妇好雕像，这是根据有关资料进行设计雕塑的，妇好手持的龙纹大铜钺，是其生前使用过的武器，重达8.5千克。妇好雕像，威风凛凛，目光炯炯，显示了华夏最早的巾帼女杰的风采与英姿。

（九）王陵遗址

安阳殷墟闻名世界的三个要素中，不仅有甲骨文、青铜器，还有都城遗址。这里展示的是王陵遗址，是华夏文明最具代表性的文物遗址，它被国际专家、学者赞誉为“第二个古埃及”，其科学价值、历史价值等可以和世界上七大奇迹相媲美。王陵遗址与洹河南岸的宫殿宗庙遗址一样，不仅是殷墟遗址的重要组成部分，也是世界文化遗产保护的范围，在这里共发现了13座大墓（含一座未完成的大墓），2000多座陪葬墓和祭祀坑，重达875千克的司母戊大方鼎就是在这里出土的，被学术界公认为中国古代文化宝库中一颗璀璨夺目的明珠。正是由于其重要的价值，司母戊鼎和宫殿宗庙遗址得到了联合国教科文组织中遗产专家们的高度评价。

王陵遗址

整个王陵遗址东西长450米，南北宽250米，占地总面积近200亩，大墓始建于商王武丁时期，终结于商王帝辛时期，前后营造达200多年。根据当年发掘时所踩出的条土路为界，把王陵遗址分为东西两区，东区主要分布着五座大墓；西区主要分布着8座大墓，除了西区的一座大墓未完工之外，这些大墓和东区的M1400大墓，都有四条墓道，考古学家们认为，4条墓道是商代王陵的标志，也就验证了这个地方就是商代晚期的王室陵园，春秋战国时代的王陵大墓仍然保留着这一特点。

殷墟王陵遗址的建设是殷墟申报世界文化遗产的核心工程和重要组成部分，它与殷墟宫殿宗庙遗址、洹河商城遗址等共同组成了殷墟遗址，目前殷墟王陵遗址已经成为一座初具规模的集文物保护、科学研究、宣传教育和旅游休闲为一体的大型遗址公园。

【情景模拟】

2017 年 7 月，未来旅行社接待一个来自北京的一行 35 人的古都游旅游团，根据工作需要，旅行社委派小李负责本次活动接待。该团主要参观考察安阳殷墟遗址，鉴于这种情况，小李对旅游接待计划进行分析研究，并对景点景区的各部分内容再次进行了准备。假如你是小李，你将从哪些方面着手进行讲解？

【物质准备】

1. 导游旗帜、导游证、耳麦、接待计划、安阳殷墟导游词、学习笔记、模拟实训评价表、多媒体课件。

2. 模拟实训室。

实训程序

第一步：按照项目任务，明确实训要点。

(1) 检查学生掌握安阳殷墟景点景区布局的基本知识要点情况；

(2) 让学生结合自己学习理解，写作导游词并即时记忆。

第二步：按照 4～6 人一组，结合情景要求，分角色扮演导游人员和游客进行模拟练习，体验旅游接待服务的过程和对导游人员的要求。

第三步：模拟演练环节中，老师巡视指导，小组进行互评各自的优点和不足。

第四步：在互评的基础上，挑选一组进行公开展示，老师进行点评，并在评价记录表中填写成绩。

实训效果评价表

评价项目内容	实训过程评价		结果评定
	自我评定	小组评定	教师评定
安阳殷墟景点景区基本知识掌握		A○ B○ C○ D○	A○ B○ C○ D○
写作安阳殷墟导游词并进行模拟讲解训练		A○ B○ C○ D○	A○ B○ C○ D○
学习态度		A○ B○ C○ D○	A○ B○ C○ D○
团队合作		A○ B○ C○ D○	A○ B○ C○ D○
语言表述		A○ B○ C○ D○	A○ B○ C○ D○
礼节礼貌		A○ B○ C○ D○	A○ B○ C○ D○

续表

<table>
<tr><td colspan="2">评定标准：A.准备充分，参与积极。认真实训，效果良好。
B.准备较充分，参与较积极。实训较认真，效果较好。
C.准备不充分，参与不够积极。实训不够认真，效果一般。
D.没有按照要求准备，实训效果不好。</td></tr>
<tr><td>改进建议：</td><td>综合评定：
A○ B○ C○ D○</td></tr>
</table>

任务四 红旗渠景点景区模拟讲解实训

【实训目标】

1. 掌握AAAA级红旗渠景区的基本知识；

2. 掌握红旗渠景区的相关知识，写作导游词并进行模拟讲解。

【导学提示】

红旗渠景区是安阳市的又一个旅游品牌，是国家4A级旅游风景区，河南省著名的红色旅游经典景点。红旗渠构筑在风景如画的太行山悬崖峭壁之上，达到了“雄者愈雄，险者愈险”的审美高度，给人以巨大的震撼，其工程量之大、工程之艰巨、工程美学价值之高，堪称人间奇迹。红旗渠不仅有雄险的自然景观，而且是世界上独一无二的人文景观，国际国内素有很高的知名度。它将盘绕在太行山腰悬崖绝壁之上雄伟险要的红旗渠重要工程与“雄、险、奇、秀”的林虑山自然风景和名胜古迹巧妙地融汇结合，雕凿加工，相辅相成，浑然一体，确有其纯真淳朴的乡土风格和雄险壮观的高深意境。红旗渠景区不仅自然风光优美，更重要的是景区本身所具有的红旗旗精神，值得我们学习借鉴。

【情景导入】

李想同学在与老师交流中说：“做一名导游真的很好，不仅可以独自欣赏河南的自然美景，更重要的是可以从中领悟到不少的人生哲理，这对我今后成为一名合格的导游帮助很大，我一定要把自己的感悟分享给更多的旅游者，让更多的人了解河南、喜欢河南、热爱河南！听说又要学习红旗渠景区的知识，真的很佩服林县人民，在那样艰苦的条件下硬是做出了不可能的事，我们学习中遇到的困难那就不叫事！”老师肯定了李想的分享，正是在这样和谐的交流中，一起走进安阳，去认识、了解红旗渠的景区真面目，去感悟林县人民开创的“红旗渠精神”。

一、红旗渠景区的地理位置

红旗渠景区位于河南省林州市北部的豫、晋、冀三省交界处的林虑山中，距市区 20 千米。地理位置优越，交通便利，在安阳、新乡、鹤壁、长治、邯郸五个地区的中心地带，自然风光奇特，人文景观独特，是一处旅游观光的理想胜地。

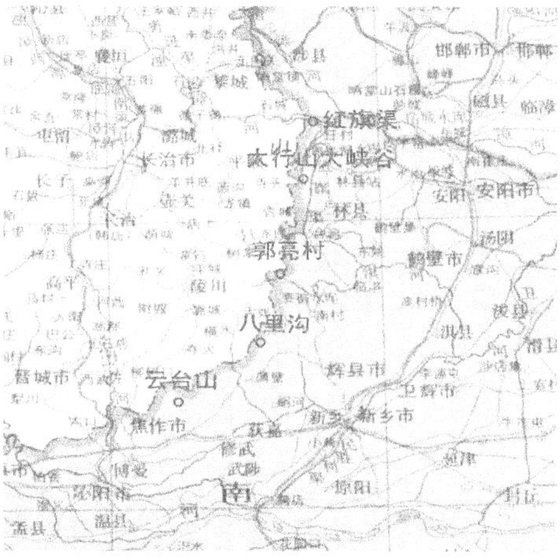

红旗渠地理位置

二、红旗渠景区的概况

红旗渠景区是一处自然风光秀丽雄险、人文景观独特恢宏的旅游观光的理想胜地。景区始建于 1990 年，总面积 5 平方千米，总投资 500多万元。它将盘绕在太行山腰悬崖绝壁之上雄伟险要的红旗渠重要工程与“雄、险、奇、秀”的林虑山自然风景和名胜古迹巧妙地融汇结合，雕凿加工，相辅相成，浑然一体，确有其纯真淳朴的乡土风格和雄险壮观的高深意境。

红旗渠景区分布在风景如画的太行山悬崖峭壁上，具有“雄者愈雄、险者愈险”的审美高度，在人们内心产生巨大的震撼感，其工程量之大、工程建设之艰巨、工程美学价值之高，堪称人间奇迹。因此，20 世纪 70 年代周恩来总理曾自豪地告诉国际友人，“新中国有两大奇迹，一个是南京长江大桥，一个是林县(现林州市)红旗渠”。

可见，红旗渠的建设本身就是一个奇迹。建设红旗渠工程的原因是：林县是一个石厚土薄、水源奇缺的贫困山区，在封建社会曾有“水缺贵如油，十年九不收，豪门逼租债，穷人日夜愁”的说法；在新中国成立后，林县人民在中国共产党的领导下，抱定“重新安排林县河山”的决心，发扬“自力更生，艰苦奋斗”的革命精神，从 1957 年开始，围绕解决水源问题，先后建设成英雄渠、淇河渠、南谷洞水库、弓上水库等水利工程，但是却因水源有限，仍未解决林县人民的引水灌溉问题。

为了实现林县人民多年的“引漳入林”的愿望，在得到国家和豫晋两省省政府的支持下，林县县委组织数万民工，从 1960 年 2 月开始动工，经过为期十年的艰苦奋战，先后于 1965 年 4 月 5 日总干渠通水，1966 年 4 月三条干渠同时竣工，1969 年 7 月完成了干渠、支渠、斗渠配套的建设，从而使以红旗渠为主体的灌溉体系基本形成，达到了有效灌溉面积 54 万亩。整个红旗渠工程以山西省浊漳河为源头，以山西省平顺县石城镇“侯壁断”下为渠首，渠宽 8 米，渠墙高 4.3 米，总干渠长达 70.6 千米，全部开凿在峰峦叠嶂的太行山腰，其工程之险峻令人吃惊，从而形成了不仅有雄险的自然景观，而且具有世界独一无二的人文景观的特点，在国内具有极高的知名度，在干渠以上的建筑物达 722 个，其中著名的工程有“红旗渠源、青年洞、空心坝、总干渠分水闸、南谷洞水闸、弓上水库、红英汇流、桃源渡槽、曙光洞等均可作为一级旅游资源进行开发”。

目前的红旗渠景区的主要景点包括“分水苑景区、青年洞景区、络丝潭景区”等，也是我们开展红旗渠旅游的主要景点内容。

三、红旗渠景区的价值

红旗渠是一条位于河南省安阳市林县(现林州市)穿越太行山区的一条人工引水渠工程，于1960年2月开始修建，1969年7月完工，经过近十年的艰苦奋斗，林县人民修建的红旗渠干渠长70.6千米，各分干渠、支渠、斗渠共计全长约1500千米，劈开山头1250座，凿通隧洞180个，架设渡槽150座，共挖砌土石方2500多万方，被世人称为“人工天河”，在国际上被誉为“世界第八大奇迹”。“人工天河——红旗渠”是人类“改造自然，利用自然”的史无前例的一大杰作；是新中国林州人民勤劳与智慧的结晶，它不仅是一笔巨大的物质财富，而且是一笔巨大的精神财富。在此工程中，林州人民体现出的“自力更生，艰苦创业，团结协作，无私奉献”的优良传统美德和感人精神，得到了党和国家领导人的充分肯定和赞扬，也受到了世人的称赞而广为传颂。目前，红旗渠是全国重点文物保护单位，1996年被定为全国一百个爱国主义教育基地之一，是河南省开展红色旅游的景点线路和景点。1996年，红旗渠被国家文化部、民政部等六部委联合命名为“全国中小学爱国主义教育基地”，1997年又被中宣部命名为“全国爱国主义教育示范基地”。随后，又荣获“国家AAAA级旅游区”“国家重点风景名胜区”“国家水利风景区”“国家地质公园”“全国文物保护单位”“全国廉政教育基地”“全国红色旅游经典景区”等称号，已成为进行爱国主义教育、艰苦奋斗教育、廉政教育的最理想场所。

红旗渠景区

四、红旗渠景区的历史沿革

红旗渠是林县人民为了改变缺水的旧面貌而进行修建的水利工程，于1960年2月动工，1969年7月竣工。

为纪念这一工程的修建成功，林县人民于1975年在红旗渠水利枢纽工程分水闸处建立了纪念亭、碑林、浮雕、牌坊等，并由201副珍贵的历史照片和修建场景、工程模型、英雄事迹组成室内展览，定名为红旗渠纪念亭。

1991年，红旗渠景区对外开放，产生了巨大的社会影响。

2000年扩建后，这里更名为“红旗渠纪念馆”。

2002年，红旗渠被评为国家AAAA级风景区。

2006年5月25日，红旗渠被国务院批准列入第六批全国重点文物保护单位名单。

2011年4月，这里成为全国廉政建设教育基地。

2012 年 6 月，红旗渠纪念馆新馆建设开始，到 2014 年 5 月 1 日，新馆落成并对外开馆。

2015 年 3 月 27 至 28 日，中央政治局常委、中央纪委书记王岐山到河南调研，并主持召开座谈会。座谈会期间，王岐山专程来到红旗渠纪念馆，参观青年洞等。

红旗渠景区成为河南省红色旅游的经典品牌。

五、红旗渠景区主要结构布局

根据景区开发的情况，目前红旗渠景区主要有两大景区：分水苑和青年洞。

(一)分水苑景区概况

红旗渠

分水苑景区距林州市区 18 千米，位于林虑山北部向东分支的大驼岭、猫儿岭之间凹腰处，这里各景点排列有序，规划严整，翠柏簇拥，红旗渠渠水奔腾，可谓“山水秀丽”，令人“心旷神怡”。

红旗渠的分水苑景区是一座园林式景区，也是红旗渠总干渠分为三条干渠的地方。分水苑又名分水岭，原名叫坟头岭，是红旗渠的重要工程之一，总干渠在这里被分割成三条干渠后，更名为分水苑，它不仅是红旗渠三条干渠的分水枢纽，也是自然界的分水岭：岭南面的渠水汇入洹河，岭北的渠水汇入漳河，分属两个不相同的小水系。

说起分水岭，还有故事可讲，当年修建红旗渠的时候，这个工程曾经让当时的决策者和设计者非常劳神费力，假如在设计上出现了问题，红旗渠的渠水就流不过分水岭，会导致只能解决任村、东岗两个乡的七八万亩土地灌溉问题；而如果渠水流过去，就能实现浇灌全县 50 多万亩的土地，解决全县土地的灌溉问题。红旗渠的渠首进水闸底高为 464.75 米，而分水闸的高度为 454.44 米，上下落差只有 10.31 米，红旗渠干渠全长 70.6 千米，1/8000 的坡度，如果没有精确的设计，红旗渠的渠水就无法流过分水岭，林县人民勒紧腰带拼命修成的总干渠就会变成废渠。当时带领林县人民进行工程建设的县委书记杨贵对县水利局局长段毓波说：“如果红旗渠渠水通不过分水岭，我们俩就从太行山上跳下去，向全县人们谢罪！”因此，直到红旗渠总干渠通水成功，县委书记杨贵悬着的心才算踏实下来。可见在当时条件极其艰苦的情况下，以杨贵为代表的林县人民那种战天斗地精神，是

分水苑牌坊

值得人们敬仰的，也为我们留下了极其珍贵的精神财富。

1. 分水苑牌坊

分水苑牌坊，宽 11 米，高 9 米，是 1994 年 6 月建成的一座仿古建筑，气势恢宏庄重，在牌坊的横额上，镶嵌着由原县委书记杨贵题写的“分水苑”三个大字，遒劲有力，这里是进入分水苑景区参观的大门。

2. 千军万马战太行巨型浮雕

走进分水苑的牌坊后，迎面就是再现当年林县人民在县委书记杨贵的带领下千军万马战太行的巨型浮雕：长 22.1 米，高 35 米，在浮雕上雕塑大小人物 80 个。浮雕的设计师是原安阳市园林设计室的袁建国同志，其创意是以林县人民战太行的全体形象出现、用磅礴的气势勾勒出一幅改天换地的斗天图，利用这样的雕塑，不仅体现出林县人民的凌云壮志和豪迈气概，还表现出当时林县人民雄伟壮观的战斗场面，主要分为以下四个场面。

场面一：林县县委发出“引漳入林”的号召。

场面二：技术人员实地勘测。

场面三：临空出现。

场面四：千军万马战太行。

看到这四个场面的浮雕内容，让人有如身临其境之感。

3. 壁画

在分水苑中，除了千军万马战太行的巨型浮雕之外，还有介绍红旗渠上重点工程的六幅壁画，展示了在红旗渠上面具有典型意义的重点工程。根据先后顺序可以看出其展示的内容，对其有一个大致的了解。

壁画一：红旗渠源头

红旗渠的源头在山西省平顺县石城镇“侯壁断”的山腰，是讲山西省的漳河水引入红旗渠的水利枢纽工程，开工于 1960 年 3 月，是由当时的林县任村公社青年民工担任建设主力，承担工程的截流任务，当时人们以大无畏的革命气概，在一无大型机械二无先进技术的情况下跳入冰冷刺骨的激流中，逼水改道，流入红旗渠中。

壁画二：青年洞

青年洞是红旗渠总干渠上的咽喉工程之一，也是红旗渠修建的过程中最艰险的工程。当年，林县青年突击队员以“宁愿苦干，不愿苦熬”的大无畏精神，战胜了极其艰苦的条件，终于完成了开凿任务。为了纪念青年突击队员们艰苦创业的精神，林县县委将此洞命名为“青年洞”。现在的“青年洞”景区，被国家六部委命名为“全国中小学爱国主义教育示范基地”。

壁画三：空心坝

空心坝是林县人民智慧的结晶、红旗渠干渠上的又一座重点工程。“空心坝”的设计解决了渠水与河水平面交叉的矛盾，一坝两用，坝上过河水，坝心过渠水，实现了“渠水不犯河水”的难题。

壁画四：南谷洞水库

南谷洞水库是最早设计建造的解决林县水源的水利工程。该水库于1958年4月开始动工兴建，至1960年7月完成了大坝的主体工程，其上建造的大坝是亚洲第三高的堆砌石坝，水库的设计库容量为7750万立方米，每年可以为林县供水3159万立方米。水库的作用是，枯水季节可以为红旗渠补充水源，汛期又可以调节汛期的洪峰。目前，林州人民已经把水库开发为"太行平湖"景区，融自然风光与人文景观于一体。

壁画五：桃园渡槽

桃园渡槽的画面，位于红旗渠的一条干渠上，在过去是一个三用桥：桥上走汽车，桥下过河水，中间则是个暗槽，自北向南流淌渠水。后来，林县人民为了解决林州城市人口用水的问题，就在暗槽内架设一条输水管道，自南向北把弓上水库的水引入林州市，所以，现在的桃园渡槽实际上已经变成了一桥四用工程。

壁画六：红英汇流

壁画六的画面表现的是英雄渠的内容。英雄渠建造于20世纪50年代，红旗渠的一条干渠的渠水流到合涧镇时与英雄渠渠水汇合在一起，水势翻腾，浪花飞溅，蔚为壮观，于是有人写诗赞道："珠溅花飞雪裹玉，流激瀑泻浪逐波。闸开倾进琼浆液，两韵一渠唱凯歌。"

六幅壁画，所反映的是林县人民在修建红旗渠的过程中克服艰难万险，终于凭借大无畏的革命精神和聪明智慧，创造了无数的奇迹，为后人留下了宝贵的精神财富。

4. 红旗渠纪念碑

红旗渠纪念碑是在纪念红旗渠通水25周年之际所建造。碑身通高2.2米，呈截面六边形，每面宽0.74米，纪念碑的碑帽为仿古式屋檐护顶。纪念碑的正面，采用凹型雕刻的形式，镌刻着由时任全国人民代表大会委员长的彭冲同志亲手题写的"红旗渠纪念碑"六个鎏金大字。第二面的内容是对红旗渠的介绍，精辟地记述了林县人民修建红旗渠的全过程。第三面内容是红旗渠示意图。第四面的内容是雕刻的毛泽东语录"水利是农业的命脉"。第五面的主要内容是对红旗渠主要建筑物的简介。第六面的内容是刻有"红旗渠精神永放光芒"的碑文。

红旗渠纪念碑

5. 红旗渠分水闸

红旗渠的总干渠分水闸是红旗渠总干渠上的分水枢纽工程，高楼矗立，气势壮观雄伟，其正面的楼顶上矗立着由著名文学家郭沫若手书的"红旗渠"三个苍劲有力的朱红色大字，在阳光的照耀下熠熠生辉。从分水闸闸门内飞涌而出了两股激流，其一股向西南方向奔流的激流是一干渠，沿着林虑山东峦到合涧镇与英雄渠汇流，可以浇灌姚村、城关、合涧、原康、桂林、东姚、采桑等乡镇的35.2万亩田地；另一股激流是二干渠，沿山坡东南方向到横水镇马店村，浇灌姚村、河顺、横水等乡镇的11.6万亩田地。三干渠位于分水岭双孔隧洞入口处，距分水闸500米，向东到东岗乡东卢寨村，浇灌着任村、东岗、河顺等乡镇的4.6万亩田地。从1997年开始，林县人民对分水苑进行改造升级，已经实现了计算机遥控观察调节红旗渠的水位变化，使红旗渠灌区达到了国内自动化管理的水平。

6. 红旗渠纪念馆

红旗渠纪念馆是在1975年红旗渠总干渠枢纽工程分水闸处建立的红旗渠纪念亭的基础上，于2000年扩建后，更名为红旗渠纪念馆，2014年5月1日新馆开馆。红旗渠纪念馆由已故中国著名书法家赵朴初题写馆名，纪念馆新馆建筑面积6300平方米，布展面积4000平方米，展线总长515米，分别是老馆的9.2倍、8.7倍和1.6倍。新馆集图片300张、实物1000件、展柜15组、雕塑9组、灯箱5组、投影2组、场景4组、沙盘2组、真实山体塑型1290平方米、触摸屏6组、电子签名1组、振动平台1组，运用空间环境艺术、雕塑艺术、绘画艺术、灯光艺术、多媒体艺术、图片艺术、场景模型艺术、影像艺术等八大手段进行展示展览。

红旗渠纪念馆

新馆在老馆西侧，以红色为基调，造型似灵动渠水。展厅由"序厅""旱魔""奇迹""丰碑""梦想""精神"六部分组成，用2000多件珍贵文物和声、电、视频，立体再现了当年10万大军战太行的震撼场景。与老馆相比，其展厅面积扩大了8倍，展示手段在原来图片、文字、实物的基础上融入多媒体、4D动感、空中悬浮、智能触摸等现代表现形式。按照纪念馆的内容进行排列介绍。

序厅——修建红旗渠沙盘：

序厅是纪念馆的第一部分，迎面墙壁上面是原国家主席、中共中央总书记江泽民为纪念馆的题词。而在厅中央处是一个沙盘模型，是当年在敬爱的周恩来总理的亲自安排下制作的，过去这个沙盘曾长期在中国农业展览馆展出，整个沙盘模型向人们展示了修建红旗渠的全过程。

在沙盘上，一条蓝色的河流就是漳河水，更准确地讲应该是浊漳河，河水分为清漳河、浊漳河，在涉县的合漳镇才合二为一，向下游流入卫河，再流入海河。因此说漳河水属于海河水系。两条漳河水均发源于山西省，而红旗渠的源头就位于山西省平顺县石城镇的“侯壁断”山腰处，在河水中横跨的这条溢水坝就是红旗渠的引水坝，被驯服的河水从源头流到参观所处的地方，一分为三：第一干渠、第二干渠、第三干渠。其中第二干渠从分水苑处一分为二，第三干渠则在纪念亭的后面500米处，从总干渠源头到分水苑总长为70.6千米，其中在山西省境内是23千米，就是70.6千米的总干渠，林县人民整整修建了5年，且最为艰巨。红旗渠的总干渠、支渠、斗渠总长竟达1500千米，如果加上田间的农渠、毛渠，其总长度可达4000千米，因此，在中国的20世纪70年代，红旗渠工程被誉为“中国的长城”“地球的蓝色飘带”。

旱魔——干旱的历史：

水是生命之源，历史上，林州市年降水量仅为800mm，并且降水量极不均匀，在7～8月份降水量占全年降水量的70%，林州市境内露水河、洹河、淅河、淇河等均属于季节性河流，全市属于纯雨养干旱地区，因此旧社会曾有“光岭秃山头，缺水贵如油，豪门逼租债，穷人日夜愁”的写照。

在展厅里，有一个真实的故事展现：在民国初年，任村镇桑耳庄村有300多户人家，常年到3.5千米远的黄崖泉挑水吃，曾先后跌死、跌伤3人。民国九年（公元1920年）遇到大旱，泉水只有香火头那么粗，远近来这里取水的人越来越多。大年三十，老长工桑林茂起五更上黄崖泉，想趁早挑一担水回家过年，一直到天黑才接满一担水。新过门的儿媳妇心疼公爹，摸黑出村去迎接，由于天黑路陡，接过担子没走几步便被石头绊倒，桑老汉花费一天时间担回家过年的一担水被洒个精光。儿媳妇又气又愧，就在除夕夜悬梁自尽。桑林茂怀着满腔悲愤，在大年初一埋葬了新婚的儿媳妇，带着全家逃水荒去了……

在旧社会，严重的干旱加上旧社会制度对人民的压榨和剥削，使林州人民饱受缺水之苦、灾荒之难，据记载，从明朝正统元年（公元1346年）到新中国成立的1949年，514年中，林州曾经发生自然灾害100多次，大旱绝收达30多次，人吃人5次。战胜旱灾、解决吃水问题就是林州人民的最大心愿。

奇迹——战胜旱魔：

新中国成立后，中共林县县委、县政府充分认识到：要改变林县人民的生存和发展条件，必须重点解决好水的问题。于是，林县县委、县政府动员全县人民群众，大力开展打旱井、修渠道、挖池塘、引山泉等为中心的兴修水利工作。从1950年到1959年底，全县已经建成中小型渠道1364条，水库36座，池塘2397个，旱井5652眼，引山泉650个，有效灌溉面积达20.1万亩，林县人民在县委、县政府的领导下迈开了征服自然、改造自然的坚强步伐，创造了一个又一个奇迹。可是，就在林县人民还没有享受到胜利成果的时候，新的挫折又摆在了林县人民面前。1959年的大旱，河水断流，井塘干涸，水库见底，已经修成的水渠没有水可引，建成的水库无水可容，严重的旱灾给林县的工业生产带来严重的损失，山村的群众又开始翻山越岭取水吃了！怎样才能解决水的问题呢？林县人民又开始了新的思考。

丰碑——修建红旗渠：

在严峻的现实面前，林县县委、县政府认识到，在林县境内寻找可靠的水源已经不可能，必须走出家门，向县境外寻找可靠的水源，经过考察调研，林县县委、县政府发现了山西省浊漳河水水源充足，决心从山西省引漳河水入林县，跨省调水。

后来在国家和豫晋两省领导的大力支持下，林县县委、县政府决定"引漳入林"的工程，从那一刻起，人类历史上又一次与大自然进行决战的战役打响了，这一壮举，震惊全国，震动世界。

1960 年，是我们年轻的共和国最困难的时期，林县又恰逢大旱，但穷则思变的林县人民宁愿苦干，不愿苦熬；宁愿流血，不愿流泪。1960 年 2 月，林县县委、县政府召开了全县"引漳入林"的誓师大会，向全县发布了"引漳入林动员会动员令"。是年 2 月 11 日正是传统的元宵节，黎明时分，林县浩浩荡荡的修渠大军，冒着寒风，踏着霜冻，迎着朝阳，高举着红旗，行进在引漳入林工地的道路上，走在修渠大军最前面的是县委书记杨贵，紧跟着的是县长李贵及县委一班人，30 万大军汇集到太行山，没有住房，修渠的民工就夜宿在山崖，顶风冒雪战酷暑，夜以继日不停歇，留下了豪迈的诗篇："崖当房，石当床，虎口崖下度时光，我为子孙创大业，不建成大渠不还乡。"由于红旗渠是修建在"飞鸟不能驻足，猿猴难以攀缘"的太行山石壁上，修渠的民工腰系绳索，凌空作业，上面是不断落下的碎石子，下面是万丈深渊，奔腾的漳河水浊浪翻滚，给修渠民工增加了恐怖的气氛，但是，修渠的民工就这样吊在悬崖上、一锤锤、一钎钎装药放炮，炸出来一个个小平台，再在这个平台上作业，凿成渠线。在施工过程中，常有松动的石头掉下来打伤民工，除险队长任羊成率领一班排险队员，像打秋千一样在悬崖上荡来荡去，凌空除险，稍有闪失，后果不堪设想，一次有一块石头落下来砸在任羊成的嘴上，顿时三颗门牙横在嘴里，鲜血直流，但他忍着剧痛，吐出牙齿，不下火线。当时有句话叫"除险队长任羊成，阎王殿里报了名"，一点都不夸张。

修建红旗渠

在修渠工地上，还有 5000 多名青年编成了青年突击队，哪里有危险，哪里就有他们的身影，哪里有硬任务，哪里就有他们的歌声。除了男青年以外，还有一支"铁姑娘"队伍的身影，一手握一支钢钎，供四人抡锤打钎，被人们形容为"凤凰双展翅"。这些奋战在修渠工地的男女青年，不论工程多么艰苦，不论摄取的热量是多还是少，但永远保持着乐观奋进的风貌，在劳动创造的同时，又享受着创造的快乐！

在修渠工地上，修渠民工们利用业余时间学习毛泽东著作，用先进的文化、先进的思想武装大脑，获取前进的动力，精神变物质，物质变精神，修建红旗渠的过程，也就是林县人民实践这一哲学观点的过程。

另外，在修渠的关键时刻，人民解放军来到工地与林县人民并肩作战，极大地鼓舞了林县人民的斗志，体现了“军民团结如一人，试看天下谁能敌”的斗志。

林县人民在县委县政府的带领下，逢山开洞，遇沟架桥，一锤一钎，肩抬手搬，用最原始的工具、最原始的劳作，谱写着一曲战天斗地的壮歌。他们仅用了一年零 4 个月的时间就修通了三干渠曙光洞、夺丰渡槽等。为了使红旗渠水发挥最大效益，在红旗渠兴建的同时，也开始了红旗渠灌区配套工程建设，对灌区的山、水、田、林、路统一规划，科学布局，引、蓄、提并举，斗、农渠配套，形成渠、库、池综合利用网络，最大限度地提高了红旗渠水的利用系数。

在修建红旗渠的过程中，涌现出了许许多多的模范人物和模范单位，在庆祝红旗渠一、二、三干渠竣工通水典礼大会上，对这些模范单位和模范个人进行了表彰。在红旗渠建设中先后有 81 名干部和民工献出了自己的宝贵生命，其中最杰出的代表就是吴祖太同志。他们的英名将与红旗渠同在，与太行山永存。

1965 年 4 月 5 日，总干渠通水了！这是林县人民盛大的节日。全县人民从一个个山坳，一个个小村，从四面八方汇集至分水岭，欢迎漳河水进入林县。千百年来的夙愿终于变成了现实，林县大地都沸腾了。当年，《河南日报》在头版头条发表了《红旗渠第一期工程完工通水》的长篇报道，并发表社论《贺红旗渠通水》。1966 年 4 月三条干渠也胜利竣工，4 月 21 日《人民日报》发表社论《人民群众有无限的创造力》。英雄的人民，伟大的工程，铸造了一座 20 世纪人类征服自然、改造自然的丰碑。

红旗渠精神

红旗渠的建成，不仅改变了林县人民的生存条件，改善了林县人民的发展条件，更为重要的是林县人民的精神面貌为之一新。在他们面前再也没有什么能阻碍他们前进的步伐。红旗渠的建成，不仅创造了巨大的物质财富，而且孕育了“自力更生，艰苦创业，团结协作，无私奉献”的红旗渠精神。3000 里红旗渠工程浩大，林县人为此奋斗了 10 年岁月，每一步都如虹贯日，气壮山河。太行山今日的灿若云锦淹没了昔日的炮火硝烟，红旗渠的精神光辉仍在闪耀。

时代在发展，历史在前进，红旗渠精神与时俱进。在 20 世纪 80 年代初，林县人民靠着“红旗渠精神”，迎着改革开放的春风，组成 10 万建筑大军，走出太行山，奔向全国建筑业大市场，靠劳务收入，解决了温饱问题，完成了再发展的原始积累；到了 90 年代，林县人民依靠红旗渠精神大力兴办乡镇企业，开始了工业化进程，并实现了小康。1994 年元月 24 日，林县撤县建市，迈开了乡村城镇化的步伐。20 世纪末，林州人民充分发挥红旗渠的旅游功能，开发以红旗渠为龙头的旅游资源，大力发展旅游业，培植新的经济增长点。21 世纪初，林州人民又借红旗渠的政治优势，变精神品牌为物质品牌，成立了集公、贸、旅为一体，综合经营的红旗渠企业集团。经评估，红旗渠品牌的无形资产达

10 亿元人民币。红旗渠在市场经济条件下，继续造福于林州人民。靠着红旗渠精神，林州的基础设施建设和精神文明建设得到了长足发展，为林州经济和社会的可持续发展奠定了基础。

红旗渠精神是我们优秀的民族精神与改革开放现代意识相结合的具体体现，这种精神是什么奇迹都能够创造出来的，它已经成为一种先进的文化，因此，备受党和国家领导人的重视。

红旗渠纪念馆是一座活生生的历史教科书，林州人民在艰苦创业过程中形成的“红旗渠精神”将成为我们最宝贵的精神财富，鼓舞着每一个河南人去战胜生活和工作中的一切困难！

（二）青年洞景区

1. 青年洞景区的位置及景区概况

青年洞景区位于从分水苑向上行 30 千米处，这里山高路险，红旗渠就像挂在巍峨雄险的太行山悬崖绝壁之上一样，让人充分领略“人工天河——红旗渠”创举，这里的最主要景观就是“青年洞”了，它紧靠着断壁而修建，从巍峨的大山之中穿通而过，为人们展示出一幅气势雄壮的山水画卷，集太行山美景的“雄、险、奇、秀”的特色于一体，更让人领略到“人民，只有人民，才是创造世界历史的动力”的内涵。

2.“红旗渠石碑”

从青年洞停车场出来，上台阶到红旗渠渠岸之上，便可看到一块长方形石碑，上书三个大字“红旗渠”。在这块石碑的背面则是由时任天津大学教授、中国书法协会副主席王学仲亲笔书写的“开山造渠，功侔禹夏”八个大字。

红旗渠石碑

在石碑前，即可看到后面的大山石壁上写着“鹰嘴崖”，突兀的山峰，如同雄鹰在此极目远眺，意欲展翅飞翔。在此富有诗意的背景下，是一个拍照留念的地方，人们可以在此按下快门，拍照留念。

3. 红旗渠纪念碑

从红旗渠石碑开始，沿着红旗渠的岸边道路继续前行，矗立着又一块石碑——“红旗渠纪念碑”。这是在 1990 年 4 月，林县人民在庆祝红旗渠通水 25 周年的前夕，由时任中国书法家协会副主席、人民美术出版社副总编辑沈鹏亲笔题词书写的“红旗渠纪念碑”，而在石碑的背面则是由著名的书法工作者、林州市文化馆的彭天贵所书写的“山魂”二字。从碑刻中画龙点睛地体现出：林县人民修建了红旗渠，也同时孕育了红旗渠精神，这是林县人民的灵魂。青山不老，精神永存！这恰好与对面山壁上由时任清华大学教授、国家重点风景名胜区评审专家朱畅中的遗笔“太行天河”相映衬。红旗渠就是中国人地较量在苍茫大地上的浮雕，是一座顶天立地的精神丰碑。

红旗渠纪念碑正面

红旗渠纪念碑背面

4. 鹊桥——钢绳悬桥

这是前往青年洞的必经之桥，人称“鹊桥”，实为钢绳悬桥，横跨在红旗渠之上，有栏杆扶手，行走其上，颤颤悠悠，上有大山雄峙，下有渠水潺潺。使人浮想联翩：苍穹有银河，人间有人工天河，一年一度七夕鹊桥牛郎织女来相会只是一个美丽的传说，而走在人工天河之上“鹊桥”，宛若人间天上，为林县人民的创举而自豪。

5. 一线天

一线天

一线天位于鹊桥后一个景点，这里是前往青年洞的必经之路。在一线天处，有两条路：一条是沿着红旗渠右边岸上的栈道通过虎口崖、天河亭到达青年洞；另一条是由此上一线天，过凤凰台、双锁关到达山顶，然后过步云桥从阳风垴坐滑梯到达青年洞。而一线天处，从下望去，顶峰的开口处只透出一线光芒，只容瘦人通过，稍胖之人如果不收腹、不侧身的话，则难以穿越此处。

6. 虎口崖

虎口崖是沿第一条路线行走必经之处。虎口崖，崖高百丈，形势险峻，山崖向外突出十多米，就像老虎张开血盆大口的样子。当年，林县人民在修建红旗渠时，山崖上经常有松动的石头从上面掉落下来砸伤民工，这就要具有大智大勇的人腰系绳索除险，那个“阎王殿里报了名”的任羊成带着他的伙伴们，就像雄鹰展翅一样在空中荡秋千，飞荡多次才可以荡进虎口，除掉险石后，才可以施工，人们称这是“虎口拔牙”，于是山崖就被称为“虎口崖”了。

这里曾留下当年林县人民修建红旗渠时的动人故事：修建红旗渠的民工们当年就在此住宿，“崖当房，石当床，虎口崖下度时光，我为后代创大业，不建成大渠不还乡”，后人称当年民工居住的地方叫作“神工铺”。

7. 天河亭

天河亭因为坐落在人工天河——红旗渠之上而得名的，长 10米，宽 4.8 米，高 5

米，在亭子的栋梁上所描绘的画面，取材于 20 世纪人民美术出版社出版的连环画《红旗渠》。这些不同画面，再现了当年林县人民战天斗地的英雄壮举。

8. 十水言碑

这块十水言碑，其上面的碑文是由原国务院贫困地区经济开发办公室顾问、原林县县委第一书记杨贵撰写的，此碑于 1990 年4 月 5 日立。其内容是："祖祖辈辈缺水盼水，红旗渠引来漳河水，水库蓄住了山谷水，红旗渠灌满库池水，浇地渠库池齐放水，一渠水可顶两渠水，平整土地合理浇水，大家都来节约用水，关键保好渠管好水，林县就不再愁缺水。"这是杨贵同志用"十水言"告诫后人：红旗渠创业艰难，要管好用好红旗渠水，让它更好地发挥效益，需要做的事情很多，林县的子子孙孙要为之奋斗。

连环画——红旗渠

十水言碑

9. 山碑及青年洞

摩崖石刻"山碑"二字是由原国家主席李先念于 1990 年为红旗渠题写的。

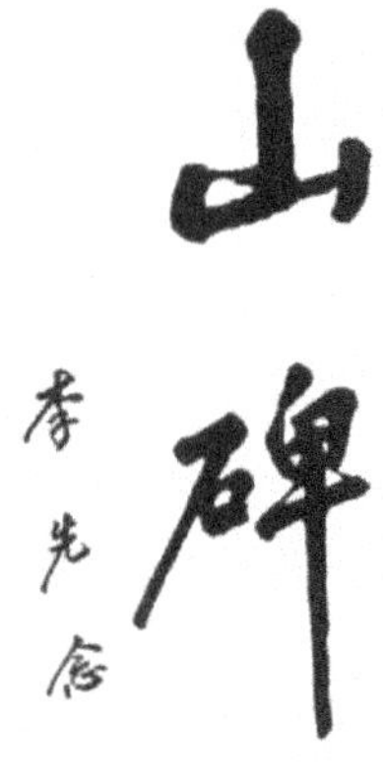

李先念题字

山即是碑，碑即是山，这是对林县人民征服自然、战胜自然和改造自然的一座丰碑，是中华民族不畏艰险、艰苦创业精神的延续和再现。

青年洞是红旗渠总干渠的咽喉工程之一，从地势险要、石质坚硬的太行山的山腰中穿山而过，隧洞总长 616 米，高 5 米，宽度为 6.2 米，纵坡为 1/5000，建设设计流量为 23 立方米 / 秒，工程极其艰巨，当年为此工程投工 13 万个，清挖土石方 19400 立方米。

青年洞工程开工于 1960 年 2 月，到 10 月份，因自然灾害和国家经济困难，总干渠被迫停工。但是，面对重重困难，为了早日将漳河水引入林县，林县县委、县政府带领修渠的干部群众发出了"宁愿苦战，不愿苦熬"的吼声，精选了 300 多名男女青年组成了青年突击队，坚持继续施工。那时，生活条件极其艰苦，每人每天只有 6 两粮食，为了填饱肚子，继续工作，人们就上山挖野菜，下漳河中捞取河草充饥，结果很多人得了浮肿病，即使是这样的情况，人们还仍然坚持战斗在工地，以愚公移山的精神，终日挖山不止，战斗不止；突击队员们在劳动中，发明创造了"连环炮""三角炮""瓦缸窑炮"等多种爆破方法，把挖山的每日进度从最初的 0.3

青年洞

米提高到2米多，就这样，经过1年零5个月的艰苦奋战，终于在1961年7月15日将山洞打通。为了纪念青年们艰苦创业的显著业绩，林县县委、县政府将打通的隧洞命名为“青年洞”。1973年，时任全国人大常委会副委员长、著名文学家郭沫若为此项工程起笔题写了洞名。

1996年6月1日，中共中央原总书记江泽民来此视察红旗渠，他沿渠观看了气势恢宏的红旗渠水利工程，仔细地观看了碑刻等文物，在听了讲解员的介绍后，非常感慨地说：“在那么艰苦的条件下，依然能够保持那么乐观的情绪，就是一种强大的精神力量在支撑，所以，我在抗大纪念会上讲，不要忘记过去的岁月。在这里，我希望大家不要忘记山中岁月、洞中岁月，不要忘记那些修渠的人。”并起笔题词“发扬自力更生、艰苦创业的红旗渠精神”。林州市委、市政府决定将题词镌刻在太行山石壁上，以激励全市人民将艰苦创业的红旗渠精神作为传家宝，一带一代地传递下去。

林县红旗渠是林县人民为改善生存环境，硬是在不可能的条件下做出了不可能的举世创举，经过近10年的艰苦奋斗，终于修通了长达1500千米的红旗渠，解决了林县人民饮水和灌溉的问题，孕育了“自力更生，艰苦创业，团结协作，无私奉献”的红旗渠精神，成为河南红色旅游的宝贵资源，必将激励着林州人民继续艰苦创业，为林州市的发展注入强大的精神动力，带动整个安阳旅游业的全面发展。

【情景模拟】

2017年6月，K市青年旅行社接待一个来自开封的“红色之旅”党员干部考察团，主要参观考察林州市红旗渠景区。根据接待要求，旅行社安排小李担任本次接待活动的地陪导游人员。为了更好地完成接待任务，小李了解了考察团来自开封焦裕禄工作过的兰考，考察的目的就是对党员干部进行一次思想教育。为此，小李进行了精心的接待准备。假如你是小李，你该怎样向“红色之旅”的客人进行讲解呢？

【物质准备】

1. 导游旗帜、导游证、接待计划、耳麦、模拟实训评价表、学习笔记、多媒体课件等。
2. 模拟导游实训室。

实训程序

第一步：按照项目任务，明确实训要点。

(1)检查学生掌握林州市红旗渠景点景区的布局要点、参观线路知识、红旗渠精神等要点。

(2)学生结合自己学习理解，写作导游词并在记忆的基础上进行小组模拟讲解交流。

第二步：按照4～6人一组，结合情景要求，分角色扮演导游人员和游客进行模拟练习，体验旅游接待服务的过程和对导游人员的要求。

第三步：模拟演练时，老师巡视指导，小组进行互评各自的优点和不足。

第四步：在互评的基础上，挑选一组进行公开展示，老师进行点评，并在评价记录表中填写成绩。

实训效果评价表

评价项目内容	实训过程评价		结果评定
	自我评定	小组评定	教师评定
红旗渠景点景区的知识特点		A○ B○ C○ D○	A○ B○ C○ D○
红旗渠景区的模拟讲解		A○ B○ C○ D○	
导游语言的语调		A○ B○ C○ D○	A○ B○ C○ D○
学习态度		A○ B○ C○ D○	A○ B○ C○ D○
团队合作		A○ B○ C○ D○	A○ B○ C○ D○
语言表述		A○ B○ C○ D○	A○ B○ C○ D○
礼节礼貌		A○ B○ C○ D○	A○ B○ C○ D○
评定标准：A.准备充分，参与积极。认真实训，效果良好。 B.准备较充分，参与较积极。实训较认真，效果较好。 C.准备不充分，参与不够积极。实训不够认真，效果一般。 D.没有按照要求准备，实训效果不好。			
改进建议：		综合评定： A○ B○ C○ D○	

任务五　灵宝函谷关景点景区模拟讲解实训

【实训目标】

1. 熟练掌握函谷关景点景区的基本知识；

2. 在掌握函谷关景点景区知识的基础上，进行导游词写作及模拟实训讲解。

【导学提示】

函谷关是一处融道家文化和战争文化于一体的国家AAAA级旅游景区，是我国建置最早的雄关要塞，从时间意义上说，堪称天下第一关。从古到今，这一雄关见证了历史上无数次著名战争，也演绎出了许许多多的历史典故，譬如“合纵攻秦”“楚汉争关”“公孙白马”“鸡鸣狗盗”等，成为今人认识和了解中国历史的重要资料。尤其是这里还被誉为“道家之源”，目前对中国乃至世界影响巨大的道教经典《道德经》据说就是在这里诞生的。所以，作为中职旅游服务专业的学生，如果想了解中国道教历史，就要从这了里寻找答案了！同样，作为人文景观的一个景点，也是向国内外介绍河南的一张人文名片，值得我们认真学习和了解函谷关所折射出的人文内涵。

【情景导入】

李想同学在不断的学习中逐步理解了古人诗句“欲穷千里目，更上一层楼”的含义，因为考取全国导游资格证，不仅要具有“导游梦”，还要有实现梦想的决心和行动。每一次的学习都是一次人生的阅历，了解一个景点，就如同认识一个人，从首次相识到逐步了解到相知，是需要一个过程的。所以，李想自我要求严格，每次都做到全力以赴，和老师积极配合，认真学习，按照老师的要求去完成相应的任务，从而获得了极大的自信心。现在，李想又在老师的带领下走进国家 AAAA 级旅游景区——函谷关。

一、灵宝函谷关的地理位置

函谷关位于灵宝市北 15 千米处的王垛村，距三门峡市约 75 千米，是我国古代一座著名的关隘。现在统称为函谷关文化旅游区。

二、灵宝函谷关名字由来及景区概况

历史上，函谷关因地处长安古道之上，紧靠黄河岸边。因关隘处于峡谷之中，深险如函而得名“函谷关”。景区位于豫陕晋三省交界、河南省的西大门，辖区面积 16.5 平方千米，整个文化区目前主要包括太初宫、道圣宫、道家养生园、藏经阁、瞻紫楼、鸡鸣台、碑林、蜡像馆、博物馆、关楼、函关古道等景点 20 余处。函谷关是我国古代伟大的思想家、哲学家老子李耳在此著述道家学派开山巨著《道德经》的灵谷圣地，也是道家文化的发祥地；在历史上，函谷关是古代从中原西去长安以及从长安东至洛阳的咽喉重地，又是中原文化和秦晋文化的交汇之地，还是兵家必争的军事战略要塞，也是诸如“紫气东来”“鸡鸣函关”等历史成语故事或者传说的发轫之地。随着历史的变迁，这里以名人（老子）、名著（《道德经》）、名关（函谷关）等三名青史流芳，誉满海内外。

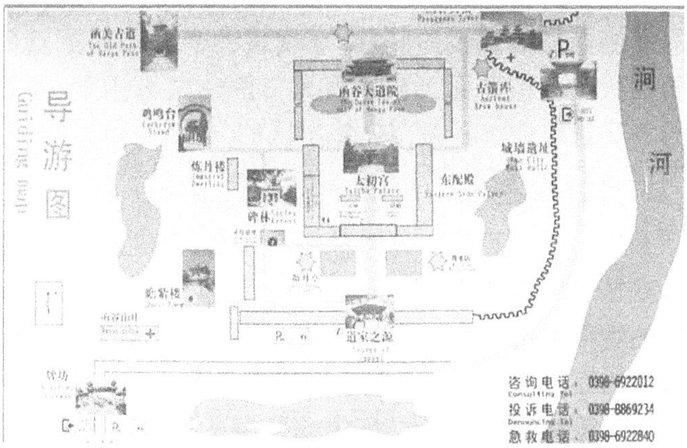

函谷关景区图

三、灵宝函谷关的价值及历史沿革

函谷关始建于春秋战国时期，秦孝公从晋国手中夺取崤函之地后，便在此设置函谷关，此关的关城东西长7.5千米，谷道仅能够容一辆车通行，素有“一夫当关，万夫莫开”之说。到了公元前241年，楚国、赵国、韩国、卫国等诸侯国合纵攻打秦国，在此地大败而回。到秦朝末年的楚汉战争中，刘邦曾经在此守住隘口，阻挡住项羽的进攻；到了唐朝“安史之乱”时，唐朝官军和叛军在函谷关前进行了著名的桃林大战。总之，自春秋战国以来，函谷关经历了七雄争霸、楚汉相争、黄巢农民起义、李自成农民起义以及辛亥革命、抗日战争、解放战争等的狼烟烽火，无论是逐鹿中原，还是进取关中，函谷关历来都是兵家必争之地。

函谷关

除此之外，函谷关还是古代中原腹地与西北地区文化、经济交流的要点，围绕着这座重关名城，流传着“紫气东来”“老子过关”“鸡鸣狗盗”“公孙白马”“唐玄宗改元”等历史故事和传说，唐太宗、唐玄宗、司马迁、李白、杜甫、白居易、司马光等历史名人都曾登临雄关吟诗作赋，流传至今的有100多篇，这里还是古代著名思想家老子著述五千字《道德经》的地方，千百年来，海内外道家、道教人士都来此函谷关朝圣祭祖等。

四、灵宝函谷关景区景点布局

(一)牌坊及大门

函谷关文化旅游区的景区大门距离函谷关隘口有三四千米，其标志建筑就是新建的高高矗立在那里的牌楼，在牌楼的横额上有醒目的绿色大字——道通古今。一条宽阔的大道石板路面上镶嵌着黑白两色太极图案，显示着这里是作为道家发祥地来纪念的。这里就是函谷关文化旅游区的大门口标志了！

(二)太初宫山门——道家之源

进入函谷关景区首先看到的就是景区的正门，“道家之源”四个金光闪闪的大字，是由我国原道教协会会长闵智亭亲笔书写的，极其权威地界定了函谷关在中国道教文化中的特殊地位。在道家之源的门廊上有一副对联，上联是“三百代太初之光生一生二生万物”，下联是“五千言道德真经法天法地法自然”。这副对联的意思是说，自然界始于太初，《道德经》源于自然，由此突出了道教的真谛。在山门前的黑白相间的太极八卦图镶嵌在台阶之上，成为太初宫的道教标志。

函谷关景区牌坊

太初宫山门

(三)《道德经》

《道德经》是老子的著名文章，共有5000余字，至今已有2000多年的历史，而文章中所阐明的道理对当下仍然具有启迪和教化作用。关于老子的《道德经》的创作还有一个历史典故，在山门的两幅壁画上可以看出端倪，就是我们常说的成语“紫气东来”的故事，在门前的壁画上有一个头戴官帽的男子，就是东周时函谷关关令尹喜，据《史记》记载，尹喜善观天象，有一天尹喜登临关楼远望，忽然看到东方出现一团紫气徐徐飘忽而来，场面十分壮观，关令尹喜料定，紫气东来，必定有贵人经过函谷关，就命令手下迅速打扫庭院，打开城门，亲自来迎接远来的贵人。果然没几天，老子从东方骑着青牛徐徐而来，于是，尹喜就盛情挽留老子在关内居住5个月，老子就是在此期间写下了五千字《道德经》。从此以后，当地的老百姓就说，只要东方出现紫气满谷，就一定会有贵人过关，这就是成语紫气东来的来历。在当地老百姓家里逢年过节时，就会在院门门楣上写上“紫气东来”，希望有贵客临门，洪福满园。

(四)太初宫景区

1. 三清圣殿

三清圣殿是太初宫景区的第一座庙宇，也是我国道教建筑中一种标志性建筑。三清是对我国道教中的三位最高的尊神的代称，标志着我国道教神仙谱系已经基本定型，在我国道教圣地都供奉三清尊神，“三清”，即太清——太上老君，道德天尊；玉清——盘古公，元始天尊；上清——通天教主，灵宝天尊。

2. 三皇殿

三皇殿是太初宫景区的第二个殿宇，这也是我国道教建筑中的标志性建筑，其三皇是指“天皇”伏羲青帝，发明了先天八卦，被人们誉为“八卦祖师”；“地皇”神农炎帝，发明草药，耕种五谷；“人皇”轩辕黄帝，开创教化，发明文字，被人们誉为“人文初祖”。这三位都是中国原始社会中具有极大影响力的部落首领，对中国古代文化发展做出了巨大贡献。

3. 太初宫

太初宫是函谷关景区中重要的建筑之一，也是函谷关现存的最古老的建筑。太初宫原称太初观，后唐玄宗李隆基御赐为天宝观，到了北宋崇宁四年(公元1105年)才改

太初宫门口的两通石碑

为太初圣宫。初建于西周时期，至唐、元、明、清时期多次翻修，目前在太初宫殿的门口有两通石碑，分别记载了在元朝大德四年（公元 1300 年）和清朝顺治十年（公元 1653 年）两次翻修大殿所留下碑记，目前现存的建筑样式属于元代的风格、明清的木架工艺、唐朝的柱础石等综合多个朝代的特点，太初宫的大殿柱础石就是一个例子，其两块柱础石上的花纹不同，西侧是莲花状，东侧为石鼓状，在道教中，莲花为阴，石鼓为阳。在《道德经》中老子多次提到阴阳二字，如《道德经》中 42 章中说："道生一，一生二，二生三，三生万物，万物负阴而抱阳，冲气以为和。"这体现了老子阴阳对应、阴阳平衡的观点，由此可知，早在唐朝时，人们已经对老子的哲学思想进行了深刻的研究和认识，并把这些认识运用到太初宫的建造艺术之中，这也是人们对老子的一种纪念。

在太初宫大殿中，供奉的是三尊像，中间是老子著经坐像，左边是老子的书童徐甲，右边是函谷关关令尹喜。老子在此已经作为道教圣祖进行供奉，显示了太初宫成为道家之源是名副其实的。老子姓李名耳，字伯阳，又字聃，谥号聃，是中国伟大的哲学家和思想家，道家学派的创始人，被道教尊为教祖。老子又称李耳，（因古时"老"和"李"同音，聃和耳同义），曾经做过周朝的守藏室史官，即管理周朝藏书的官。当时，由于周朝内部出现内乱，诸侯们纷争，老子决定辞官西行归隐，途中经过函谷关，受到关令尹喜的邀请，在此停留了 5 个月时间，老子便将自己对自然和社会的认识进行了总结，上升到理论，写就了洋洋五千言的《道德经》一书。在太初宫的东墙上有《道德经》的全文，分为上下两篇，合计 81 章，在文章中，老子先后 73 次提到"道"，认为"道"是宇宙万物发展变化的规律，全篇内容涉及天、地、人等三个方面，主张"无为而治"，认为万事万物都应当顺应天道，要求人们讲究"天人合一"，达到人与自然和谐相处。因此，《道德经》成为道家学派的经典著作，整整影响了中国人两千多年。同时也对世界产生极大的影响，据联合国教科文组织统计，它的发行量在全球仅次于《圣经》，位居第二，老子被国人尊称为"哲圣"。

（五）函谷碑林

函谷碑林始建于 1988 年的秋季，碑林南北长 100 米，东西宽 40 米，总占地面积 4000 平方米，这里收集了灵宝境内发现的包括出土和传世的各类碑刻 100 多通，其中最著名的碑刻墓志有三块：第一块是唐代杨贵妃的兄长杨仲昌的墓志以及同时同地出土的还有杨仲嗣、魏国夫人、莒国夫人等杨氏家族的墓志，是研究唐代杨贵妃杨玉环的重要的历史资料；第二块是明代尚书许天官夫人的墓志，证明了任兵部尚书的许进（父）、工部尚书许浩、吏部尚书许赞、兵部尚书的许论父子是灵宝梁村人的资料是真实的；第三块碑刻是明代《重修关王庙碑》，其内容主要记载了豫陕晋三省交界地带罕见的一次大地震情况，同时该碑也是灵宝当地特产——黄金矿石。在现在，灵宝有三宝分别是“黄金、苹果和大枣”，其中黄金产量已连续20多年稳居全国第二位，并在2004年底被中国黄金协会命名为“中国金城”。除了上面的三块最具价值的碑刻外，其余的书法碑中大都是一些书法名人的吟咏函谷关的诗文碑以及清代变革家康有为为当时的灵宝县令书写的条幅碑等，形成了一道独具特色的碑刻文化，增加了函谷关丰富的文化底蕴，透过碑刻让人们了解历史的沧桑巨变。

（六）鸡鸣台

你知道“鸡鸣狗盗”这个成语吗？在这里就可以知道答案了！因为这里是故事的发生地——鸡鸣台。鸡鸣台又叫“田文台”。田文是战国时著名的四君子之一——孟尝君，姓田，名文，是当时齐国的一个贵族，他为了巩固自己的地位，专门招揽人才，凡是投奔到他门下人，田文都收留下来并供养他们，这种人才叫门客，据说孟尝君门下供养了三千个门客，在这些门客中，不少人具有各种各样的本领才学，但也有不少人没有任何本事，只是混口饭吃而已。当时，田文作为齐国的相国，名声很大，秦国的昭襄王为了拆散齐国和楚国的联盟，使用了两种手段，对楚国是武力威吓，对齐国是软硬兼施。

鸡鸣台

据《史记·孟尝君列传》记载：公元前299年，秦昭襄王邀请孟尝君到秦国，准备拜田文担任秦国的丞相，孟尝君应邀去咸阳的时候，随身带了一大帮门客。秦昭襄王亲自欢迎他，孟尝君就献上一件纯白的狐狸皮袍子作为见面礼，秦昭襄王知道这是很名贵的银狐皮，很高兴地把它收下啦。秦昭襄王本打算请孟尝君做丞相，但是秦国的原相国很嫉妒他，就劝昭襄王把孟尝君杀掉，并且说：“孟尝君是齐国的贵族，手下人很多，他当了丞相，一定先替齐国打算，况且，他在这里已经住了不少的日子，秦国的情况已差不多全知道了，把他送回去，秦国就危险了。”昭襄王听信了相国的谗言，于是就下令把孟尝君软禁起来，以免他回国对秦国不利。孟尝君知道这个情况的原因后非常着急，就赶紧托人向秦昭襄王的宠妃燕姬求救，燕姬要孟尝君送她一件贵重的白狐裘，但是孟尝君来时只带了一件白狐裘，这时门客中有一个擅长偷东西的人，就在黑夜中潜入秦王宫，偷出了那件白狐裘，于是孟尝君就把白狐裘献给了燕姬，燕姬得到了白狐裘皮袍，就劝说昭襄王释放孟尝君回国。昭襄王果然同意了燕姬的要求，发下了过关文书，让孟尝君回国，孟尝君料知昭襄王会后悔，决定立即逃走，可逃到函谷关时，正是半夜时分，根据规定，每天开关门的时间是等鸡鸣后才能开门通关，让商旅通过。在这危急时刻，孟尝君的门客中又有个擅长模仿鸡叫的人，就随机模仿鸡鸣起来，如同真的鸡鸣声，引起了周围附近村中公鸡都叫了起来，守关门的士兵听到鸡鸣声，便打开关门，让孟尝君一行人过关，从而顺利地逃出了秦国。等秦国昭襄王反悔后派人追来时，孟尝君一行已经越过最后一道关口。孟尝君从秦国顺利脱险，全靠“鸡鸣”“狗盗”之徒。这就是成语“鸡鸣狗盗”的来历。因此，唐代诗人胡曾曾有诗为证：“寂寞函关锁未开，田文车马过秦关。朱门不养三千客，谁为鸡鸣得放回？”

鸡鸣台的鸡雕像

（七）函谷大道院

函谷大道院是函谷景区中一座仿秦汉风格的道观建筑，也是目前河南省最大的仿秦汉道观建筑，飞檐斗拱，气势恢宏，是 2002 年由台湾省谷关大道院与函谷关镇共同投资兴建的，在大殿的内庭及廊庑，悬挂有台湾谷关大道院随赠的 12 副横联，墨底金字，文韵飞逸，使大道院平添了庄重肃穆的气氛，因楹联是为道观专门制作，宗教色彩很浓郁。

在大殿中供奉的神像有 36 尊，其中大殿正中为主体部分，共有 13 尊神像，最前方的是王灵官，驱邪降妖，镇守山门；正中一排分别是佛道儒三教的创始人，正中为老子，其右侧为儒家创始人孔子，左侧为佛教创始人释迦牟尼，三教并行而立，显示了三家思想都有自己的精华，在发展中互相斗争、互相渗透，又相互融合，使我国传统文化最终形成以道家思想为根底、儒家思想为主干、佛教思想为枝叶的“三教合一”的局面。

在佛道儒三教教祖的后面一排分别是：无极浑元三圣大天尊（中间是盘古公，两边是他的一双儿女）瑶池金母和东方木公。他们分别掌管着天上的男女各仙，世人得道都要先拜一拜这两位。

在大殿的东侧供奉的依次是：南极仙翁，就是我们常说的老寿星；玉皇大帝，是众神之首，掌管天庭事务；诸葛亮，在道教中被奉为智慧之神。在大殿的西侧供奉的是：北极紫微大帝、地母（即大地女神）、丘处机等。在大殿的东西两侧还有赵公明、妈祖、仓颉、八仙等神灵。总之，大道院大殿中所展示的内容反映了中国的多元文化，除了儒道佛三教合一外，还含有民间尊奉的神仙和崇拜的历史人物、传说人物，显示了文化融合和泛神论的特点。

函谷大道院

佛道儒三教教祖雕像

(八)函谷关关楼景区

1. 函谷关关楼

函谷关始建于西周时期，是我国历史上最早设置的雄关要塞，故有“天下第一雄关”之称，函谷关地势险要，易守难攻，历来为兵家必争之地，在中国古代、近代的战争史上，具有举足轻重的地位，有“一夫当关，万夫莫开”的说法。现在的函谷关关城是秦汉建筑，双门楼三层悬山顶四阿式，其造型风格在国内罕见，因两座主楼的顶端各装饰有一只丹凤鸟，故关楼又被称为丹凤楼。雄关关楼东临弘农涧河，西面连接衡岭高原，南面依靠巍巍秦岭，北靠滔滔黄河，地理位置极其重要，成为古时东西两京(洛阳与西安)之间必经要道的咽喉位置。因此，函谷关在古时因战争而建，同样又因战争而毁。秦汉原建的关楼已被西楚霸王项羽以火烧毁，后来又屡建屡毁。这座函谷关城楼以外，还有两处函谷关存在：一处在河南省新安县，是汉元鼎三年(公元前 114 年)，楼船将军杨仆(河南宜阳人)，耻为关外人，就上奏汉武帝，把自己家中全部资产捐出来，把函谷关向东移动 300 里，后人称之为新函谷关，又叫汉函谷关；另一处在现存的函谷关北面 5 公里处，是东汉末年，曹操率领十万大军西征张鲁、马超时，为了转运兵马粮草而沿河修建的，故叫魏函谷关，在关楼的上面有冯玉祥将军题写的“天下为公”的四个大字，至 1960 年修建三门峡水库拦洪蓄水时被淹没。

函谷关关楼

函谷关地图

2. 箭库遗址

现存的函谷关关楼虽然是重建的，但是，在这里目前仍然保留着战国时期的箭库遗址，所谓箭库就是当时守城将士的武器库，距今已经有 2000 多年的历史。遗址呈竖井式结构，深达 11 米，直径有 0.9 米，储藏的弓箭为铁杆铜箭，30 枚为一束。1986 年被考古发现后，考古工作者进行了发掘整理并加以保护。

3. 城墙遗址

函谷关在战国时的遗址中还有一个古城墙遗址，是考古工作者于 1987 年发现并保护下来，城墙为夯土结构，分别由平、圆、竖等多种夯打方法夯筑而成，经过考古人员的科学勘测，东城墙长 1500 多米，南城墙长 200 多米，西城墙长 1300 米，北城墙长 500 米，下临深沟，这四面的城墙围成一座固若金汤的防御屏障。

总之，函谷关作为一座军事要塞，“双峰高耸大河旁，自古函谷一战场”，从设关至今的 3000 多年间，这里曾发生过许多次大战，影响了中国的历史进程，同时这里也是中原腹地和西北地区经济交流发展的重要枢纽，在这里也留下了不少宝贵的文化遗产，其中最有名的要数“公孙白马”的典故了：

据汉朝《新论》中记载，战国时的赵国平原君手下有一个门客叫公孙龙，此人擅长诡辩，有一天他骑着白马要经过函谷关到秦国去游说，但在过关时被关令阻拦，关令对公孙龙说：“过关可以，马必须留下！”因为当时赵国的马正在流行劣性传染病，而强大的秦国必须防止自己的马被传染，所以就有了这样的规定。公孙龙就和关令争辩道：“白马非马，马是物体，白是颜色，两者不是同一个概念，不可一概而论。如果说白马是马，那么公孙龙应该是龙而不是人。”关岭争辩不过公孙龙，迫不得已就放公孙龙过关了。但在公孙龙回来的时候，向关令说要出关，关令说：“既然白马非马，那么函谷关怎么能是关！”关令以其人之道，还治其人之身。后来就因此出现了中国历史上哲学命题中经常提到的“白马非马”的命题，讨论的是一般和特殊、共性和个性这样一个辩证关系。发生在函谷关中的“公孙白马”的典故对中国古典哲学的影响极具特色。

当然，这里还有很多典故，其丰富的文化内涵对今天人们的思想仍然具有现实意义。

箭库遗址

函谷关城墙遗址

【情景模拟】

2016 年 3 月，L 市未来旅行社接待一个来自周口的道教寻根旅游团，根据旅游接待要求，旅行社委派小李担任本次的地陪导游人员。从接待计划中，小李了解了考察团的成员是从老子的出生地鹿邑来的，为了做好接待中作，小李进行了充分的准备，将从“紫气东来”的故事开始进行接待讲解！假如你是小李，你将怎样进行讲解呢？

【物质准备】

1. 旅游接待计划、导游旗帜、导游证、耳麦、模拟实训评价表、学习笔记、多媒体课件、函谷关导游词等。

2. 模拟导游实训室。

实训程序

第一步：按照项目任务，明确实训要点。

(1)检查学生掌握函谷关景区景点的基本知识及讲解技能要点；

(2)学生结合自己学习理解的情况，写作导游词并在记忆的基础上进行模拟讲解训练。

第二步：按照 4～6 人一组，结合情景要求，分角色扮演导游人员和游客进行模拟练习，体验旅游接待服务的过程和对导游人员的要求。

第三步：模拟演练过程中，老师巡视指导，小组进行互评各自的优点和不足。

第四步：在互评的基础上，挑选一组学生进行公开展示，老师进行点评，并在评价记录表中填写成绩。

实训效果评价表

评价项目内容	实训过程评价		结果评定
	自我评定	小组评定	教师评定
函谷关基本知识的掌握		A○ B○ C○ D○	A○ B○ C○ D○
函谷关模拟讲解实训		A○ B○ C○ D○	A○ B○ C○ D○
学习态度		A○ B○ C○ D○	A○ B○ C○ D○
团队合作		A○ B○ C○ D○	A○ B○ C○ D○
语言表述		A○ B○ C○ D○	A○ B○ C○ D○
礼节礼貌		A○ B○ C○ D○	A○ B○ C○ D○
评定标准：A.准备充分，参与积极。认真实训，效果良好。 B.准备较充分，参与较积极。实训较认真，效果较好。 C.准备不充分，参与不够积极。实训不够认真，效果一般。 D.没有按照要求准备，实训效果不好。			
改进建议：		综合评定： A○ B○ C○ D○	